# Photoshop Elements 7.0

BildfürBild

# Photoshop Elements 7.0

## Sehen und Können

MICHAEL GRADIAS

Markt+Technik

Bibliografische Information der Deutschen Nationalbibliothek
Die Deutsche Nationalbibliothek verzeichnet diese Publikation in der Deutschen Nationalbibliografie; detaillierte bibliografische Daten sind im Internet über http://dnb.d-nb.de abrufbar.



10 9 8 7 6 5 4 3 2 1

11 10 09

ISBN 978-3-8272-4436-9


Lektorat: Jürgen Bergmoser, jbergmoser@pearson.de
Korrektorat: Martina Gradias
Herstellung: Martha Kürzl-Harrison, mkuerzl@pearson.de
Einbandgestaltung: Marco Lindenbeck, webwo GmbH, mlindenbeck@webwo.de
Satz: Michael Gradias, www.gradias.de, gradias@t-online.de
Druck und Verarbeitung: Media Print, Paderborn
Printed in Germany

Liebe Leserin, lieber Leser,

in diesem Buch lernen Sie Photoshop Elements kennen – ein sehr interessantes Programm für den ambitionierten Fotografen.

Bild für Bild zeige ich Ihnen, wie Sie sehr leicht Ihre Fotos von der Kamera auf den Computer übertragen und dort verwalten. Sind Bilder nicht ganz so gut gelungen, macht das gar nichts: Schritt für Schritt erfahren Sie, wie Sie zum brillanten Bild gelangen. Dies ist gar nicht so schwer, wie es vielleicht zunächst erscheinen mag.

Die verwendeten Bilder finden Sie übrigens – nach Kapiteln sortiert – auf der Website www.mut.de/books/9783827244369/. Dort können sie kostenlos heruntergeladen werden.

Ich wünsche Ihnen viel Freude bei der Arbeit mit Elements. Ich hoffe, dass Ihnen dieses Buch viele Tipps und Anregungen zum Thema geben kann.

Ihr Autor Michael Gradias

## 1 Von der Kamera auf den Rechner 11

## 2 Fotos anzeigen und ordnen 33

## 6 Fotokreationen erstellen 131

## 7 Collagen in neuen Dokumenten 151

## 8 Bildteile auswählen 161

## 9 Tolle Effekte 175

## 10 Mit Texten arbeiten 199

## 11 Effekte mit Ebenenstilen 211

## 12 Arbeitserleichterungen und Voreinstellungen 225

## Lexikon 242

# 1

# Von der Kamera auf den Rechner

## Start

1

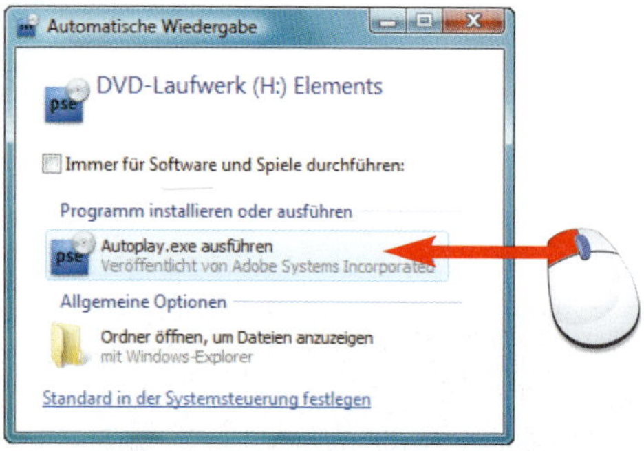


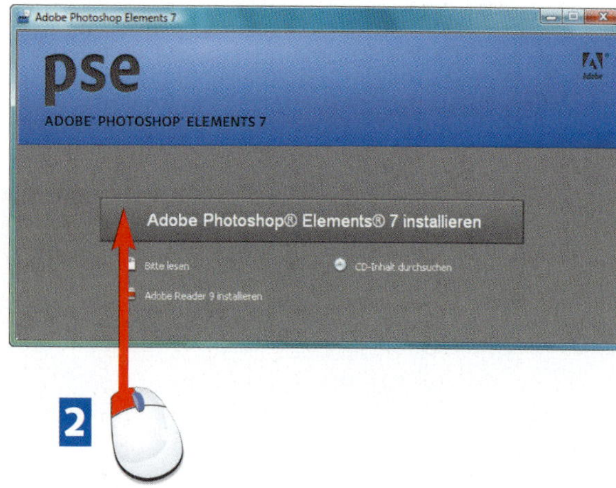


2

3

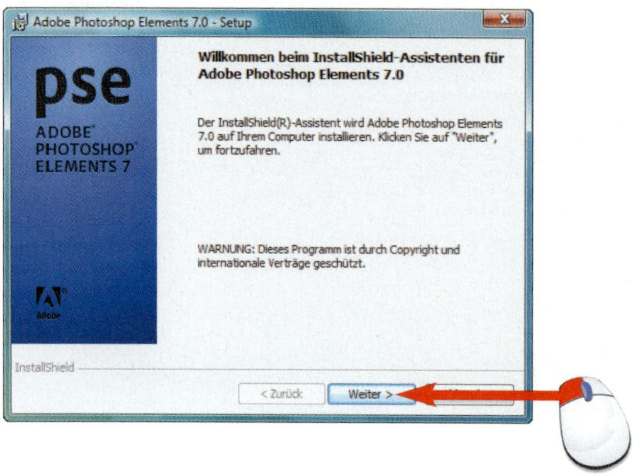


1 Nach dem Einlegen der Installations-CD startet das Installations-Programm automatisch. Wählen Sie dazu die *Autoplay*-Option.

2 Wählen Sie in dem Dialogfeld, das dann erscheint, die Option zum Installieren von Adobe Photoshop Elements 7.

3 Ein Assistent führt Sie durch die Installation. Verwenden Sie die *Weiter*-Schaltfläche, um zum nächsten Schritt des Assistenten zu gelangen.

Startet die Installation nicht automatisch, öffnen Sie im Windows-Explorer die CD und klicken Sie im Hauptverzeichnis das Programm *Autoplay.exe* doppelt an, um zu starten.

**WISSEN**

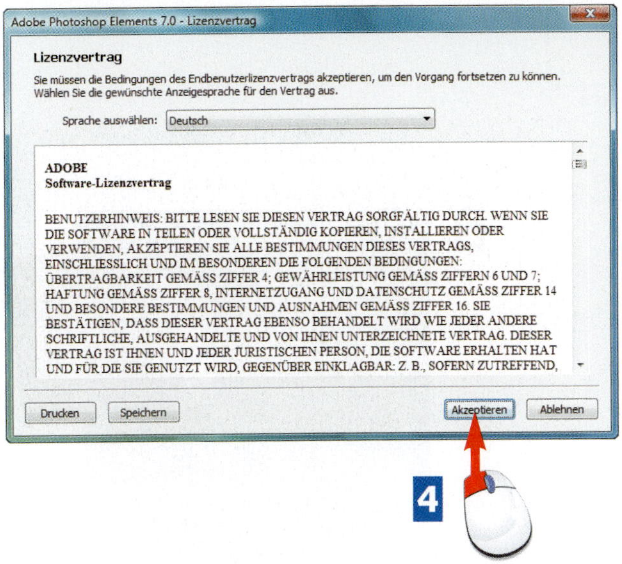


5

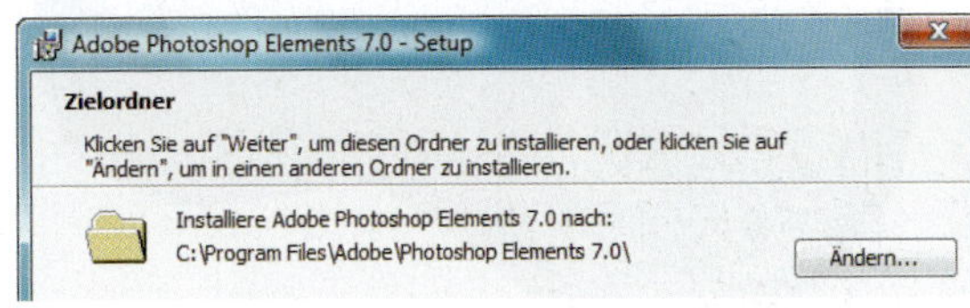


6

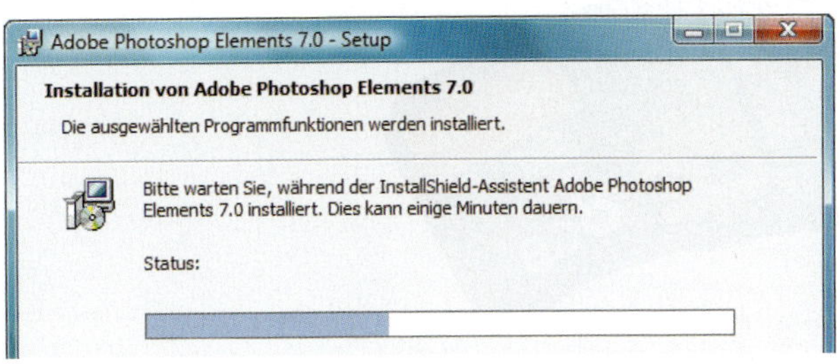


**4** Akzeptieren Sie den Software-Lizenzvertrag. Nach dem Bestätigen und der Angabe der Seriennummer wird das Installations-Dialogfeld geöffnet.

**5** Wählen Sie den Ordner aus, in dem die Programmdateien gespeichert werden sollen.

**6** Nun ist ein Moment Geduld erforderlich, bis alle Dateien auf die Festplatte kopiert sind.

Ende

**TIPP**

Die für die Installation erforderliche Seriennummer finden Sie auf der Rückseite der CD-Hülle.

**HINWEIS**

Falls Sie die Vorgängerversion noch auf Ihrem Rechner installiert haben, muss diese nicht zwingend deinstalliert werden.

**HINWEIS**

Nach erfolgreicher Installation sollte der Rechner neu gestartet werden.

Start

1

2

3

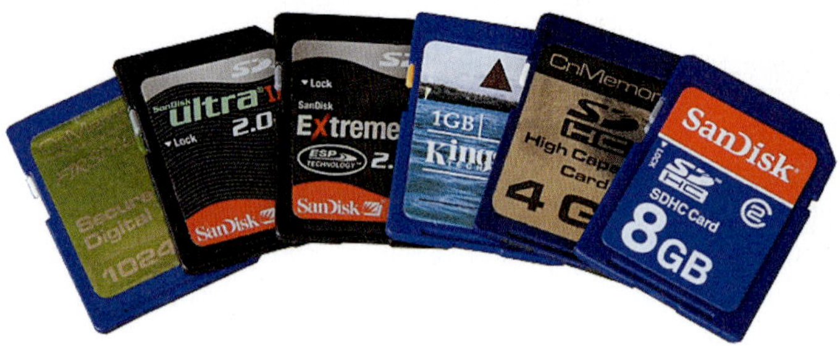


1 Die Fototour ist zu Ende. Die Fotos sind im „Kasten" – genauer gesagt im Speicher der digitalen Kamera – in unserem Beispiel eine digitale Spiegelreflexkamera von Nikon.

2 Die Fotos sind auf Speicherkarten gesichert. Die Nikon verwendet sogenannte SD-Karten.

3 Einige Kameramodelle verfügen über verschiedene Speicherkarten. Die SD-Karte gibt es mit unterschiedlich großen Kapazitäten.

Es gibt viele verschiedene Speicherkartentypen. Einige Varianten gibt es nur in geringen Speichergrößen. Die SD-Karte ist inzwischen weitverbreitet und sehr beliebt. Ein Grund dafür ist unter anderem die große Kapazität. Sie erhalten diese Karten beispielsweise mit einer Kapazität von 2 oder sogar 8 GByte. Das sollte auch für lange Fototouren ausreichen.

WISSEN

4

5

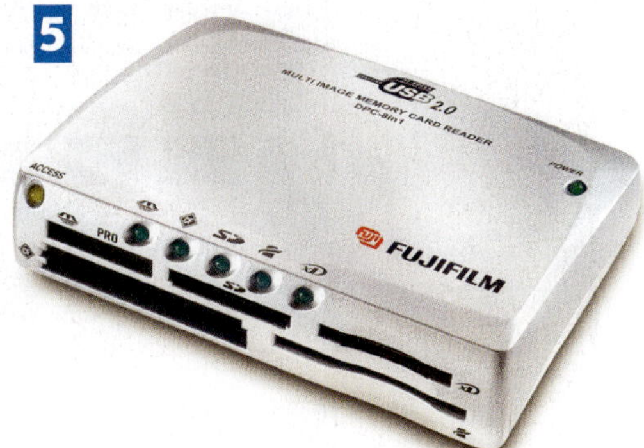


6

**4** Nehmen Sie die Speicherkarte aus der Kamera und stecken Sie sie in den Kartenleser Ihres Rechners.

**5** Verfügt Ihr Rechner nicht über ein internes Kartenlesegerät, lassen sich auch externe Varianten an den Rechner anschließen.

**6** Die digitalen Fotos sollen nun von der Speicherkarte auf die Festplatte Ihres Rechners übertragen werden.

Ende

Einige Fotografen verwenden die Speicherkarte als „Festplatte“. Dies ist nicht zu empfehlen. Schnell kann es passieren, dass bei einem Defekt alle Daten „futsch“ sind.

**TIPP**

**Speicherkarten** dienen zur Sicherung der Fotos. Sie können die Speicherkarte mit dem Film bei einer analogen Kamera vergleichen.

**FACHWORT**

Externe Kartenlesegeräte werden meist am USB-Anschluss Ihres Rechners angeschlossen.

**HINWEIS**

Start

1

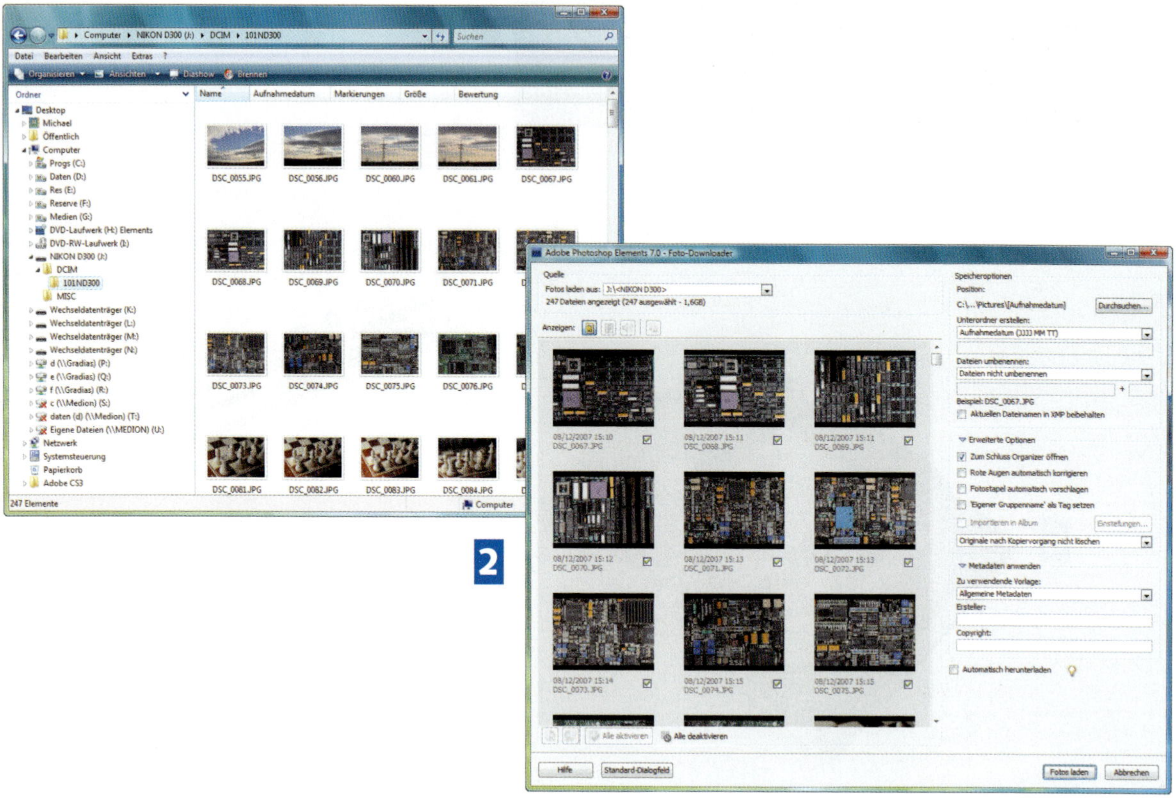


2

**1** Legen Sie die Speicherkarte ein und kopieren Sie dann zum Beispiel mithilfe des Ordnerfensters die Dateien.

**2** Bei der Installation wird Photoshop Elements so eingerichtet, dass sich beim Einlegen der Speicherkarte automatisch das *Foto-Downloader*-Dialogfeld öffnet. Um die Miniaturbilder zu sehen, muss die Option *Erweitertes Dialogfeld* angeklickt werden.

Für das Ordnerfenster ist die Speicherkarte eine „Festplatte". Nach dem Einlegen wird der neue „Wechseldatenträger" automatisch erkannt und als Festplatte angezeigt. Sie können dann die Daten – wie gewohnt – verwalten.

WISSEN

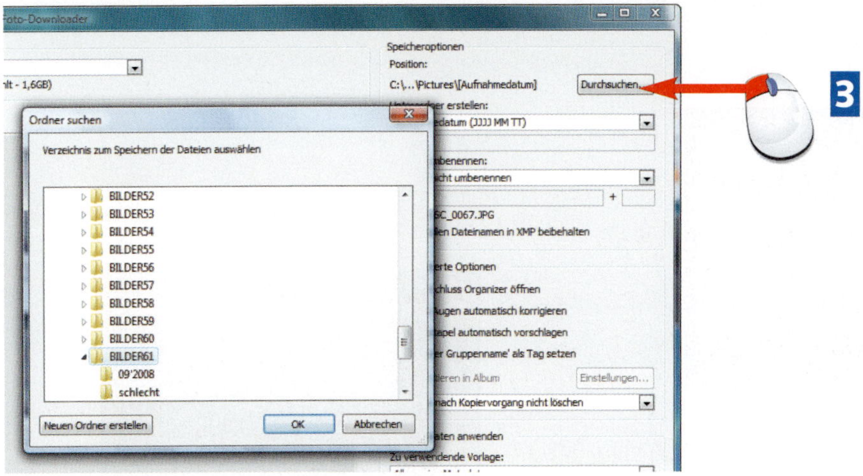


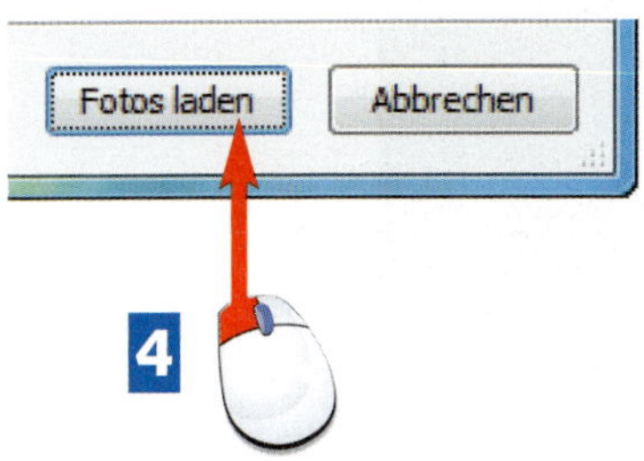


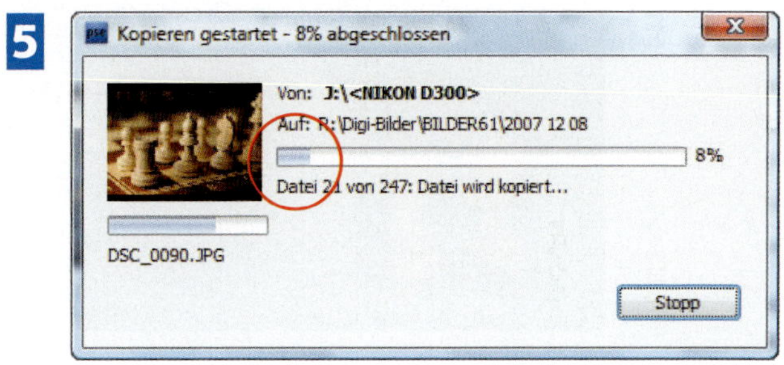


**3** Klicken Sie auf die *Durchsuchen*-Schaltfläche, um in einem gesonderten Dialogfeld den Ordner anzugeben, in dem die Fotos abgelegt werden sollen.

**4** Verwenden Sie die Schaltfläche *Fotos laden*, um den Importvorgang zu starten.

**5** Die Fotos werden nun der Reihe nach auf den Rechner kopiert. Die Fortschrittsanzeige zeigt dies an.

**Ende**

**TIPP**

Es ist empfehlenswert, einen gesonderten Ordner anzulegen, in dem Sie alle digitalen Fotos unterbringen.

**HINWEIS**

Wenn die Option *Rote Augen automatisch korrigieren* aktiviert wurde, untersucht Photoshop Elements die Bilder darauf, ob rote Augen vorkommen, und korrigiert diesen Missstand.

**FACHWORT**

Als **Importieren** bezeichnet man das Übertragen von Daten in einen Arbeitsbereich – wie etwa Photoshop Elements.

Start

1

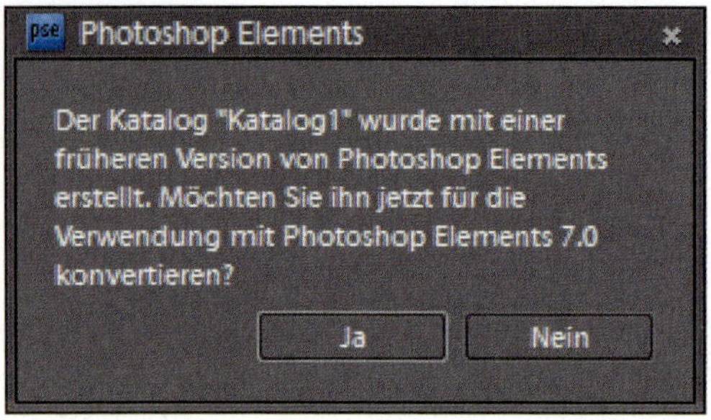


2

3

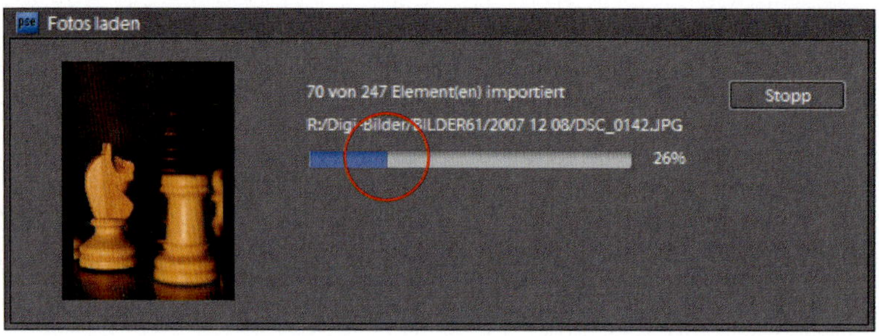


1 Falls Sie bereits einen Katalog mit einer früheren Photoshop Elements-Version erstellt haben, wird dieser nun umgewandelt – andernfalls wird ein neuer Katalog erstellt.

2 Je nachdem, wie groß der alte Katalog ist, kann die Umwandlung eine ganze Weile dauern. Der Fortschrittsbalken zeigt die Entwicklung an.

3 Die Fotos werden dann automatisch in den Katalog geladen. Den Stand der Übertragung sehen Sie im Fortschrittsbalken.

Wenn Sie viel digital fotografieren, ist eine gute Ordnung unabdingbar. So können Sie die Fotos beispielsweise in getrennten Ordnern ablegen, die nach dem Aufnahmedatum oder den Themenbereichen benannt sind.

WISSEN

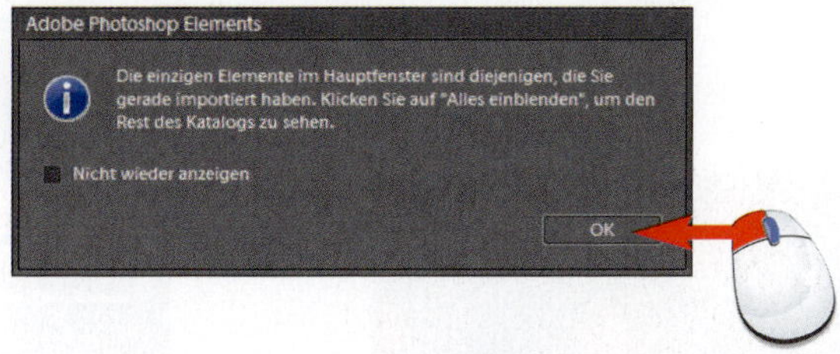


4

6

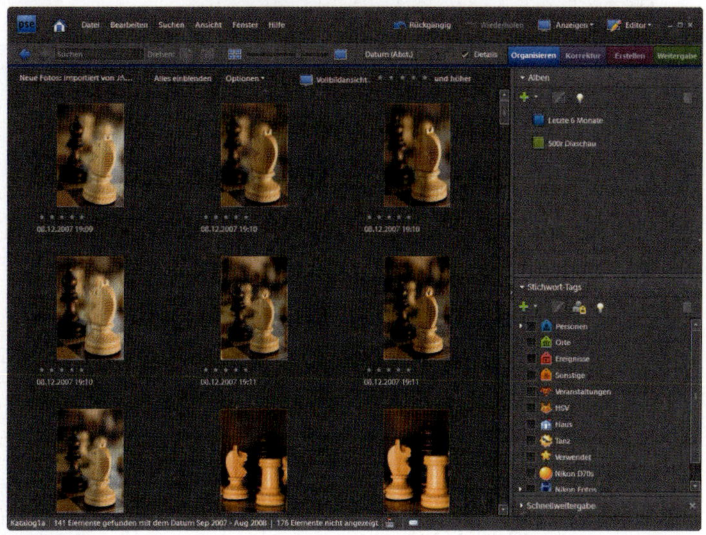

5

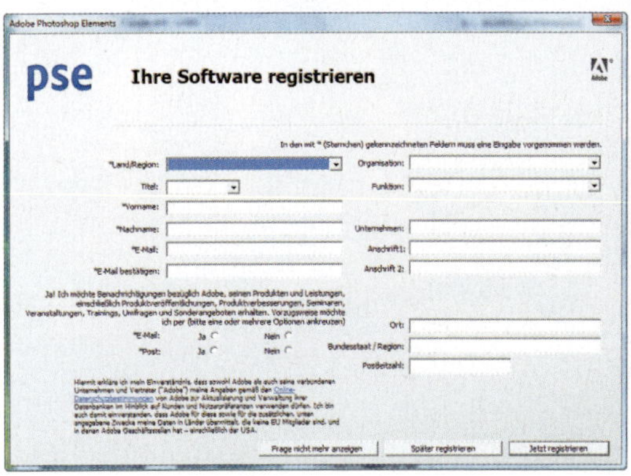


**4** Wenn die Fotos fertig in den Katalog übertragen wurden, erhalten Sie einen Hinweis, dass zunächst nur diese neuen Fotos angezeigt werden.

**5** Als Nächstes können Sie sich entscheiden, ob Sie sich registrieren lassen wollen.

**6** Anschließend sehen Sie die übertragenen Bilder im Katalog.

Ende

**TIPP**

Es ist empfehlenswert, die Fotos gleich nach der Übertragung von der Speicherkarte zu löschen. So ersparen Sie sich das spätere Löschen.

**HINWEIS**

Wenn Sie sehr viele Fotos verwalten wollen, ist es durchaus sinnvoll, eine eigene Festplattenpartition für die Fotos zu verwenden.

**FACHWORT**

**Partitionen** dienen zur Aufteilung einer Festplatte in verschiedene Bereiche. Die Partitionen einer Festplatte zeigt der Windows-Explorer als getrennte Laufwerke an.

Start

1

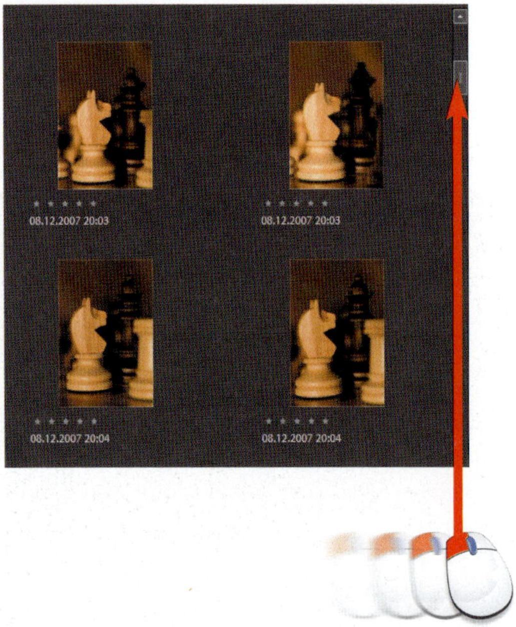

2

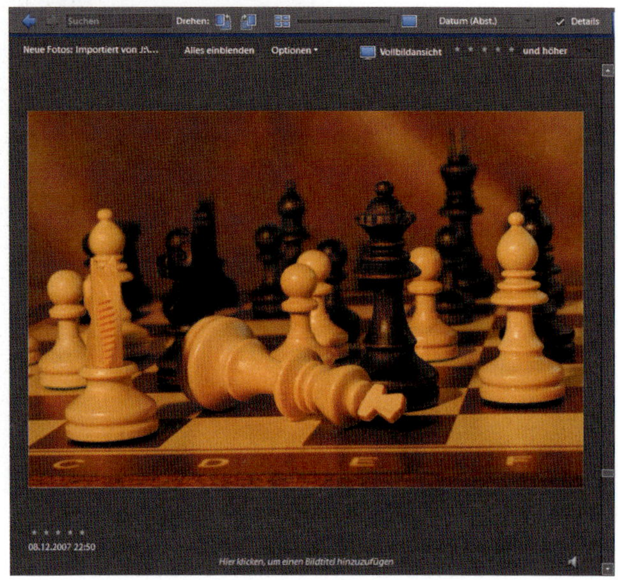


3

1 Wenn Sie viele Bilder übertragen haben, ist nur ein Teil davon im Arbeitsbereich zu sehen. Ziehen Sie den Scrollbalken, um die anderen Fotos anzuzeigen.

2 Wollen Sie eines der Fotos genauer unter die „Lupe" nehmen, klicken Sie es einfach doppelt an.

3 Es wird dann größer angezeigt.

Das Sichten der Fotos nach dem Übertragen ist nützlich und wichtig. So sehen Sie schnell, ob beispielsweise unscharfe Bilder gelöscht werden müssen oder ob die Bearbeitung von Bildfehlern nötig wird.

WISSEN

4

5

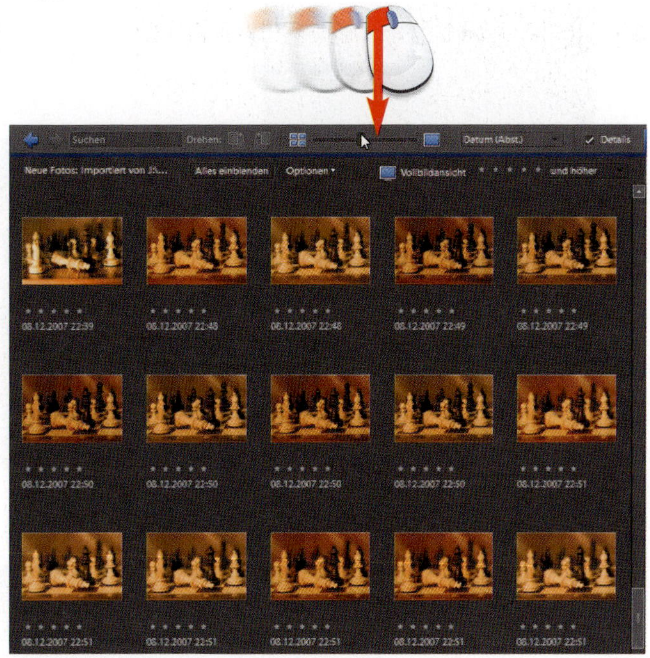

6

**4** Die Größe der Miniaturbilder ist variabel. Ziehen Sie den Schieberegler, um die Miniaturbildgröße anzupassen.

**5** Je weiter Sie den Regler nach links ziehen, umso kleiner sind die angezeigten Miniaturbilder.

**6** Ziehen Sie den Regler nach rechts, um die Darstellung zu vergrößern.

Ende

Um von der vergrößerten Bilddarstellung zur Übersicht zurückzukehren, klicken Sie erneut doppelt in das Bild.

**TIPP**

Um einen Überblick über den Inhalt eines Katalogs zu gewinnen, verkleinern Sie die Miniaturbilder. Zur Beurteilung der Bildqualität sollten Sie die Ansicht vergrößern.

**HINWEIS**

Start

1

2

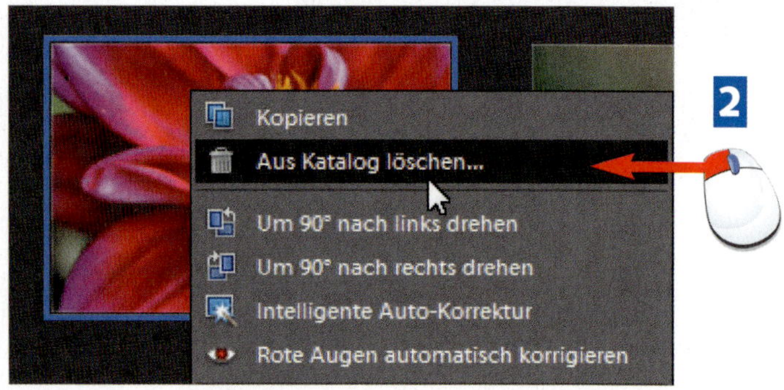


3

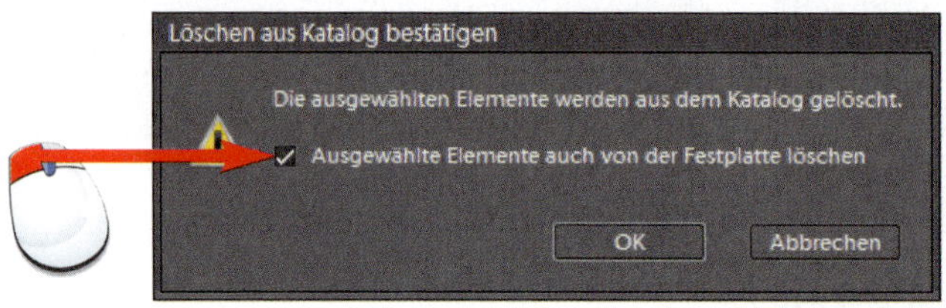


1 Fotos, die Sie bereits in der Vorschau als misslungen erkennen, können Sie gleich löschen. Klicken Sie das betreffende Foto mit der rechten Maustaste an ...

2 ... und rufen Sie im Kontextmenü die Funktion *Aus Katalog löschen* auf.

3 Markieren Sie die Option *Ausgewählte Elemente auch von der Festplatte löschen*, wenn Sie das Foto nicht nur aus dem Katalog entfernen wollen.

Ist die Option *Ausgewählte Elemente auch von der Festplatte löschen* deaktiviert, wird das Foto nur aus dem Katalog entfernt. Auf der Festplatte befindet sich das Bild dann aber immer noch und man kann es jederzeit wieder in den Katalog importieren.

WISSEN

4

5

6

**4** Wollen Sie mehrere Fotos in einem Rutsch löschen, klicken Sie die betreffenden Bilder der Reihe nach ...

**5** ... mit gedrückter ⇧-Taste an. Die markierten Fotos werden zur Verdeutlichung blau umrandet.

**6** Löschen Sie nun die markierten Dateien über das Kontextmenü. Die Miniaturbilder fehlen dann in der Liste.

Ende

Sie können auch Bilder markieren, die nicht aufeinanderfolgen, wenn Sie beim Anklicken die Strg-Taste gedrückt halten.

**TIPP**

Wollen Sie sich den „Umweg" über das Kontextmenü sparen, verwenden Sie zum Löschen einfach die Entf-Taste.

**TIPP**

**Start**

1

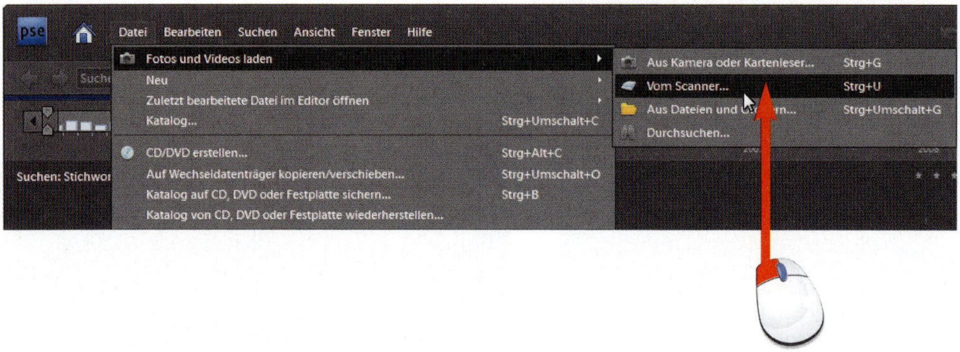


2

1 Sie können Bilder auch von anderen Quellen laden – beispielsweise vom Scanner. Rufen Sie dazu aus dem *Datei*-Menü im Untermenü *Fotos und Videos laden* die Funktion *Vom Scanner* auf.

2 Das TWAIN-Modul Ihres Scanners zeigt dann eine Vorschauansicht an.

Scanner dienen zur Digitalisierung von Papierabzügen oder Dias. So lassen sich auch Ihre analogen „Bilderschätze" mit Elements verwalten. Erst nach dem Digitalisieren können Sie diese Bilder im PC bearbeiten.

**WISSEN**

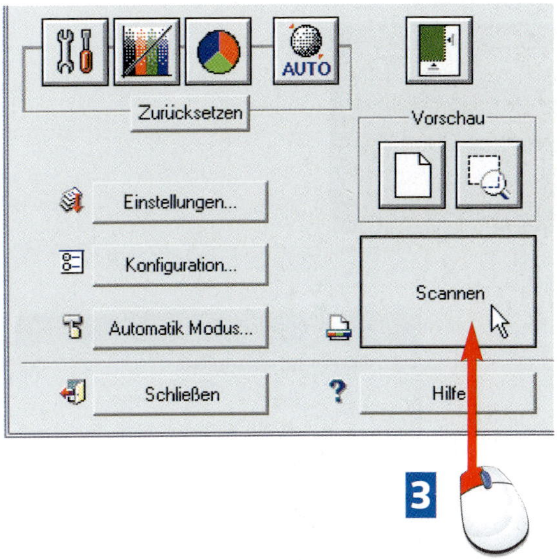


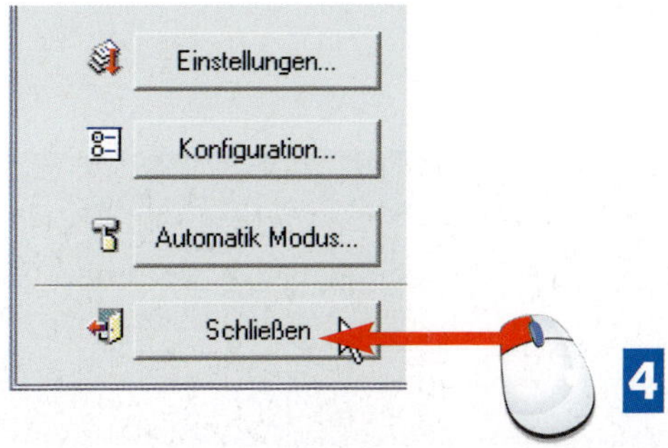


5

**3** Starten Sie mit einem Klick auf die *Scannen*-Schaltfläche den Scanvorgang.

**4** Schließen Sie das TWAIN-Modul-Arbeitsfenster mit der *Schließen*-Schaltfläche, wenn der Scan fertiggestellt ist.

**5** Die gescannte Vorlage wird in den Katalog aufgenommen.

Ende

Jedem Scanner liegt ein Programm zum Scannen von Bildern bei. Dieses Programm wird **TWAIN-Modul** genannt. Es kann aus Photoshop Elements heraus aufgerufen werden.

**FACHWORT**

Über die passenden Einstellungen informieren Sie sich gegebenenfalls im Handbuch Ihres Scanners.

**HINWEIS**

Start

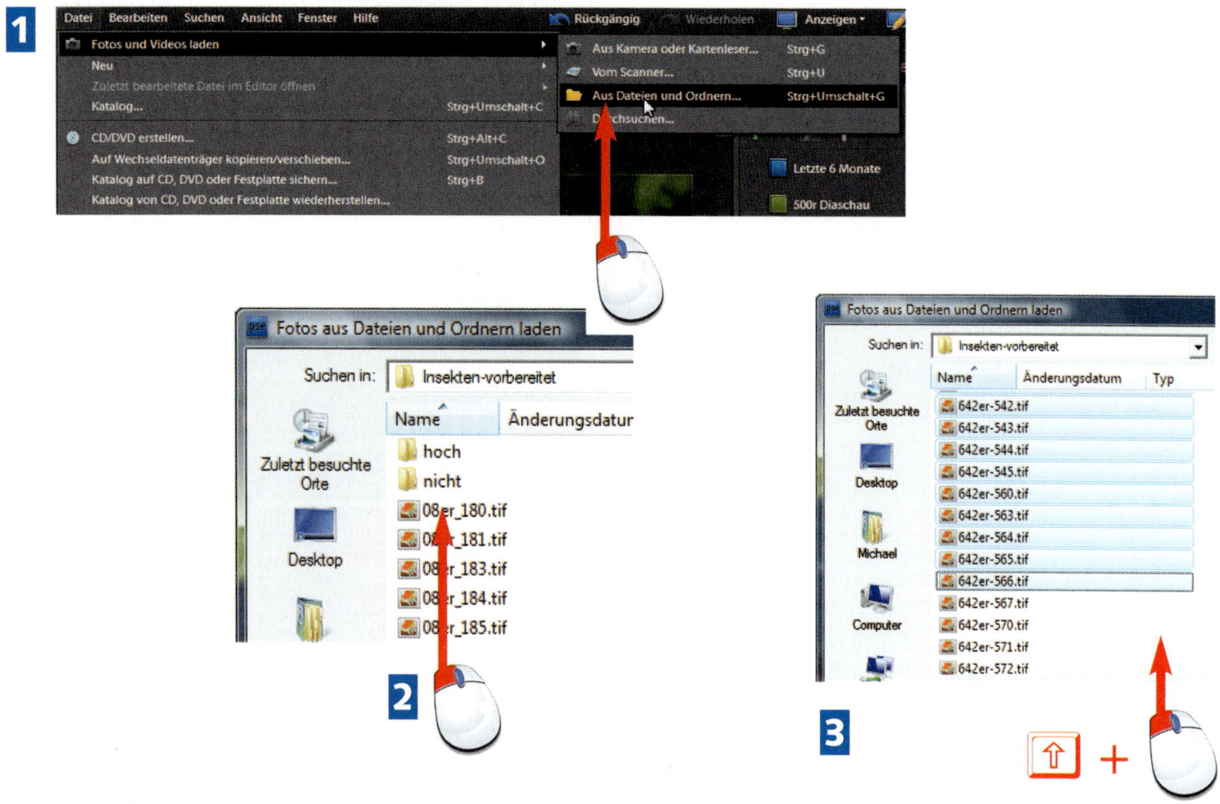


1 Um die auf der Festplatte gespeicherten Bilder zu laden, klicken Sie die Funktion *Aus Dateien und Ordnern* an.

2 Um mehrere Dateien zu markieren, klicken Sie zunächst die erste ...

3 ... und dann mit gedrückter ⇧-Taste die letzte benötigte Datei an. Damit markieren Sie alle Dateien zwischen den beiden Mausklicks.

Wenn Sie bereits vor der Installation von Photoshop Elements digitale Fotos gespeichert haben, können Sie diese nachträglich in den Katalog aufnehmen.

**WISSEN**

4

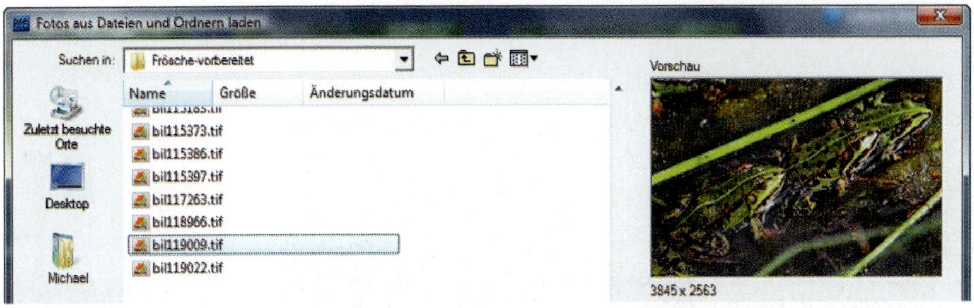


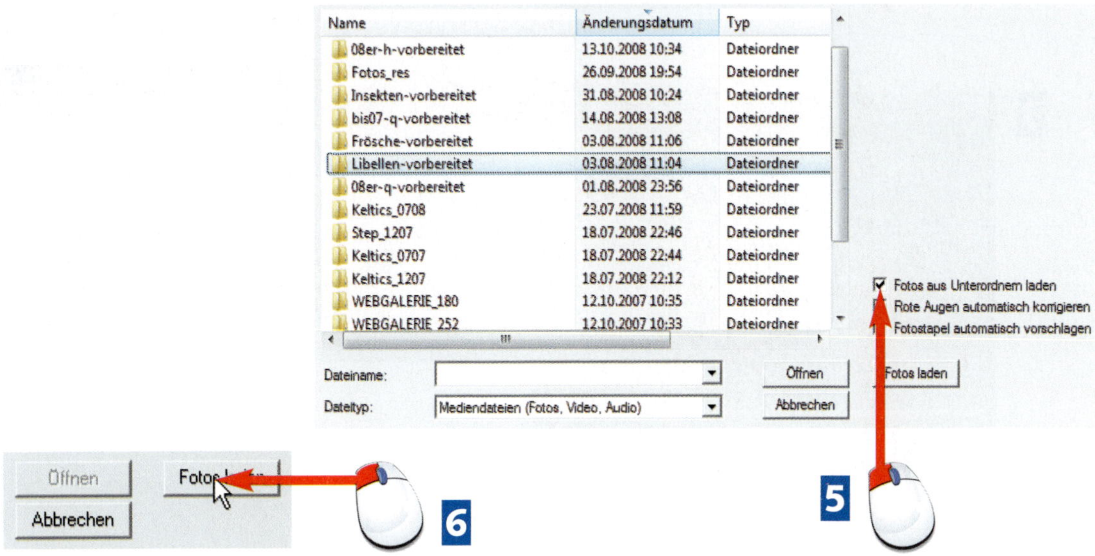


**4** Oben rechts im Dialogfeld sehen Sie eine Vorschau des markierten Bilds. Unter dem Vorschaubild wird die Bildgröße in Pixeln angezeigt.

**5** Markieren Sie einen Ordner, ist die Option *Fotos aus Unterordnern laden* verfügbar. Aktivieren Sie diese, um alle Fotos zu laden, die sich im markierten Ordner befinden.

**6** Mit der Schaltfläche *Fotos laden* starten Sie den Importvorgang.

Ende

Die *Durchsuchen*-Funktion im Menü *Fotos und Videos laden* lässt sich auch nutzen, um alle Festplatten des Rechners nach Bildern zu durchsuchen, die Sie dann in den Katalog aufnehmen können.

**TIPP**

Digitale Fotos bestehen aus vielen kleinen Bildpunkten, die **Pixel** genannt werden. Je mehr Pixel ein Foto enthält, umso detailreicher ist das Bild.

**FACHWORT**

Falls Sie alte Fotos ungeordnet gespeichert haben, legen Sie vor dem Import mit dem Windows-Explorer neue Verzeichnisse an und sortieren dort die Dateien.

**HINWEIS**

Start

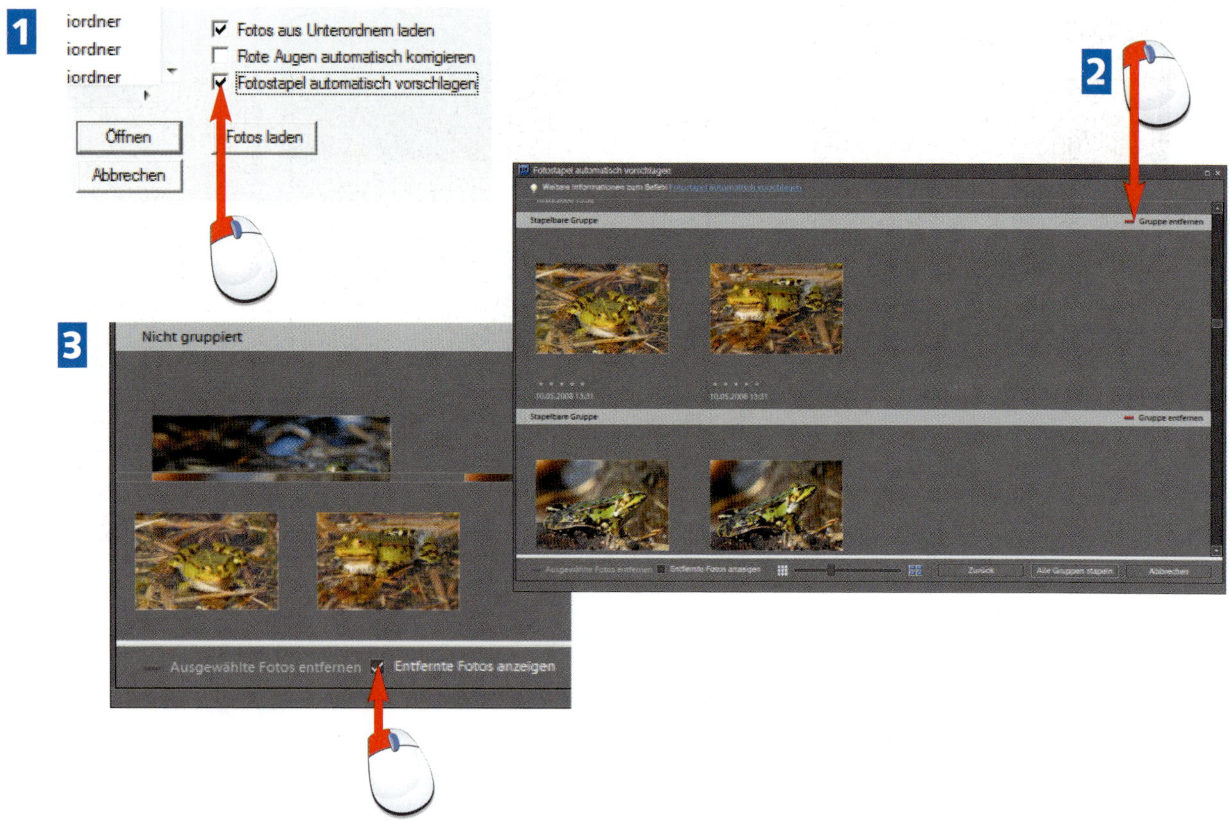


**1** Aktivieren Sie beim Fotoimport die Option *Fotostapel automatisch vorschlagen*, um ähnliche Fotos zu einem Stapel zusammenzufassen.

**2** In diesem Dialogfeld werden die vorgeschlagenen Stapel angezeigt. Wollen Sie einen der Stapel nicht übernehmen, klicken Sie auf die Option *Gruppe entfernen*.

**3** Haben Sie die Option *Entfernte Fotos anzeigen* aktiviert, werden im unteren Bereich die Fotos angezeigt, die nicht gestapelt werden sollen.

Photoshop Elements bietet beim Import verschiedene nützliche Optionen an. So lassen sich Bilder beispielsweise automatisch nach ihrer Ähnlichkeit zu Stapeln zusammenfassen. Auch die Verwaltung von Bildern, die sich auf CDs/DVDs befinden, ist möglich.

**WISSEN**

4

5

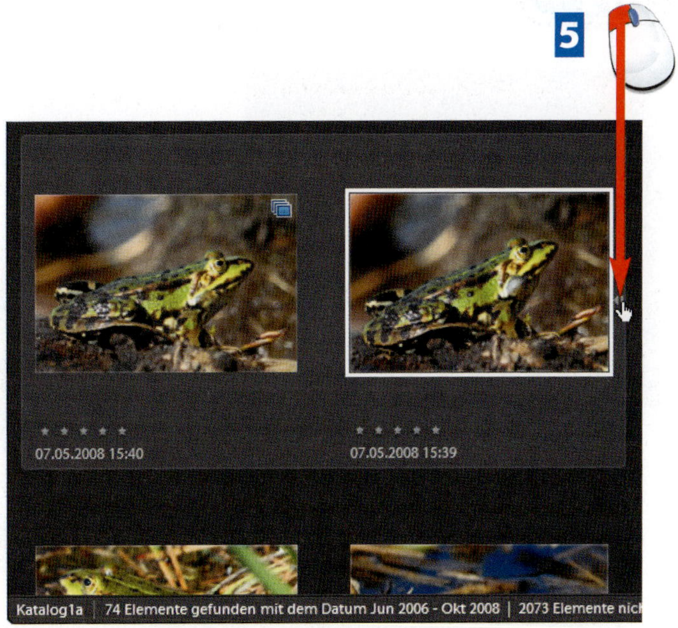


6

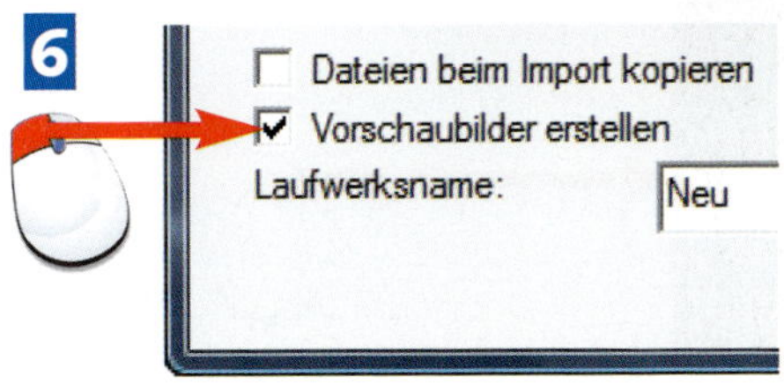


4 An diesem Symbol in der oberen rechten Ecke des Miniaturbilds erkennen Sie Stapel.

5 Mit dem Doppelpfeil rechts neben dem Miniaturbild öffnen und schließen Sie Stapel.

6 Falls Sie Bilder in den Katalog aufnehmen wollen, die sich auf einer CD/DVD befinden, aktivieren Sie im Import-Dialogfeld die Option *Vorschaubilder erstellen*, nachdem die Option *Dateien beim Import kopieren* deaktiviert wurde.

Ende

Die Stapel lassen sich gut verwenden, damit nicht zu viele Miniaturbilder im Katalog angezeigt werden.

**TIPP**

In einem **Stapel** werden mehrere Fotos zusammengefasst. Wenn der Stapel geschlossen ist, sehen Sie im Katalog nur ein Miniaturbild.

**FACHWORT**

Start

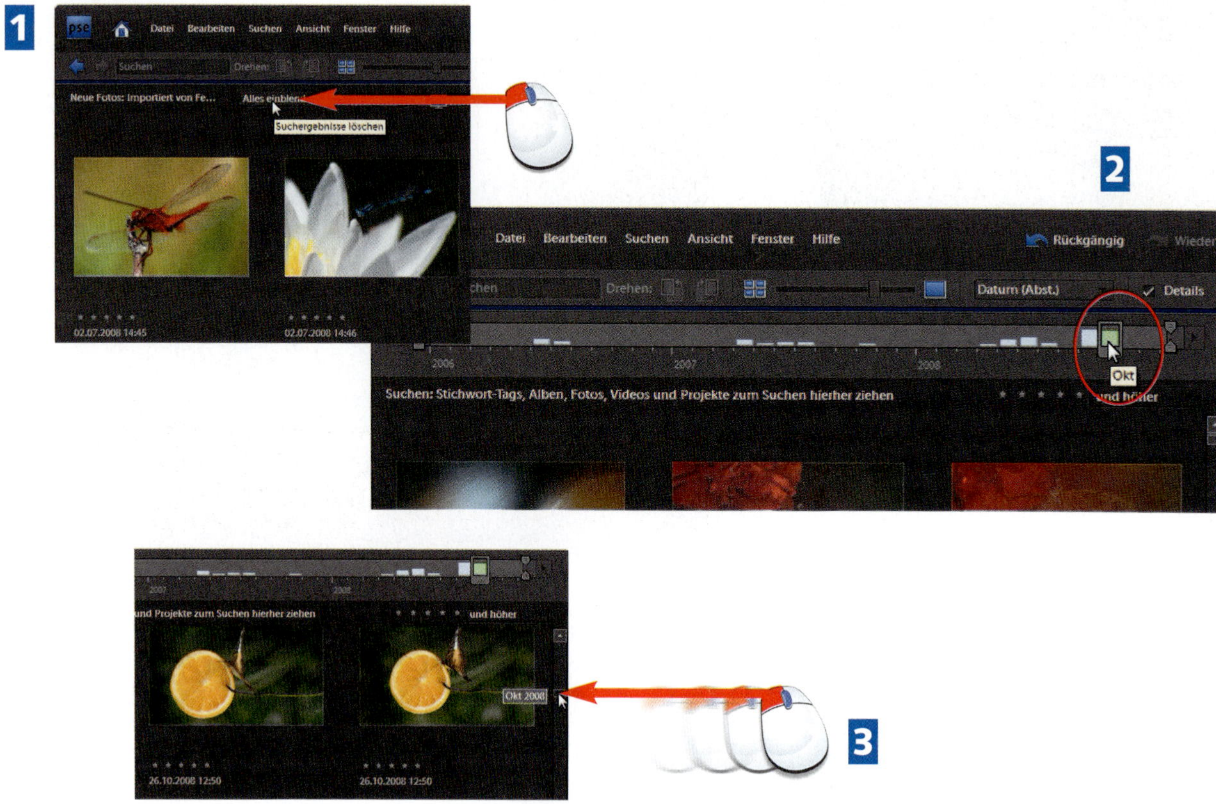


**1** Standardmäßig sehen Sie nur die zuletzt importierten Fotos. Wollen Sie auch die zuvor importierten Bilder sehen, klicken Sie auf die Schaltfläche *Alles einblenden*.

**2** In der Zeitleiste sehen Sie alle Monate. Die Anzahl der Fotos wird durch die Höhe der Balken gekennzeichnet. Sehen Sie die Zeitleiste nicht, blenden Sie sie mit der Funktion *Fenster/Zeitleiste* ein.

**3** Ziehen Sie den Scrollbalken, dann sehen Sie in einem Schildchen das Aufnahmedatum.

Bei wenigen digitalen Fotos ist der Nutzen einer gut durchdachten Organisation vielleicht noch nicht erkennbar – aber je größer der digitale Bilderstapel wird, umso mehr schätzt man eine gute Ordnung. Außer, Sie sind der Meinung ein „Genie beherrscht das Chaos".

**WISSEN**

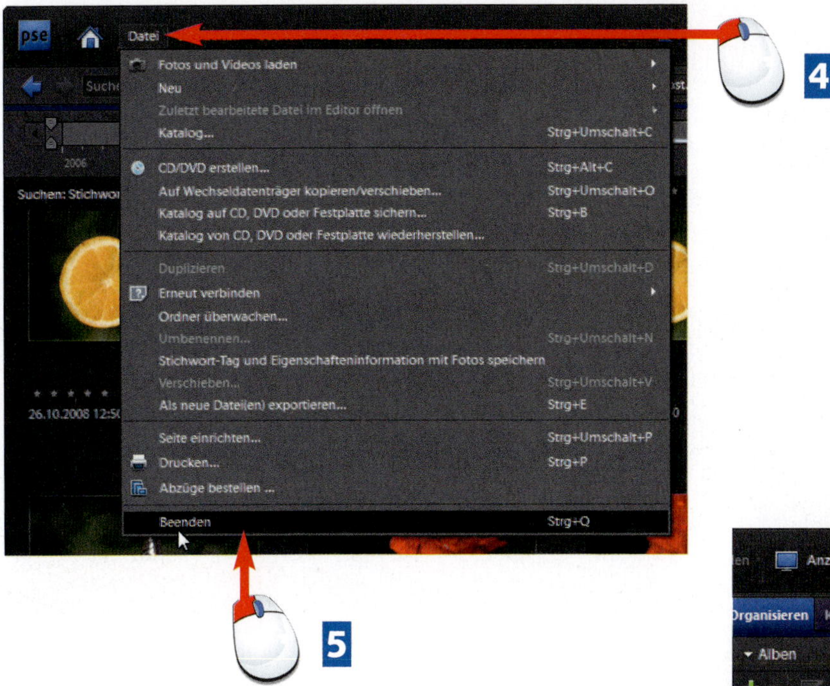


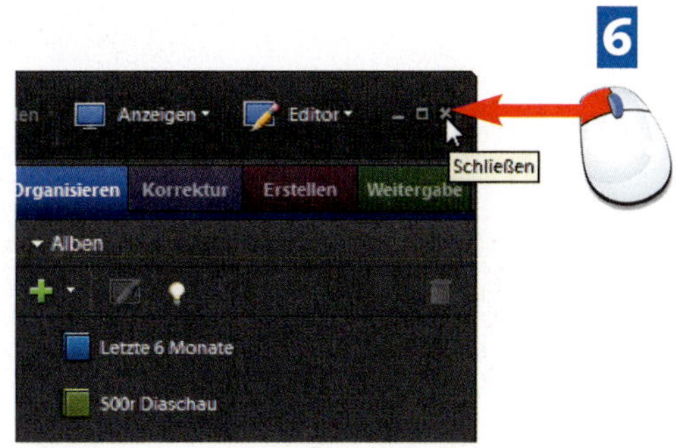


**4** Um Photoshop Elements 7.0 zu schließen, öffnen Sie das *Datei*-Menü ...

**5** ... und rufen Sie dort die Funktion *Beenden* auf.

**6** Oder klicken Sie einfach auf das Kreuzsymbol oben rechts im Arbeitsfenster.

Ende

Solange nicht alle Fotos angezeigt werden, erkennen Sie in der Zeitleiste an den dunklen Hervorhebungen, zu welchem Monat die Suchergebnisse gehören.

**TIPP**

Sie können das Programm auch mit der bei Windows-Programmen üblichen Tastenkombination [Alt] + [F4] beenden.

**HINWEIS**

2

# Fotos anzeigen und ordnen

# Start

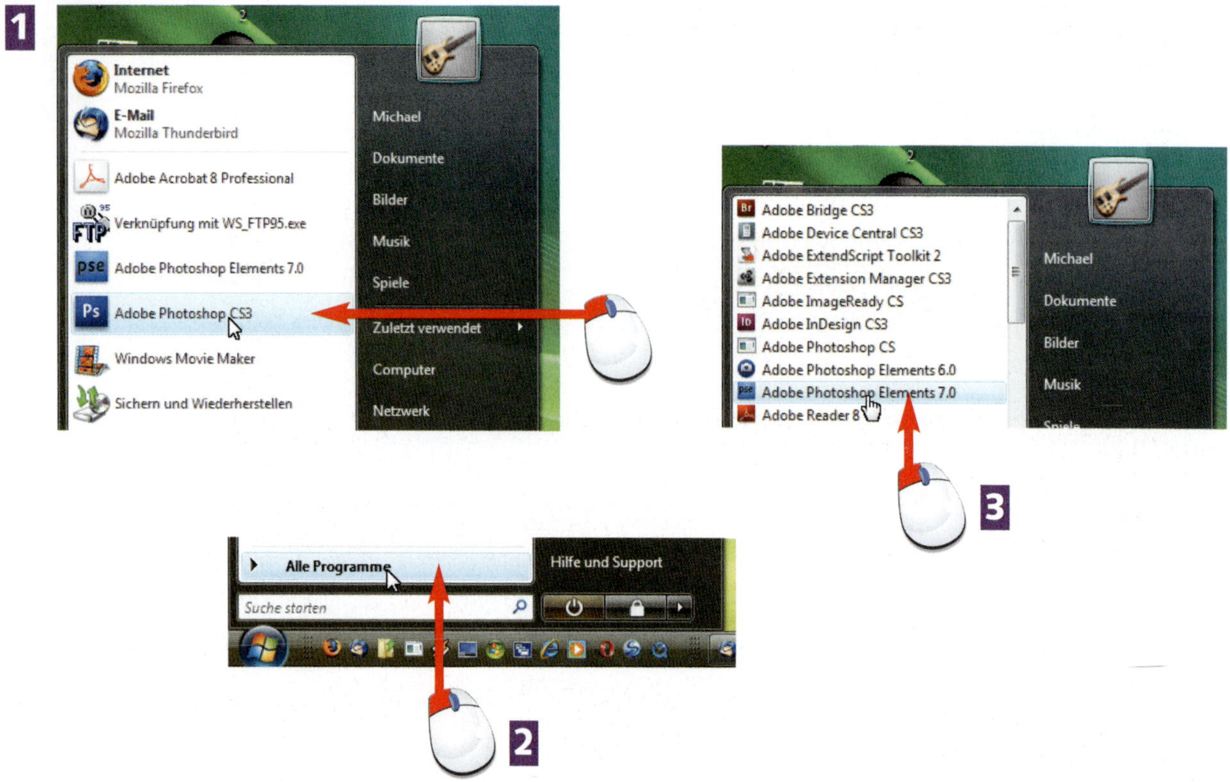


**1** Wenn Sie Photoshop Elements gerade erst installiert haben, finden Sie es im Windows-Startmenü. Rufen Sie dort das Programmsymbol auf.

**2** Öffnen Sie ansonsten das Programm-Menü ...

**3** ... und klicken Sie in der Auflistung auf den Eintrag *Adobe Photoshop Elements 7.0*.

Wenn Sie einen schnellen Zugriff auf Photoshop Elements haben wollen, legen Sie ein Verknüpfungs-Symbol auf dem Desktop ab und starten Sie das Programm dort mit einem Doppelklick. Haben Sie eine Standardinstallation vorgenommen, wurde das Symbol automatisch auf dem Desktop abgelegt.

**WISSEN**

**4** Nach dem Aufruf sehen Sie zunächst eine Übersicht. Hier wählen Sie aus, mit welchem Photoshop Elements-Modul Sie beginnen wollen. Rufen Sie die Funktion *Organisieren* auf.

**5** Im Startbildschirm werden einige Tipps zu Photoshop Elements angezeigt. Wenn Sie den Mauszeiger über das Miniaturbild unten halten, sehen Sie eine Bildoptimierung.

**Ende**

**TIPP**

Falls Sie bereits einen Katalog mit Photoshop Elements 7.0 erstellt haben, wird dieser nach dem Start des Programms dupliziert und konvertiert.

**HINWEIS**

Die Aufteilung in verschiedene Programm-Module ist recht praktisch. Der Arbeitsbereich ist übersichtlicher, wenn nur die Funktionen angeboten werden, die für eine Aufgabe nötig sind.

**Start**

1

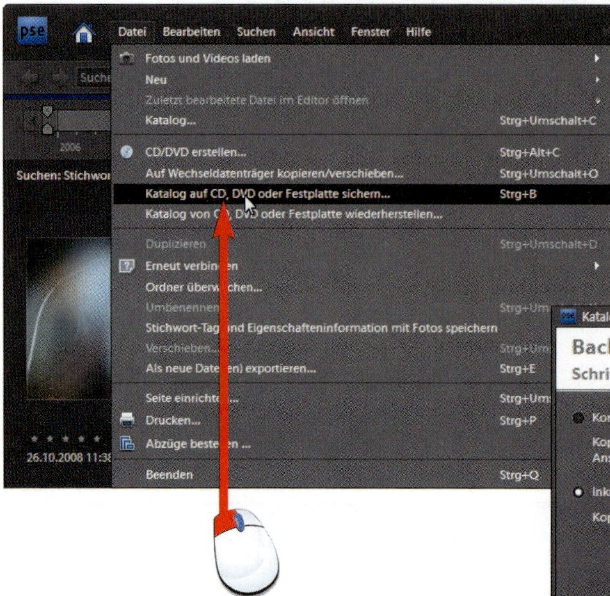


2

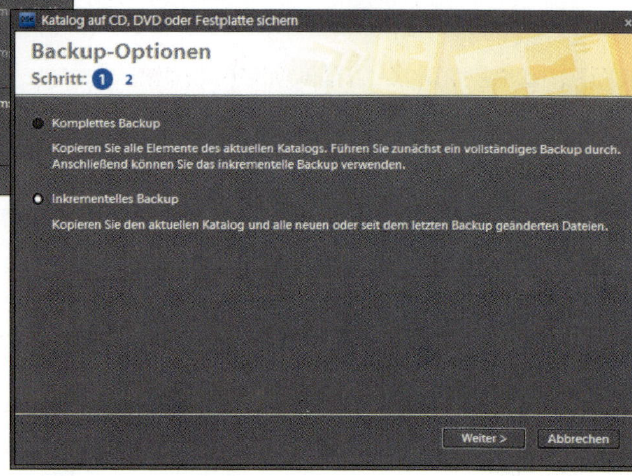


1 Wenn Sie viele Fotos importiert haben, wird Ihnen nach dem Programmstart eine Sicherung der Daten angeboten. Sie können dazu aber auch die Funktion *Datei/Katalog auf CD, DVD oder Festplatte sichern* aufrufen.

2 Entscheiden Sie, ob Sie alle Fotos oder auch die dazugehörende Katalogdatei und nur die neuen Dateien (seit dem letzten Backup) sichern wollen.

Die regelmäßige Datensicherung ist ein wichtiges Thema, das allzu oft vernachlässigt wird. Meist erinnert man sich erst an eine Sicherung der Daten, wenn ein Crash aufgetreten ist. Dann nutzt es natürlich nichts mehr. Daher sollten Sie sich in regelmäßigen Zeitabständen ein wenig Zeit für die Sicherung Ihrer wertvollen Daten nehmen.

**WISSEN**

3

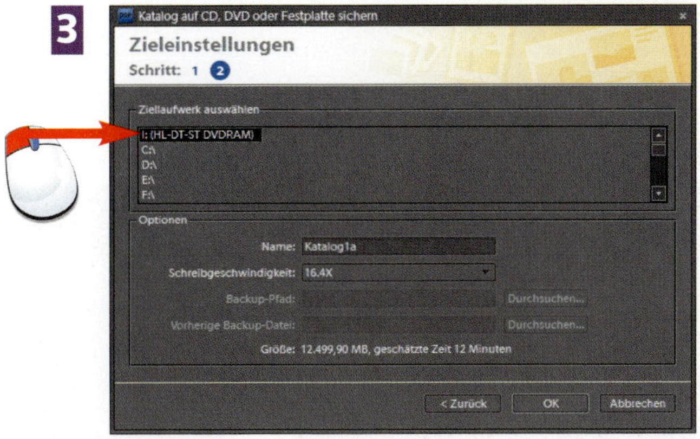


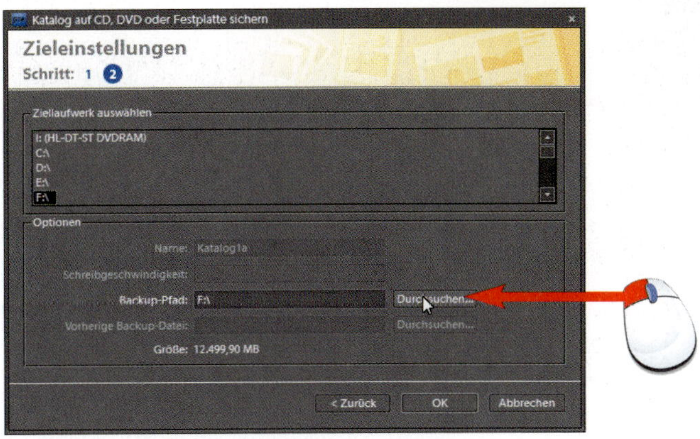


4

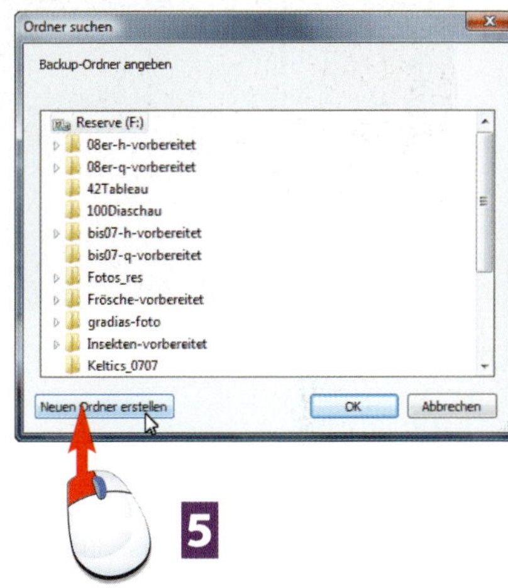


5

**3** Sollen die Daten auf einer CD/DVD gesichert werden, markieren Sie in der oberen Liste das Laufwerk, in dem sich die CD/DVD befindet.

**4** Auch das Speichern auf einer Festplatte ist möglich. Verwenden Sie nach der Auswahl der Festplatte die *Durchsuchen*-Funktion, ...

**5** ... um den Ordner auszuwählen, in dem die Daten untergebracht werden sollen, oder erstellen Sie einen neuen Ordner.

Ende

Da DVDs heute nicht mehr die Welt kosten, ist es empfehlenswert, regelmäßig eine DVD mit den aktuellen Fotos zu brennen.

**TIPP**

Als **Backup** wird eine Sicherheitskopie von Daten bezeichnet.

**FACHWORT**

Je nach Menge der Daten, die Sie sichern, kann es schon eine Weile dauern, bis alle Fotos kopiert sind. Hier ist Geduld gefragt.

**HINWEIS**

**Start**

1

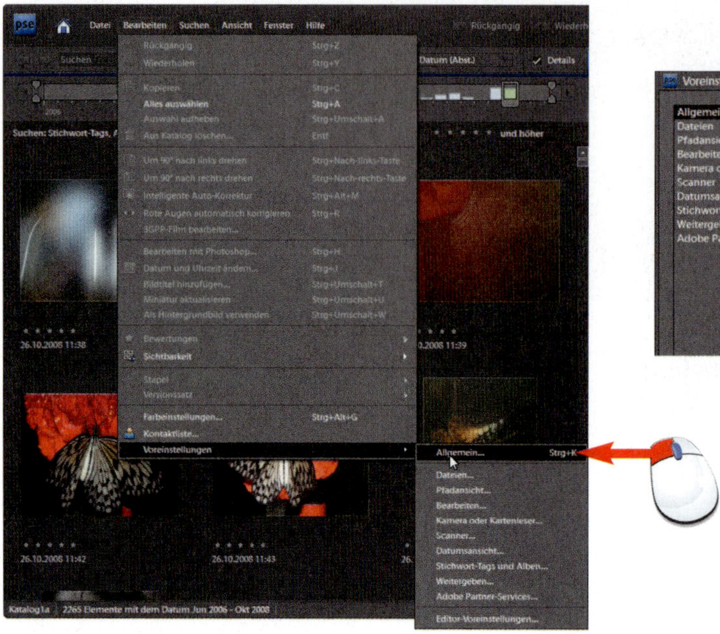


2

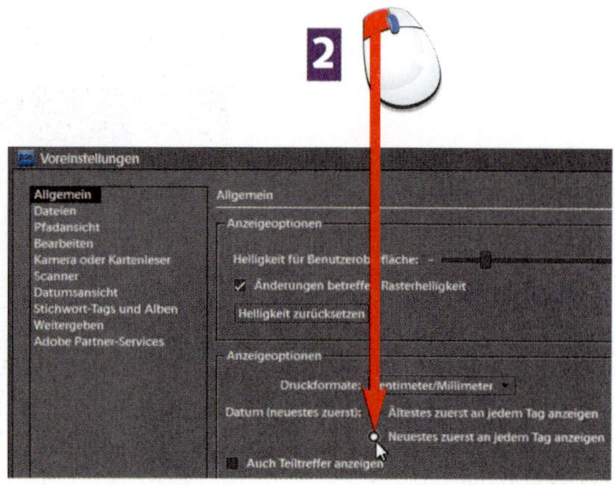


3

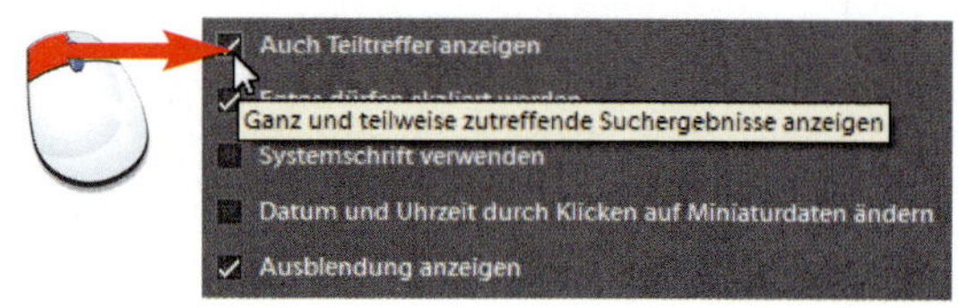


1 Rufen Sie die Funktion *Bearbeiten/Voreinstellungen/Allgemein* auf.

2 Aktivieren Sie in der *Allgemein*-Rubrik die Option *Neuestes zuerst an jedem Tag anzeigen*, wenn Sie die Datumssortierung *(Neuestes zuerst)* verwenden.

3 Im unteren Bereich finden Sie verschiedene weitere Optionen. Aktivieren Sie beispielsweise die Option *Auch Teiltreffer anzeigen*, damit auch Teiltreffer bei der Suche angezeigt werden.

Bei Photoshop Elements 7.0 lässt sich das Aussehen des Albums weit mehr verändern, als dies bei den Vorgängerversionen der Fall war. Passen Sie das Album so Ihren eigenen Wünschen an.

**WISSEN**

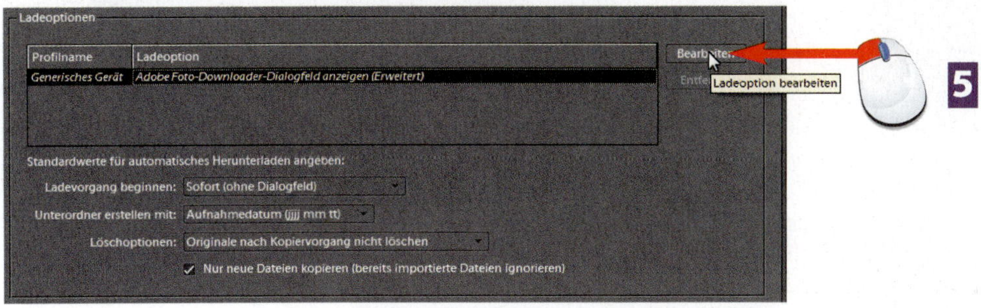


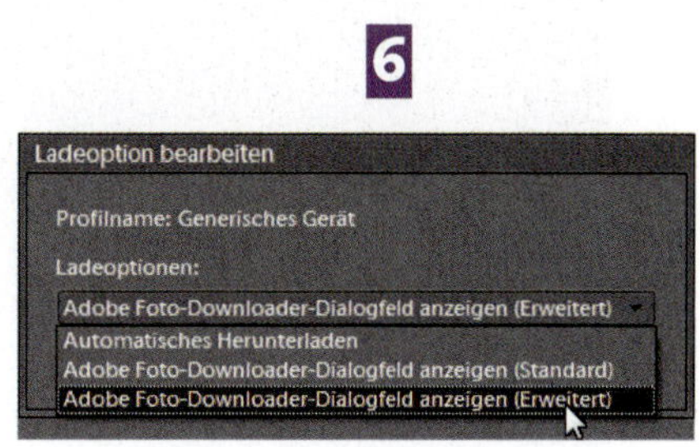


**4** In der Rubrik *Kamera oder Kartenleser* wird unter anderem der Ordner eingestellt, in dem die importierten Fotos gespeichert werden.

**5** Die *Ladeoptionen* lassen sich mit der *Bearbeiten*-Schaltfläche ...

**6** ... in diesem Dialogfeld anpassen. Entscheiden Sie, ob der Ladevorgang automatisch erfolgen soll oder mit Aufruf des Dialogfelds.

Ende

**TIPP**

Es ist Geschmackssache, welche Optionen ein- oder ausgeschaltet werden sollen. Probieren Sie einfach einmal aus, welche Variante Ihnen besser gefällt.

**TIPP**

In der Version 7 ist die Möglichkeit neu hinzugekommen, dass Sie die Helligkeit der Benutzeroberfläche anpassen können. Verwenden Sie dazu den Schieberegler im *Anzeigeoptionen*-Bereich.

**HINWEIS**

Alle Voreinstellungen sind nach unterschiedlichen Themen sortiert in verschiedenen Rubriken untergebracht, die Sie in der Liste links auswählen.

# Sortierkriterien festlegen

**Start**

1

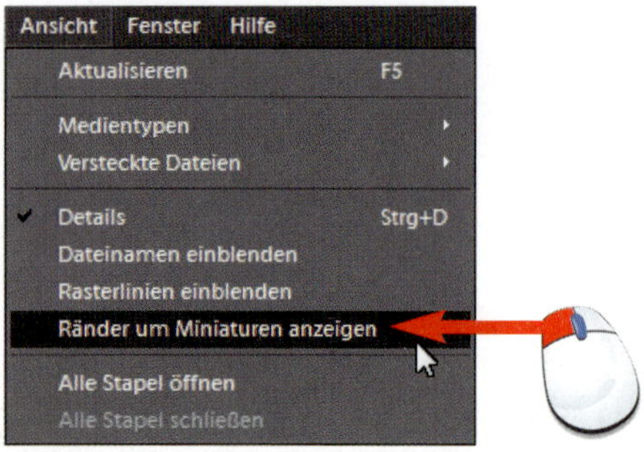


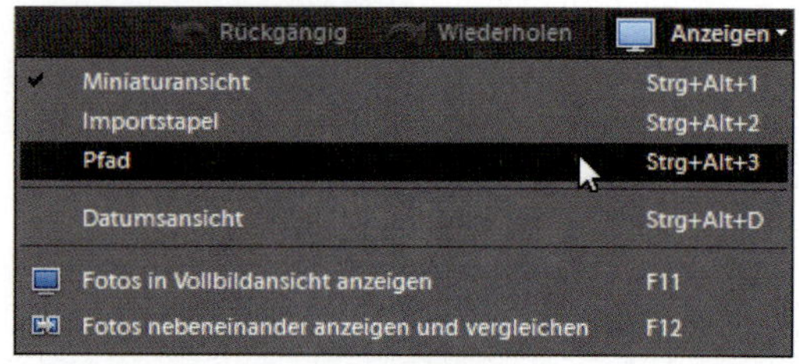


2

3

1 Im *Ansicht*-Menü finden Sie weitere Ansichtsoptionen. So werden hier zum Beispiel die Ränder um die Miniaturbilder ein- oder ausgeblendet.

2 Im *Anzeigen*-Menü gibt es vier verschiedene Sortierkriterien.

3 Klicken Sie in der Zeitleiste den gewünschten Monat an, wenn Sie die *Miniaturansicht*-Sortierung eingestellt haben. Klicken Sie dann einen anderen Monat an, werden sofort die dazugehörenden Fotos angezeigt.

Haben Sie nur einige, wenige Fotos im Katalog, ist das Auffinden eines bestimmten Fotos leicht. Je umfangreicher der Katalog wird, umso hilfreicher sind die Möglichkeiten, die Fotos nach bestimmten Suchkriterien zu ordnen.

**WISSEN**

4

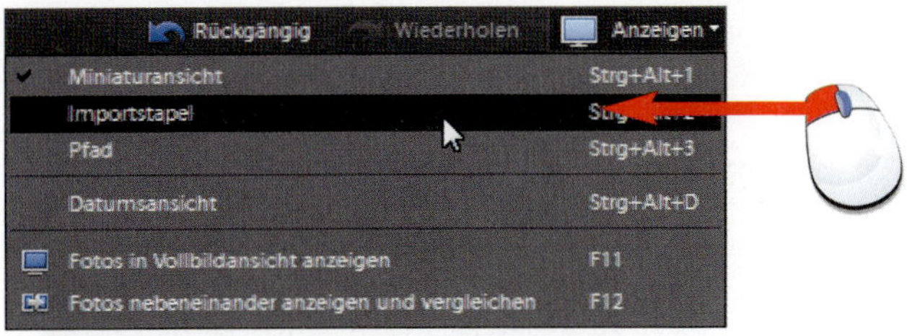


5

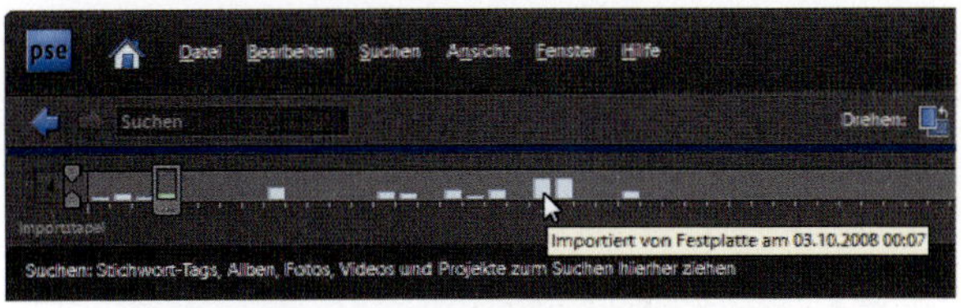


6

4 Wählen Sie im *Anzeigen*-Menü die *Importstapel*-Option aus, ...

5 ... wird die Anzeige in der Zeitleiste entsprechend angepasst. Dort sind nun die Importsessions aufgeführt.

6 Bei der *Pfad*-Option sehen Sie in der linken Liste, wo sich das Foto auf der Festplatte befindet.

Ende

Werfen Sie einmal einen Blick in die untere Zeile des Arbeitsfensters. Dort wird angezeigt, wie viele Bild-Möglichkeiten zum aktuellen Suchkriterium vorhanden sind.

**TIPP**

Als **Pfad** bezeichnet man die Position des Ordners innerhalb der Ordnerhierarchie.

**FACHWORT**

Die Hilfeschilder zeigen stets detaillierte Informationen an, beispielsweise mit welcher Kamera das Foto aufgenommen wurde.

**HINWEIS**

# Detailinformationen anzeigen

**Start**

1

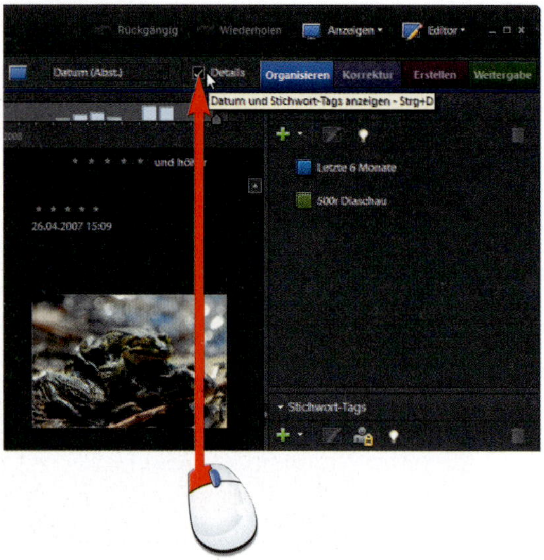


2

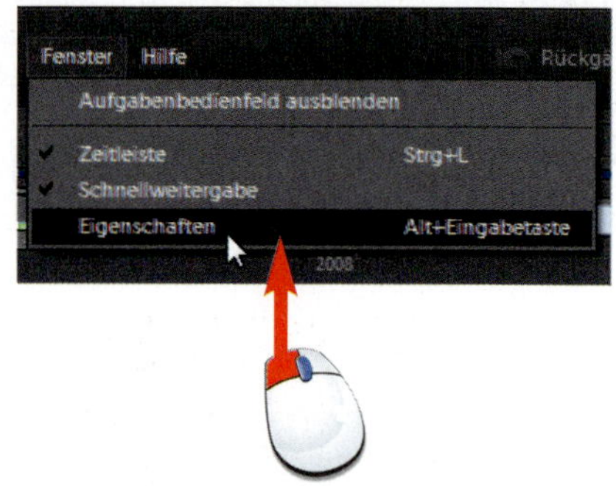


3

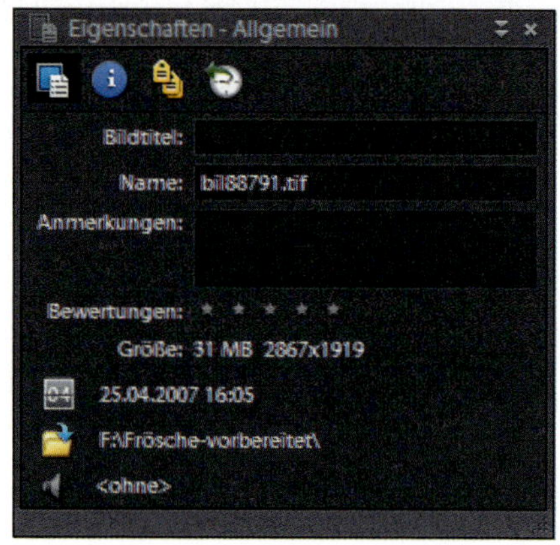


1 Wenn Sie die Anzeige der Details unter den Fotos ausblenden wollen, klicken Sie auf diese Optionsfläche, sodass das Häkchen verschwindet.

2 Klicken Sie auf diesen Menüeintrag, ...

3 ... um rechts ein Fenster mit den Bildeigenschaften einzublenden.

Bei digitalen Fotos werden verschiedene Informationen gespeichert, ohne dass Sie es „bemerken“. So zeichnet die Kamera in den Exif-Daten beispielsweise Informationen über die verwendete Verschlusszeit oder Blende auf.

**WISSEN**

4

5

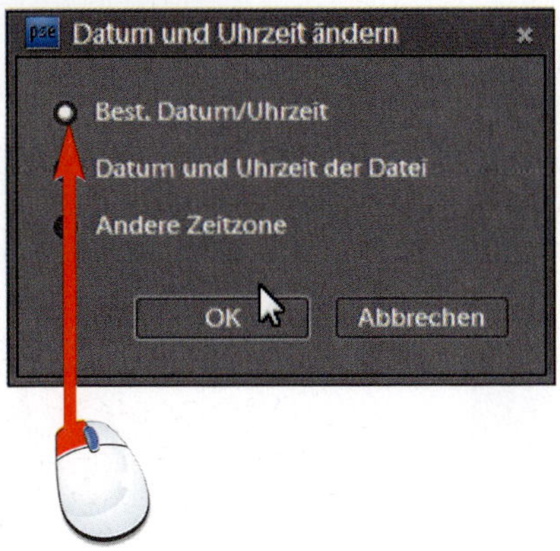


6

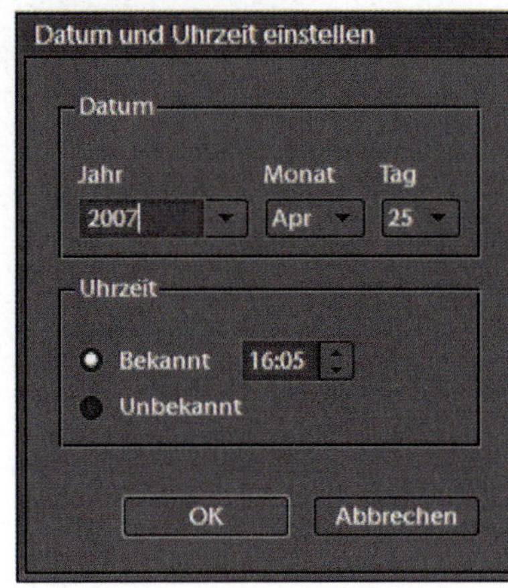


**4** Klicken Sie auf diese Schaltfläche, wenn Sie das Datum des Fotos verändern wollen.

**5** Legen Sie in diesem Dialogfeld fest, was Sie ändern möchten.

**6** Wählen Sie hier die neuen Datums- und Uhrzeitangaben aus.

Ende

Exif-Daten enthalten alle Informationen der Aufnahme. So ist es leicht, später festzustellen, ob bei der Aufnahme geblitzt oder welche Brennweite verwendet wurde.

**FACHWORT**

Es kann vorkommen, dass Ihre Kamera – zum Beispiel bei Strommangel – einen Reset durchführt, bei dem Datum und Uhrzeit auf die Standardwerte zurückgesetzt werden.

**HINWEIS**

Start

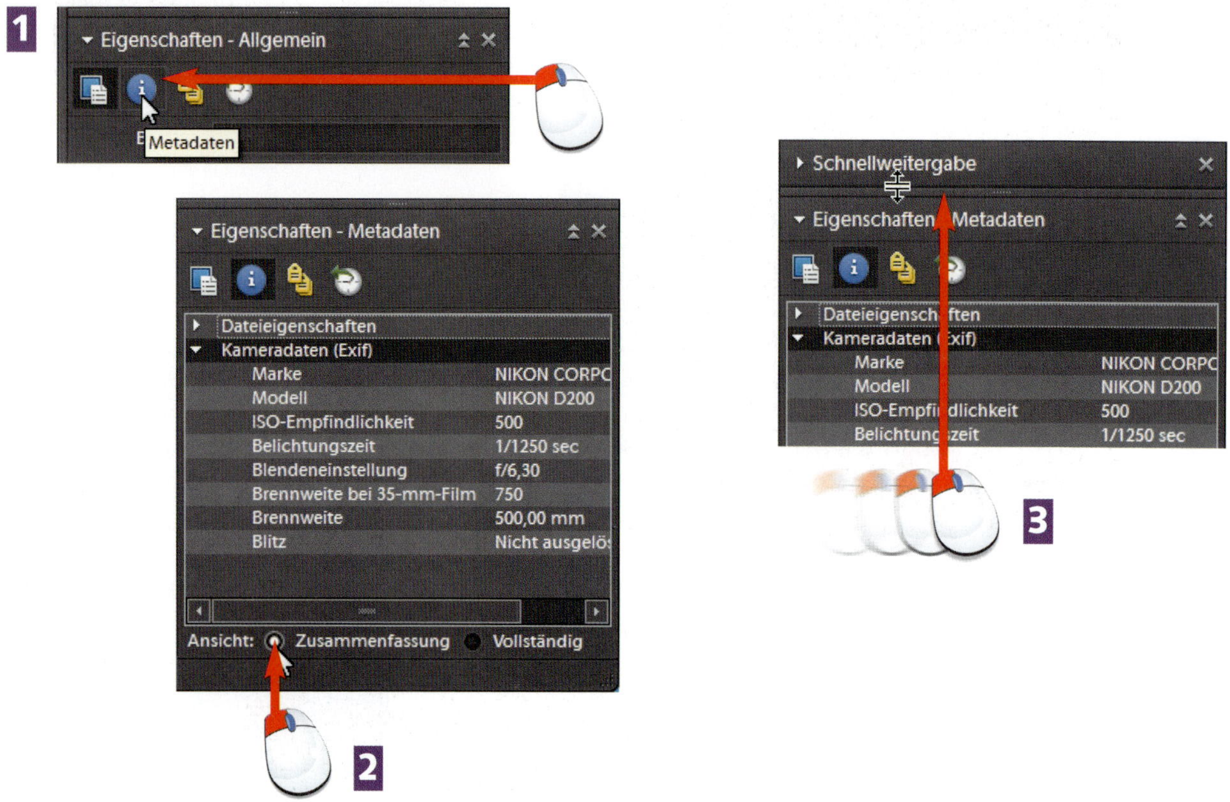


**1** Um die Exif-Daten des Fotos auszulesen, klicken Sie auf die Schaltfläche *Metadaten* („i“-Button) in der Kopfzeile des *Eigenschaften*-Fensters.

**2** Mit der Option *Zusammenfassung* werden nur die wichtigsten Exif-Informationen angezeigt.

**3** Ziehen Sie an dem Steg an der oberen Kante des *Eigenschaften*-Fensters, um den Bereich zu vergrößern.

Aus den Metadaten der Kamera lassen sich interessante Informationen ableiten. Wundern Sie sich zum Beispiel, warum ein Motiv verwackelt ist, könnte ein Blick in die Metadaten hilfreich sein. Vielleicht wurde ja wegen schlechter Lichtverhältnisse eine zu lange Belichtungszeit verwendet.

WISSEN

4

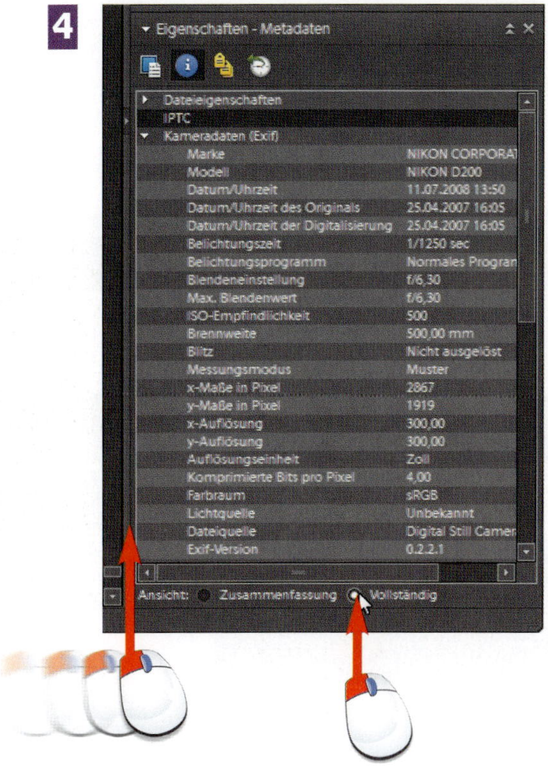


5

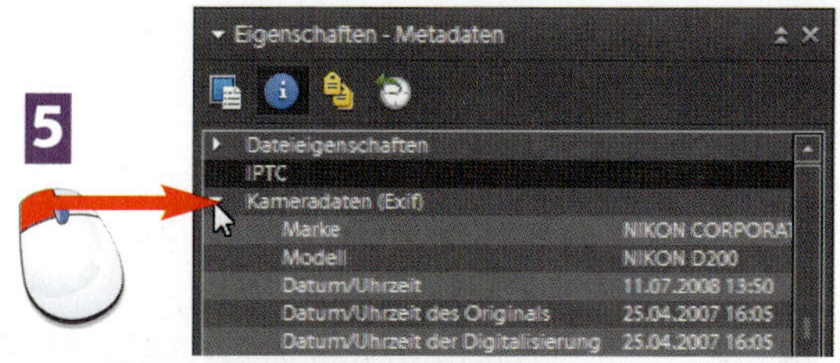


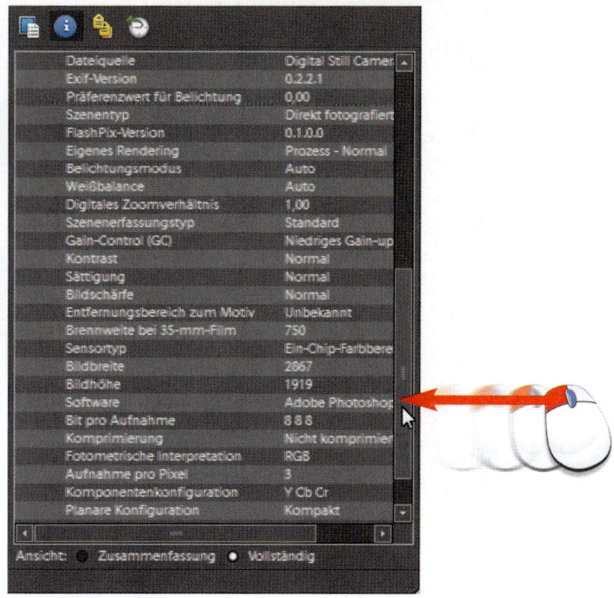


6

**4** Aktivieren Sie die Option *Vollständig*. Um alle Informationen sehen zu können, lässt sich die Breite des Bereichs anpassen. Ziehen Sie dazu an dem linken Steg.

**5** Klappen Sie mit einem Klick auf das Dreieck die einzelnen Kategorien der Metadaten auf oder zu.

**6** Die vollständige Liste der Metadaten ist lang. Scrollen Sie mit dem Scrollbalken zur gewünschten Position.

**Ende**

Mit einem Klick auf den Pfeil in der Mitte des linken Stegs wird der linke Bereich aus- und wieder eingeblendet. So schaffen Sie mehr Platz für die Miniaturbilder.

**TIPP**

Die vollständige Ansicht ist zu empfehlen, wenn Sie bestimmte Detailinformationen suchen – wie etwa die verwendeten Korrektur- oder Optimierungseinstellungen.

**TIPP**

Die Exif-Daten kann man nur lesen – aber nicht verändern. Das ist auch sinnvoll, ansonsten gäbe es ja keinen Beleg für die „Echtheit" eines Fotos.

**HINWEIS**

**Start**

1

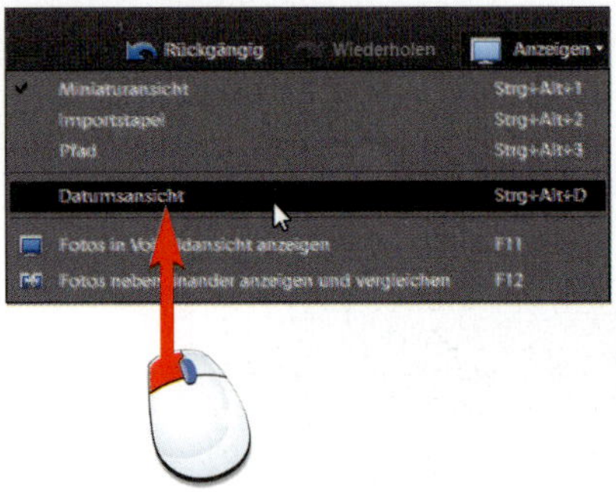


2

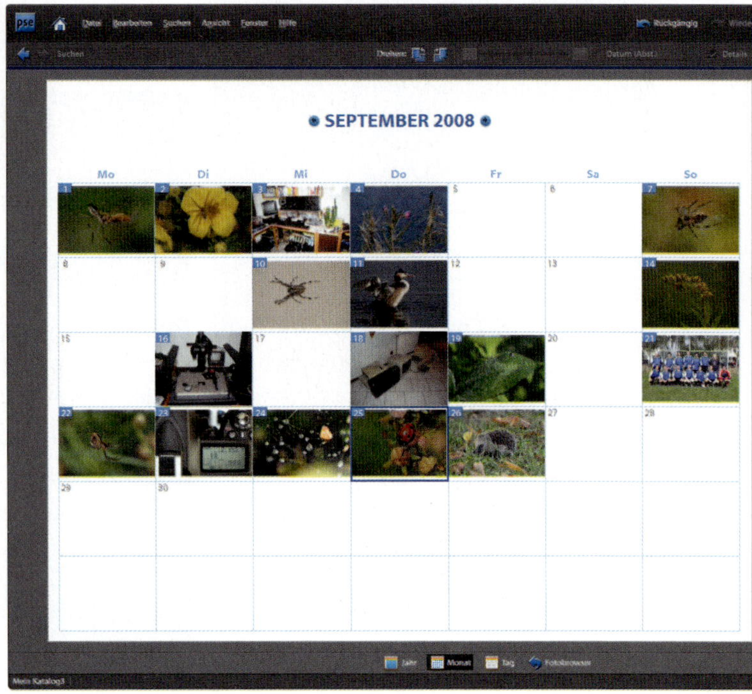


**1** Rufen Sie im *Anzeigen*-Menü die Funktion *Datumsansicht* auf.

**2** Dann wird ein symbolisches Kalenderblatt im Arbeitsbereich angezeigt. Hier erkennen Sie sofort, an welchem Tag des Monats fotografiert wurde.

Die Möglichkeiten der *Datumsansicht* sind sehr interessant. Vielleicht erinnern Sie sich an einen Feiertag, an dem Sie ein Foto aufgenommen haben. Da im Kalender alle Feiertage eingetragen sind, ist es so sehr leicht, das gewünschte Foto aufzufinden.

**WISSEN**

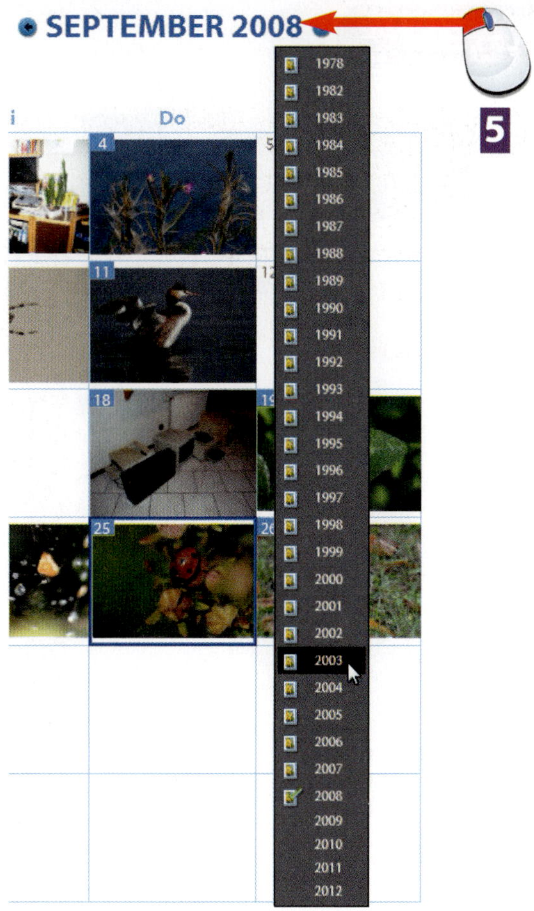


**3** Klicken Sie auf die Pfeile rechts und links neben der Bezeichnung des aktuellen Kalenderblatts, wechseln Sie zum nächsten oder vorherigen Monat.

**4** Klicken Sie auf die Monatsbezeichnung, wird ein Menü geöffnet. Wählen Sie hier einen anderen Monat aus.

**5** Um in einem gesonderten Menü das gewünschte Jahr einzustellen, klicken Sie auf die Jahresbezeichnung.

**Ende**

**TIPP**

Als Miniaturbild wird standardmäßig das erste Bild angezeigt, das am betreffenden Tag aufgenommen wurde.

**HINWEIS**

Ist zu einem Jahr oder Monat kein Bild im Katalog vorhanden, fehlt am Beginn der Zeile das Bildsymbol.

Start

1

2

3

1 Klicken Sie auf einen der Tage, zeigt ein Zusatzschild an, wie viele Bilder an diesem Tag gemacht wurden. In dem Beispiel war der Fotograf fleißig.

2 Spielen Sie über diese Schaltfläche eine Art Diaschau im Vorschau-Player ab. Die Bilder wechseln dabei nach einem kurzen Moment automatisch.

3 Wollen Sie manuell zwischen den Bildern des Tages wechseln, klicken Sie auf die Schaltflächen links und rechts neben der Play-Taste.

Der Vorschau-Player eignet sich gut, um einen Überblick über die Fotos eines Tages zu gewinnen. Dies ist besonders dann wichtig, wenn Sie an einem Tag viel fotografiert haben.

WISSEN

4

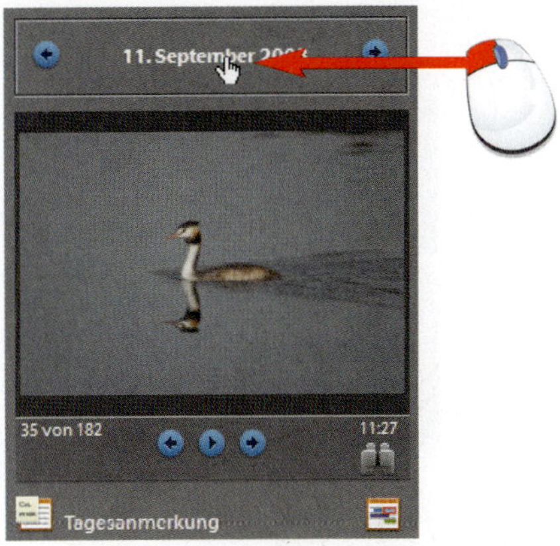


5

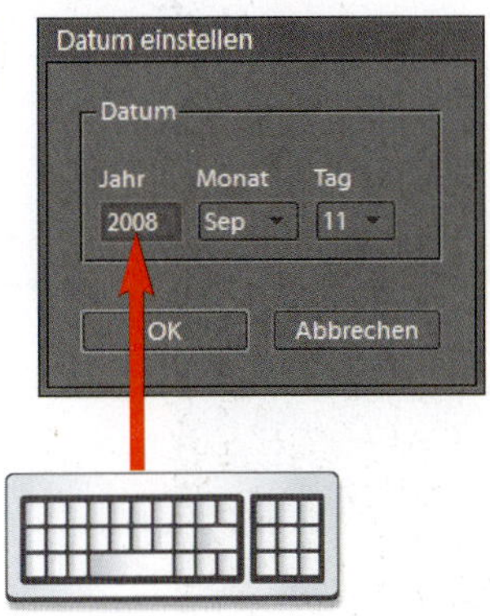


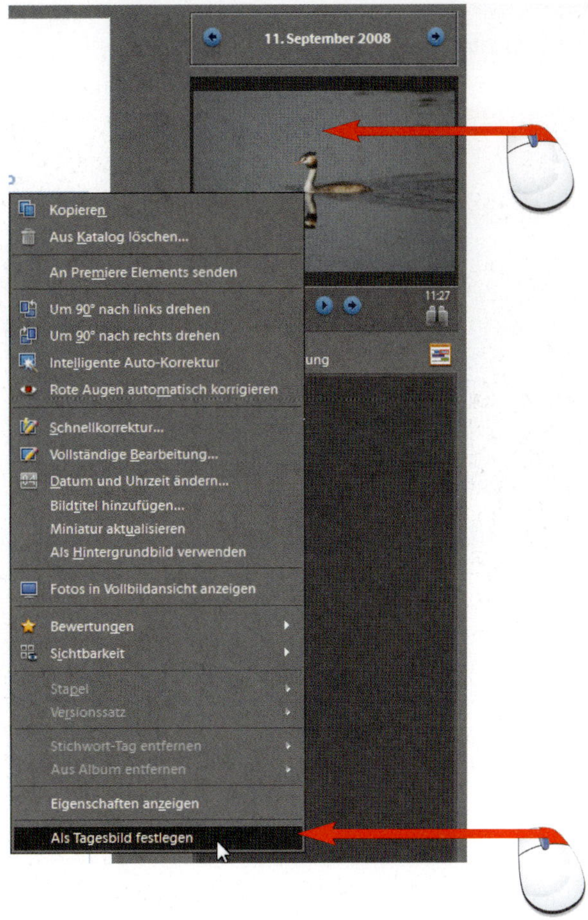


6

**4** Klicken Sie auf das Datum über dem Vorschaubild, wenn Sie schnell zu einem ganz anderen Tag wechseln wollen.

**5** Tippen Sie dann in einem gesonderten Dialogfeld das gewünschte neue Datum ein.

**6** Wollen Sie nicht das erste Bild des Tages als Miniaturbild verwenden, rufen Sie im Kontextmenü die Funktion *Als Tagesbild festlegen* auf.

Ende

Das Festlegen eines neuen Tagesbilds ist sinnvoll, um einen guten Eindruck bei der Gesamtübersicht zu gewinnen. Bei nicht zum Thema passenden Tagesbildern ist dies nicht gewährleistet.

**TIPP**

Durchforsten Sie einmal das Kontextmenü. Hier finden Sie viele Funktionen, die Sie häufiger benötigen.

**HINWEIS**

**Kontextmenü** wird das Menü genannt, das sich öffnet, wenn Sie ein Element mit der rechten Maustaste anklicken.

**FACHWORT**

Start

1

2

3

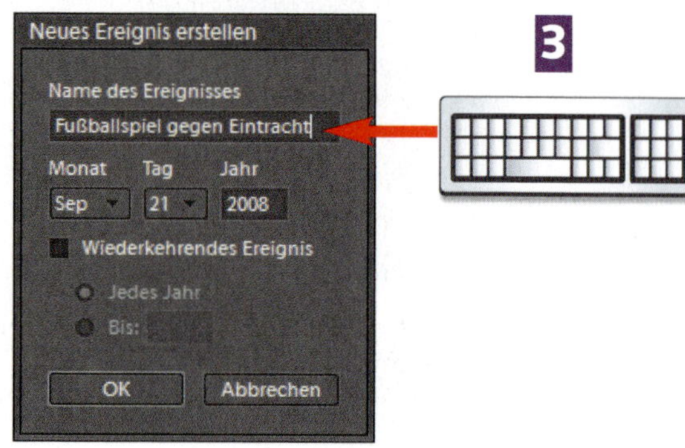


1. Klicken Sie auf dieses Symbol ...
2. ... oder alternativ dazu in der Bildübersicht mit der rechten Maustaste auf einen Tag, wenn Sie ein Ereignis hinzufügen wollen.
3. Tippen Sie im Eingabefeld das betreffende Ereignis ein.

Sie können die Kalenderansicht auch personalisieren, indem Sie Notizen oder Ereignisse hinzufügen. So finden Sie beispielsweise später ganz schnell Bilder, die zu einem bestimmten Ereignis aufgenommen wurden.

WISSEN

4

6

5

**4** Das angegebene Ereignis wird nach dem Bestätigen an der Bildunterkante des Tages eingeblendet.

**5** Außerdem können Sie im Eingabefeld unter dem Vorschaubild erläuternde Texte eintippen.

**6** Mit dieser Taste wechseln Sie zur Browseransicht. Dort wird zum markierten Bild gesprungen.

Ende

Wenn es sich beim angegebenen Ereignis um ein Ereignis handelt, das sich jährlich wiederholt, geben Sie dies im Dialogfeld an. So sparen Sie sich die Neuangabe in den Folgejahren.

**TIPP**

Die Möglichkeit des Kommentierens sollten Sie häufiger einsetzen, da dies die Übersichtlichkeit – besonders bei großen Bildermengen – steigert.

**HINWEIS**

**Start**

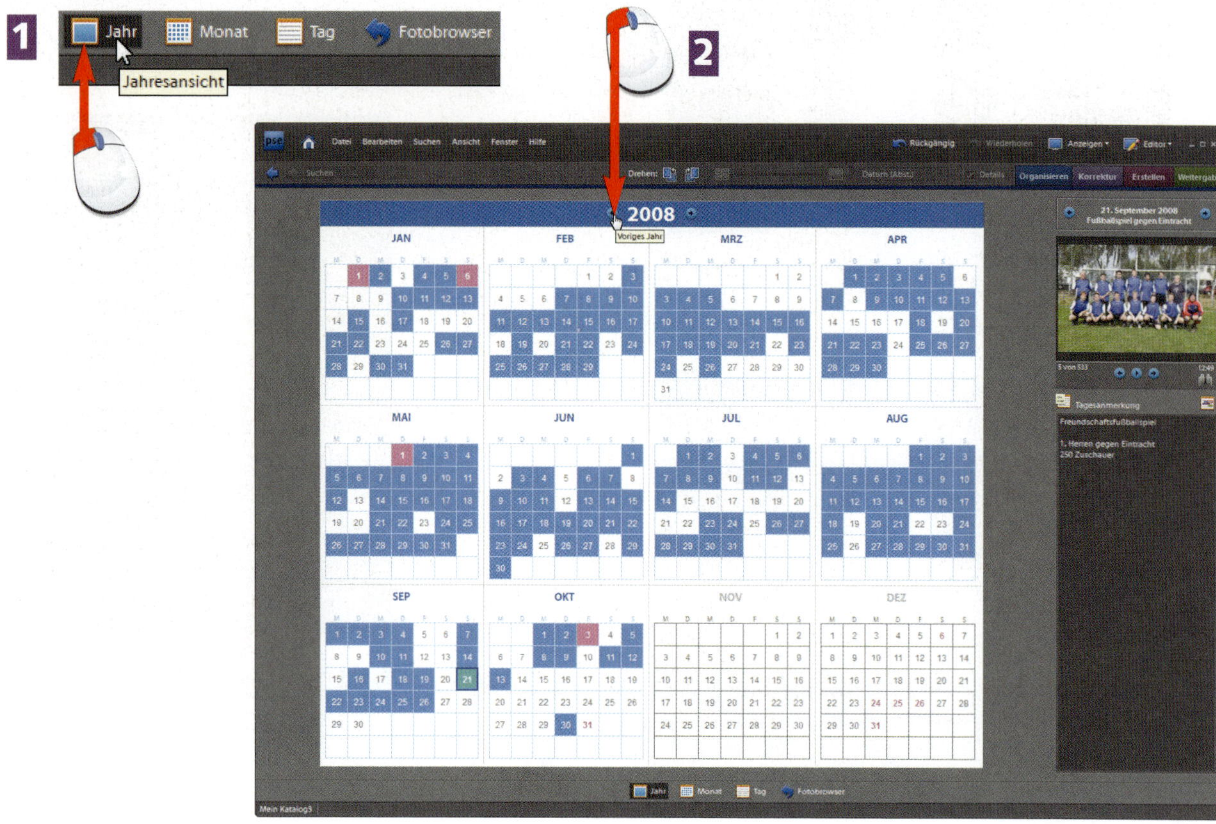


**1** Rufen Sie über diese Schaltfläche unter dem Kalenderblatt die Jahresübersicht auf.

**2** Jeder blau markierte Tag zeigt an, dass für diesen Tag Fotos im Katalog vorhanden sind. Klicken Sie auf die Pfeil-Schaltflächen, um das vorige oder nächste Jahr aufzurufen.

Mit der *Jahresansicht* erhalten Sie einen schnellen Überblick. Um detaillierter „einzusteigen", ist die *Tagesansicht* sinnvoll. Von der Monats- und Jahresansicht gelangen Sie übrigens sehr schnell zur Tagesansicht, indem Sie den entsprechenden Tag einfach doppelt anklicken.

**WISSEN**

3

4

**3** In der Tagesansicht wird rechts ein Balken mit den Miniaturbildern des Tages eingeblendet. Ziehen Sie am Scrollbalken, um sich ein Bild auszusuchen.

**4** Klicken Sie auf das gewünschte Miniaturbild, um es links in großer Darstellung zu bewundern.

**Ende**

Wenn Sie der schwarze Balken um das Tagesfoto herum stört, skalieren Sie das Arbeitsfenster. Verschieben Sie dazu eine Kante des Arbeitsbereichs mit gedrückter linker Maustaste.

**TIPP**

Die korrekte Bildanzeige dauert einen kurzen Moment. Das Bild wird zunächst in einer schlechteren Vorschau angezeigt, ehe die endgültige, gute Bildqualität erscheint.

**HINWEIS**

Start

1

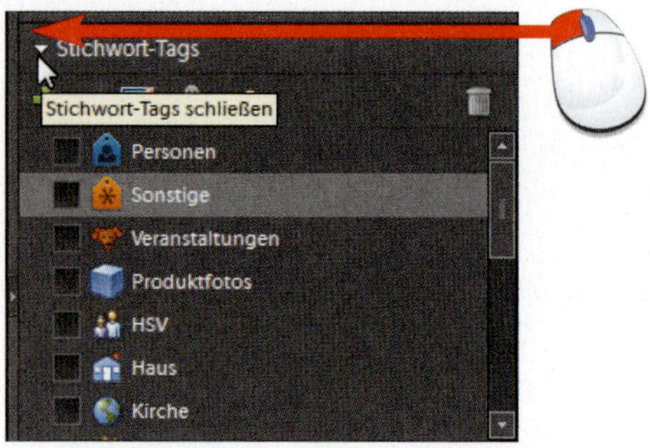


3

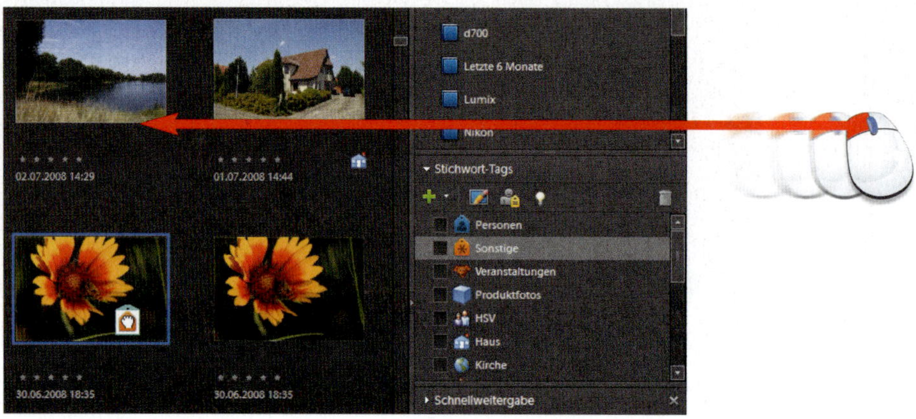


2

1 Öffnen Sie im rechten Bereich mit einem Mausklick das *Stichwort-Tags*-Bedienfeld. Klicken Sie auf das Pfeilsymbol, um sich die verschiedenen vorgegebenen Tags anzusehen.

2 Um ein Tag zuzuweisen, ziehen Sie das Symbol aus dem Tag-Bedienfeld einfach auf das betreffende Foto.

3 Haben Sie ein Tag zugewiesen, wird das Symbol rechts unter dem Miniaturbild angezeigt.

Für eine differenzierte Suche sind mehr Informationen nötig als nur das Aufnahmedatum eines Bilds. Vielleicht wollen Sie ja Aufnahmen von verschiedenen Aufnahmetagen zu einem Thema zusammenfassen. Dafür brauchen Sie die Tags.

WISSEN

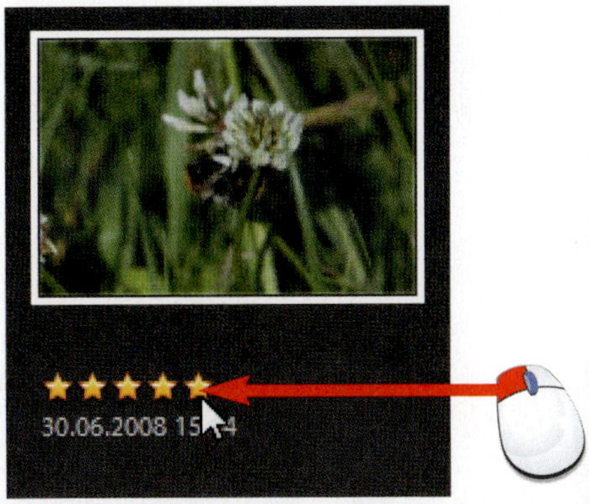

4

5

**4** Außerdem können Sie Fotos bewerten. Klicken Sie dazu auf die Sterne unter dem Bild. Bessere Fotos könnten Sie mit 5 Sternen versehen – weniger gute mit weniger Sternen.

**5** Weisen Sie auf diese Art und Weise allen Fotos in Ihrem Album die gewünschten Tags und Bewertungen zu.

Ende

Um eine zugewiesene Sternebewertung wieder aufzuheben, klicken Sie einfach erneut auf die vergebene Bewertung.

**HINWEIS**

Als **Tags** werden zusätzliche Informationen bezeichnet, die einem Foto zugeordnet sind.

**FACHWORT**

Sie können einem Foto zur differenzierteren Sortierung ohne Weiteres mehrere verschiedene Tags zuweisen.

**HINWEIS**

Start

1

2

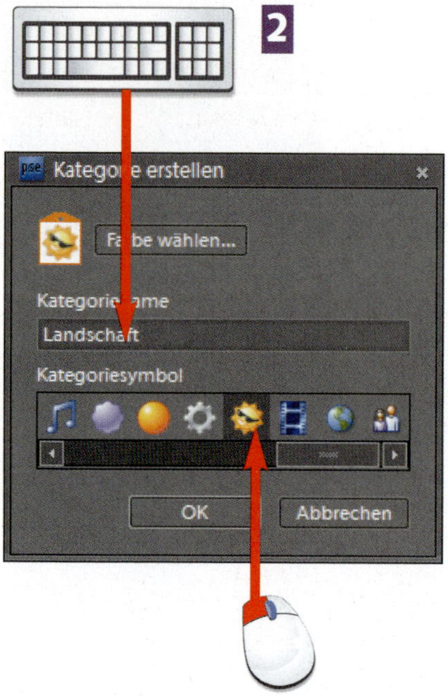


3

1 Klicken Sie auf die *Neu*-Schaltfläche und rufen Sie aus dem Menü die Option *Neue Kategorie* auf.

2 Tippen Sie den Namen der neuen Kategorie ein und suchen Sie ein Symbol aus der unteren Liste aus.

3 Bestätigen Sie die Eingabe über die *OK*-Schaltfläche. Die neue Kategorie wird am Ende der Liste eingefügt.

Durch die Eingabe neuer Kategorien und Unterkategorien können Sie eine sehr genaue Klassifizierung der Fotos vornehmen und sich so eine spätere Suche erleichtern. Photoshop Elements enthält verschiedene Symbole, um die Tags voneinander unterscheiden zu können.

**WISSEN**

4

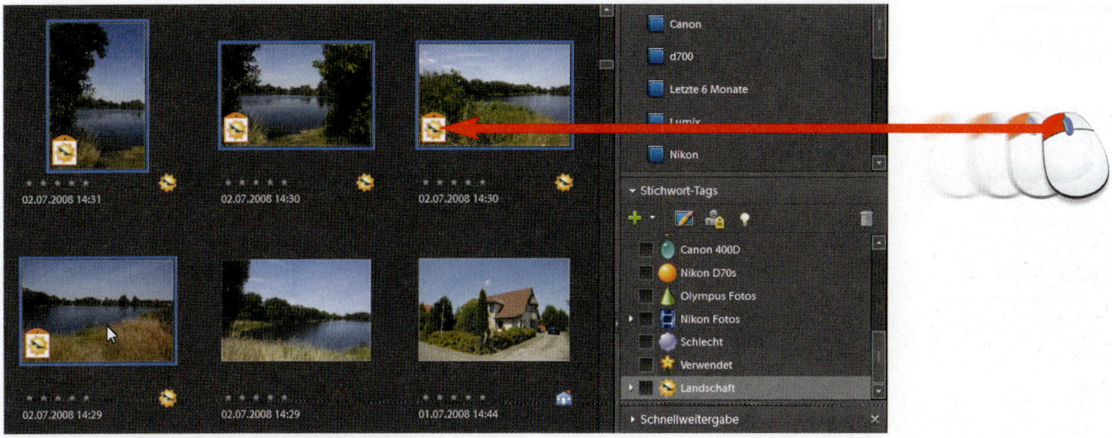


5

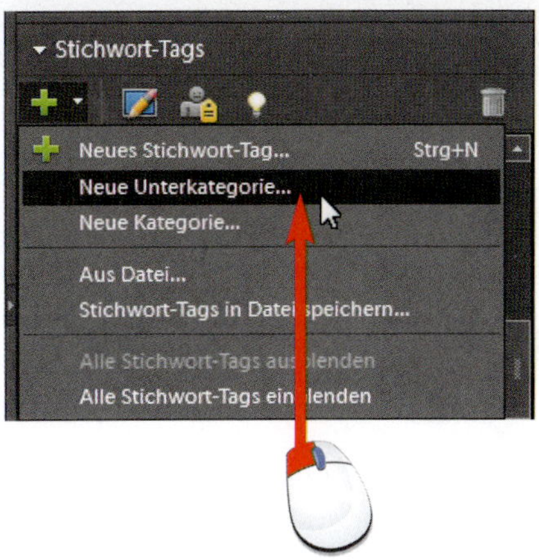


6

**4** Wollen Sie ein Tag mehreren Fotos auf einmal zuweisen, markieren Sie die betreffenden Fotos und ziehen Sie das Tag auf eines der Bilder.

**5** Um eine neue Unterkategorie zu erstellen, rufen Sie die Funktion *Neue Unterkategorie* aus dem *Neu*-Menü auf.

**6** Tippen Sie den gewünschten Namen ein und bestätigen Sie die Eingabe mit der *OK*-Schaltfläche.

**Ende**

**HINWEIS**

Ob Tags und Alben manuell sortiert werden können, legen Sie in den Voreinstellungen in der Rubrik *Stichwort-Tags und Alben* fest.

**HINWEIS**

Die Reihenfolge der Tags in der Liste können Sie per Drag & Drop verändern. Ziehen Sie das betreffende Tag einfach mit gedrückter linker Maustaste auf die neue Position.

**TIPP**

Das Zuweisen der Tags dauert zwar eine Weile, da Sie diese Arbeit aber nur einmal vornehmen müssen, lohnt sich der Aufwand. Dafür fällt später die Suche umso leichter.

**Start**

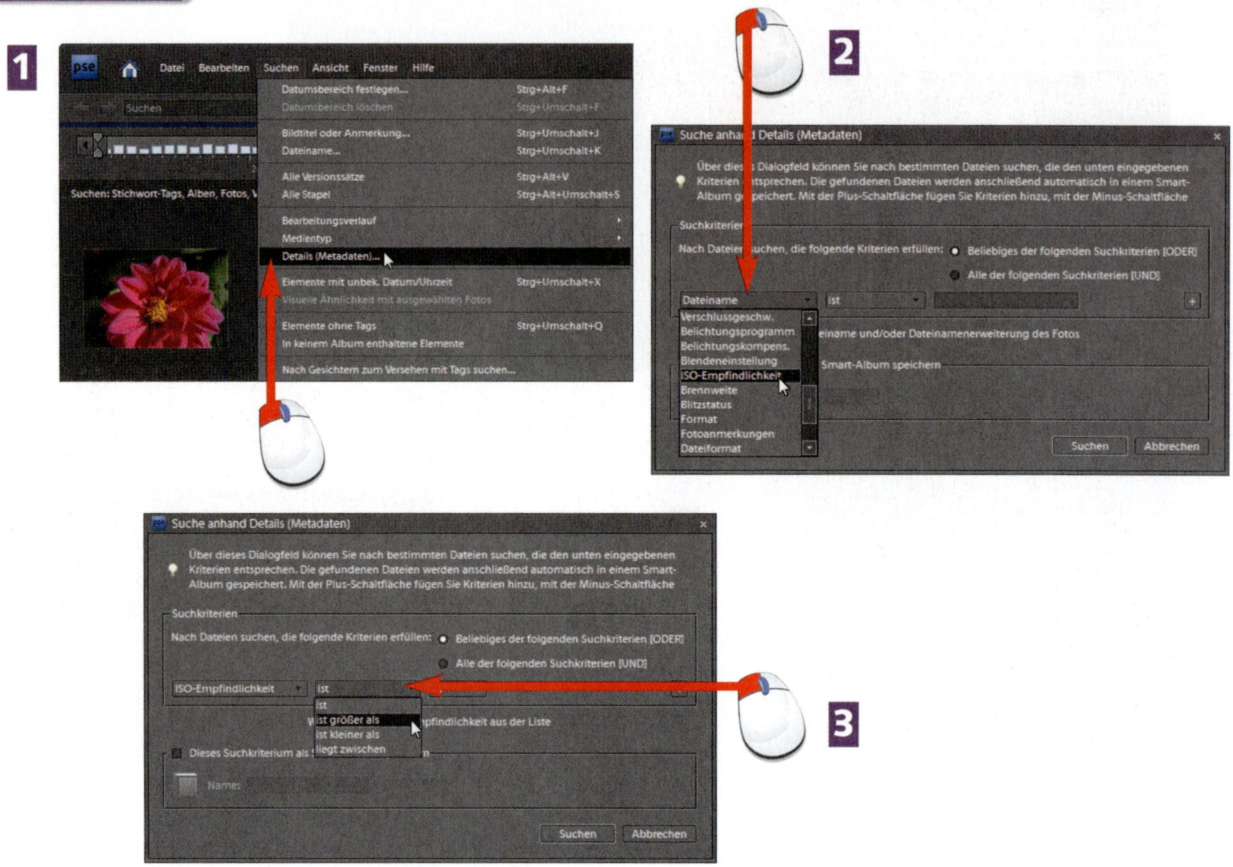


**1** Rufen Sie die Funktion *Suchen/Details (Metadaten)* auf, um die Exif-Daten zu durchsuchen.

**2** Im ersten Feld legen Sie die Kriterien fest, nach denen gesucht werden soll.

**3** Im zweiten Listenfeld wird festgelegt, wie das Kriterium erfüllt werden muss, um in das Suchergebnis aufgenommen zu werden.

Elements bietet diverse Möglichkeiten an, um bestimmte Fotos herauszusuchen. So lassen sich beispielsweise die Exif-Daten durchsuchen. Stellen Sie sich so zum Beispiel alle Fotos zusammen, die mit einer bestimmten Brennweite aufgenommen wurden. Sie haben auch die Möglichkeit, Fotos mit Menschen aufzufinden und diese mit einem Tag zu versehen.

**WISSEN**

4

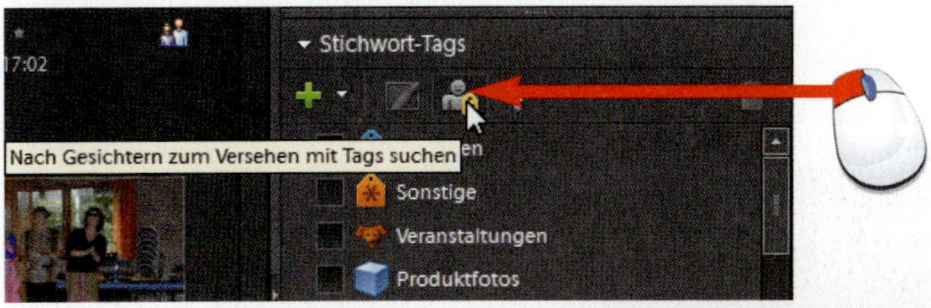


5

6

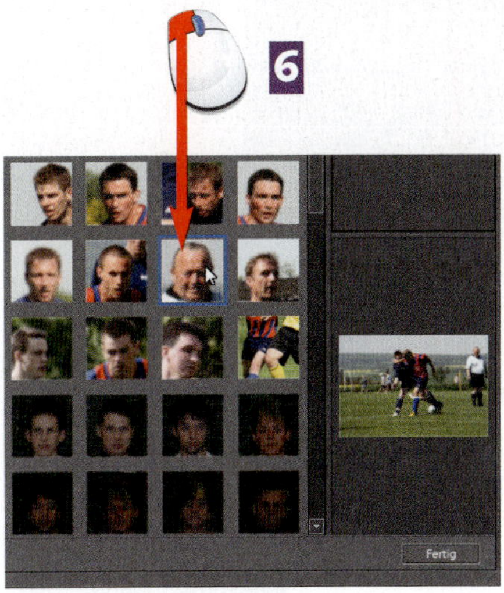


**4** Mit der letzten Schaltfläche in der Symbolleiste des Tag-Bedienfelds starten Sie die automatische Gesichtererkennung.

**5** Die Suchergebnisse werden in einem gesonderten Arbeitsfenster aufgelistet.

**6** Klicken Sie eines der aufgefundenen Fotos an, um rechts das Gesamtbild als Vorschaubild zu sehen. Weisen Sie dann gegebenenfalls Tags zu.

**Ende**

**HINWEIS**

Das Auffinden von Menschen in Fotos kann eine Weile dauern, wenn Sie viele Fotos vor dem Aufruf der Funktion markiert haben.

**TIPP**

Das Erkennen von Gesichtern kann nicht exakt klappen. Schließlich kann Elements nicht „beurteilen“, ob eine bestimmte Struktur nur so ähnlich wie ein Gesicht aussieht, oder ob es tatsächlich eines ist.

Start

1

2

3

**1** Klicken Sie auf das Kästchen vor einem Tag, um alle Vorkommnisse dieses Tags anzuzeigen. Alle anderen Fotos des Katalogs sind dann nicht mehr zu sehen. Tippen Sie alternativ den Suchbegriff in das neue Eingabefeld oben links ein.

**2** Besitzt ein Tag Unterkategorien, blenden Sie diese alle auf einmal ein, indem Sie die Hauptkategorie markieren. Es ist auch möglich, mehrere Tags zur Suche zu aktivieren.

**3** Um Bilder mit einer bestimmten Bewertung herauszufiltern, klicken Sie auf die entsprechende Sterneanzahl rechts unter der Zeitachse.

Wenn Sie Tausende von Fotos in Ihrem Katalog haben, reduzieren Sie mit dem Aufruf der Suchoptionen die Anzahl der angezeigten Miniaturbilder und erhalten so einen guten Überblick.

WISSEN

4

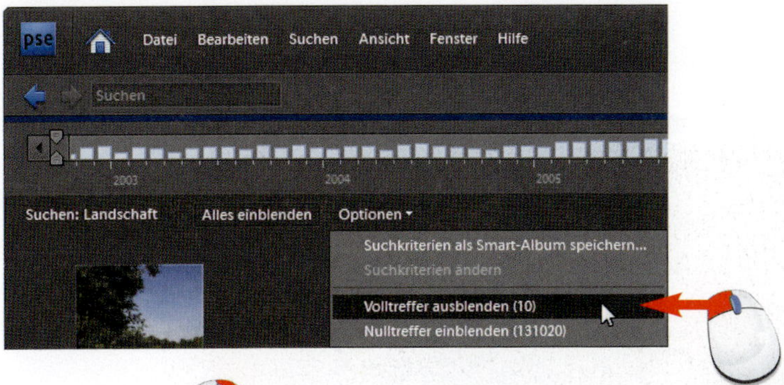


5

6

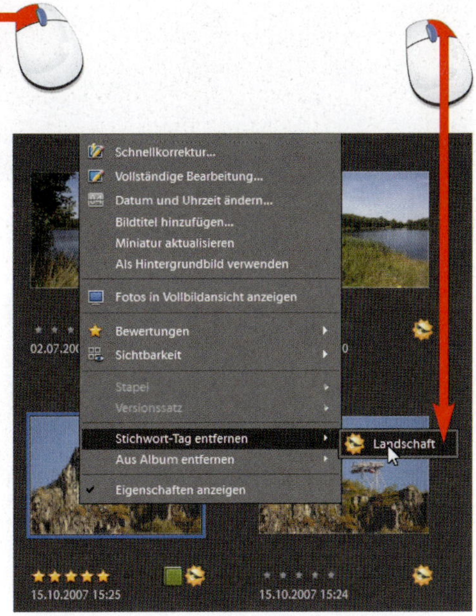


**4** Haben Sie mehrere Tags für die Suche eingestellt, wählen Sie im *Optionen*-Menü aus, ob die Teil- oder Nulltreffer angezeigt werden sollen.

**5** Um ein Tag wieder zu entfernen, klicken Sie das betreffende Symbol unter dem Miniaturbild mit der rechten Maustaste an oder ...

**6** ... klicken Sie das Miniaturbild mit der rechten Maustaste an, um die Funktion im Kontextmenü zu verwenden.

Ende

**TIPP**

Für eine schnelle Zuweisung von Tags verwenden Sie ebenfalls die Funktionen des Kontextmenüs.

**HINWEIS**

In den Miniaturbildern erkennen Sie an verschiedenen Symbolen, ob es sich um Teiltreffer handelt. Ein blauer Kreis mit einem Haken symbolisiert die Teiltreffer.

**Start**

1

3

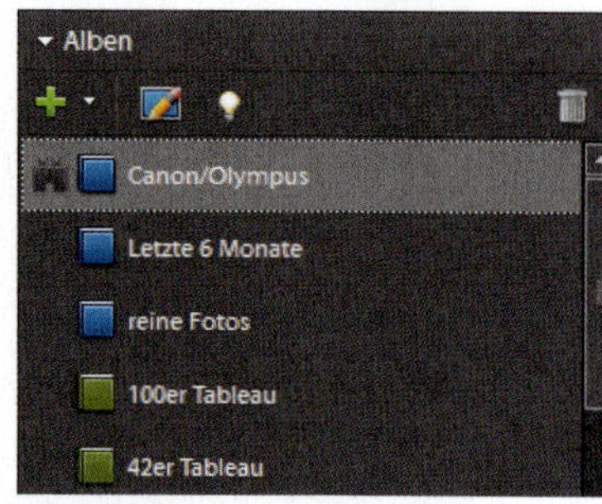


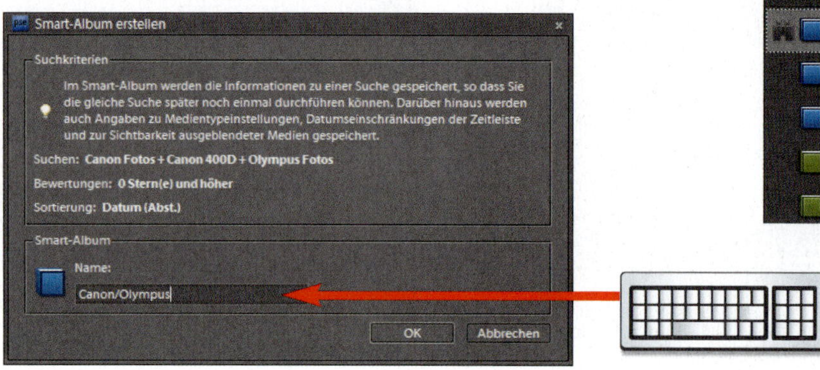


2

**1** Rufen Sie aus dem *Optionen*-Menü der Suchergebnisse die Funktion *Suchkriterien als Smart-Album speichern* auf.

**2** Geben Sie einen Namen für das Smart-Album an. Im oberen Bereich sehen Sie, welche Kriterien gespeichert werden.

**3** Nach dem Bestätigen wird das Smart-Album in die *Alben*-Liste aufgenommen. Smart-Alben erkennen Sie an der blauen Markierung.

Wenn Sie häufiger dieselben Suchanfragen starten, lohnt es sich, auf die Smart-Album-Funktion zurückzugreifen, mit der Sie dynamische Alben erstellen können. Mit dieser nützlichen Funktion lässt sich viel Arbeitszeit sparen.

**WISSEN**

4

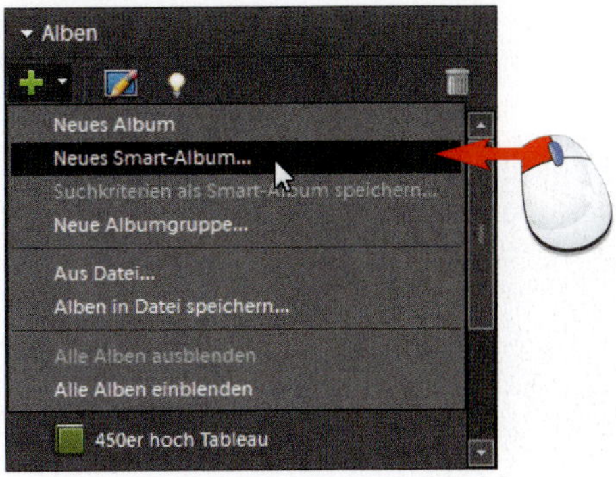


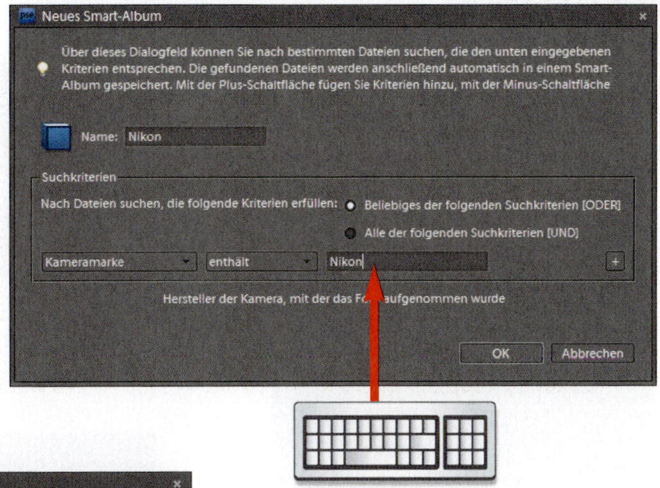


5

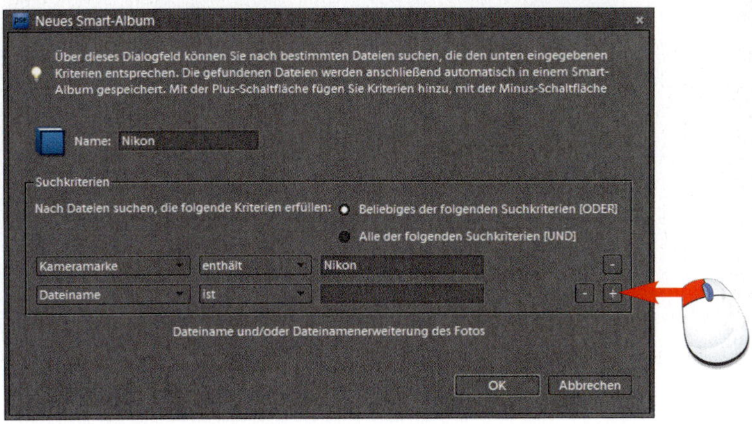


6

**4** Um neue Smart-Alben zu deklarieren, verwenden Sie die Funktion *Neues Smart-Album* aus dem *Alben*-Menü.

**5** Geben Sie die Suchkriterien ein.

**6** Um weitere Suchkriterien anzugeben, klicken Sie auf das Plussymbol am Ende des Eintrags.

Ende

Aktivieren Sie die Option *Suchkriterien als Smart-Album speichern* im *Optionen*-Menü, wenn Sie die Suche später erneut benötigen.

**HINWEIS**

In den Optionen legen Sie fest, ob alle angegebenen Kriterien erfüllt sein müssen oder nur einzelne.

**TIPP**

**Start**

1

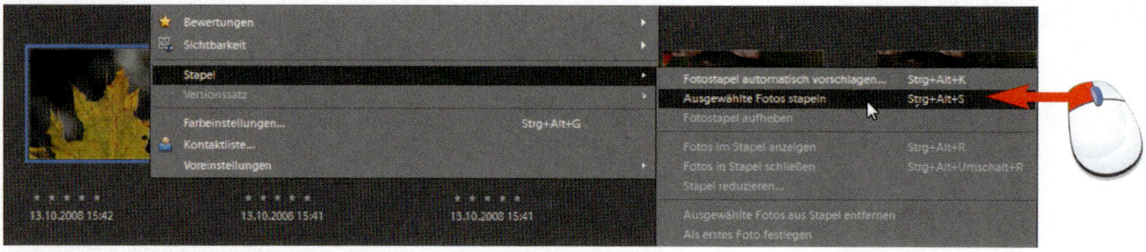


3

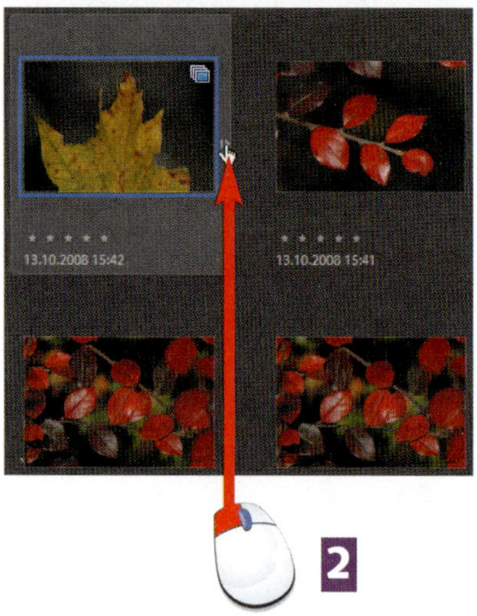


2

1 Markieren Sie die Bilder, die Sie zu einem Bilderstapel zusammenfassen wollen, und rufen Sie aus dem Kontextmenü die Funktion *Stapel/Ausgewählte Fotos stapeln* auf.

2 Um die Fotos zu betrachten, die sich innerhalb eines Stapels befinden, klicken Sie auf den Pfeil rechts neben dem Stapelminiaturbild.

3 Dann zeigt das Übersichtsfenster die Bilder an, die sich im Bilderstapel befinden. Mit einem Klick auf den Pfeil am Ende des Stapels wird er wieder geschlossen.

Sie können mehrere Bilder zu einem Stapel zusammenfassen. Auch die *Stapel*-Funktion dient dazu, etwas mehr „Ordnung“ in große Bildermengen zu bringen. Haben Sie nur eine kleine Bildersammlung, lohnt sich diese Funktion eher nicht.

**WISSEN**

4

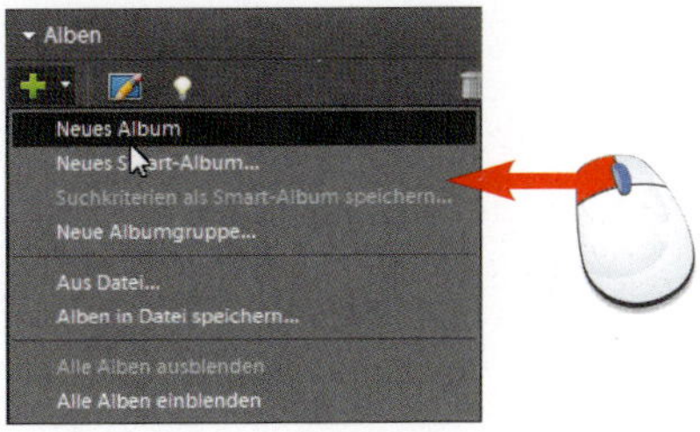


5

6

4 Aktivieren Sie die Funktion *Neues Album* aus dem *Alben*-Bedienfeld, wenn Sie zum Beispiel eine Diaschau zusammenstellen wollen.

5 Tippen Sie den Namen und eine Bezeichnung für die Diaschau ein.

6 Ziehen Sie die gewünschten Fotos per Drag & Drop in den *Elemente*-Bereich. Verwenden Sie zum Abschluss die *Fertig*-Schaltfläche.

Ende

Mit der Funktion *Stapel reduzieren* löschen Sie alle Bilder im Stapel – außer dem obersten Bild.

**HINWEIS**

Im Kontextmenü finden Sie am Ende eines Menüeintrags gelegentlich eine Tastenkombination. Diese können Sie zum Schnellaufruf einer Funktion verwenden.

**TIPP**

**Start**

1

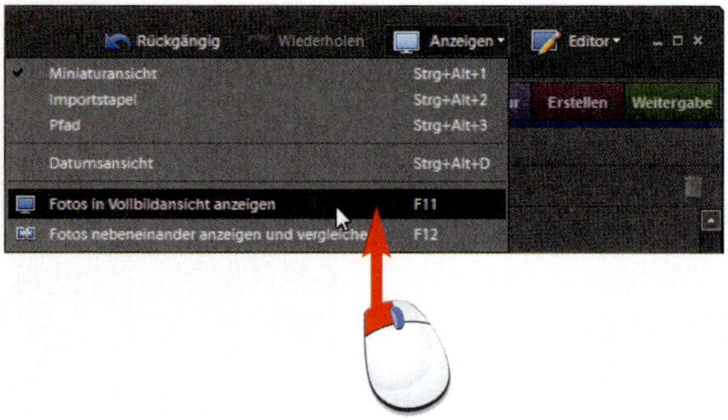


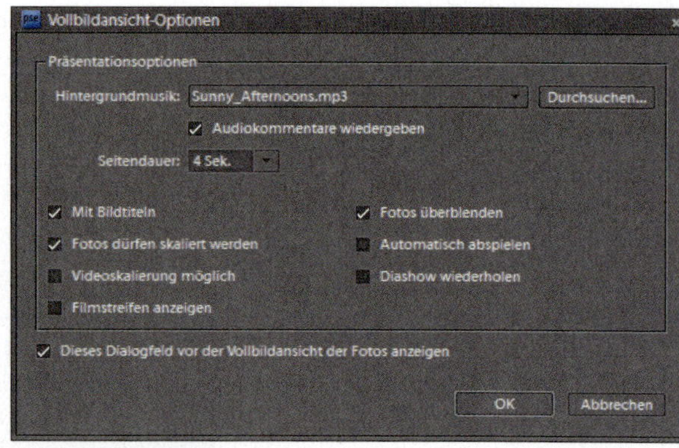


2

3

1 Starten Sie mit dieser Funktion die *Vollbildansicht*.

2 Geben Sie hier die Optionen an, die Sie für die *Vollbildansicht* verwenden wollen.

3 In der Navigationsleiste über dem Bild finden Sie Schaltflächen, um in der „Diaschau" zu navigieren.

Die *Vollbildansicht* ist wichtig, wenn Sie Details des Fotos begutachten wollen. Auch für Schnellkorrekturen ist diese Ansicht sinnvoll.

**WISSEN**

4

**4** Wenn Sie die Fotos manuell auswählen wollen, klicken Sie das betreffende Foto in der Bildleiste rechts an. Der Filmstreifen ist nur sichtbar, wenn die entsprechende Option im *Optionen*-Dialogfeld markiert wurde. Mit der [Esc]-Taste verlassen Sie die *Vollbildansicht* übrigens wieder.

Ende

**TIPP**

Die *Vollbildansicht* ist in allen Ansichtsmodi verfügbar. Achten Sie darauf, vor dem Aufruf entsprechende Suchkriterien anzugeben.

**HINWEIS**

Ob die Bilderleiste rechts zu sehen ist, legen Sie im *Optionen*-Dialogfeld fest, das beim Aufruf der *Vollbildansicht* angezeigt wird.

**HINWEIS**

In der Navigationsleiste über dem Foto finden Sie verschiedene Funktionen für Schnellkorrekturen.

3

# Photoshop Elements 7.0 kennen lernen

## Start

1

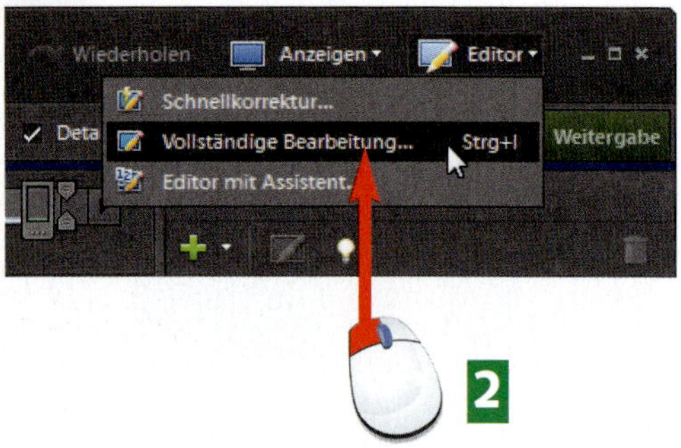


2

3

1 Sie können den *Editor* auf verschiedene Art und Weise starten. Rufen Sie im Startbildschirm die Option *Bearbeiten* auf.

2 Haben Sie das Album bereits gestartet, öffnen Sie das *Editor*-Menü und rufen dort zum Beispiel die *Vollständige Bearbeitung* auf.

3 Photoshop Elements 7.0 bietet drei verschiedene Arbeitsbereiche an, die Sie über diese Schaltflächen erreichen.

Den *Editor* zum Bearbeiten und Optimieren von Fotos können Sie in verschiedenen Varianten verwenden. Das ist besonders für Einsteiger sinnvoll, die sich nicht mit unzähligen Funktionen „herumplagen" wollen, die nur selten benötigt werden. Erfahrene Anwender bevorzugen dagegen die zusätzlichen Funktionen, um ihrer Kreativität freien Lauf lassen zu können.

**WISSEN**

4

6

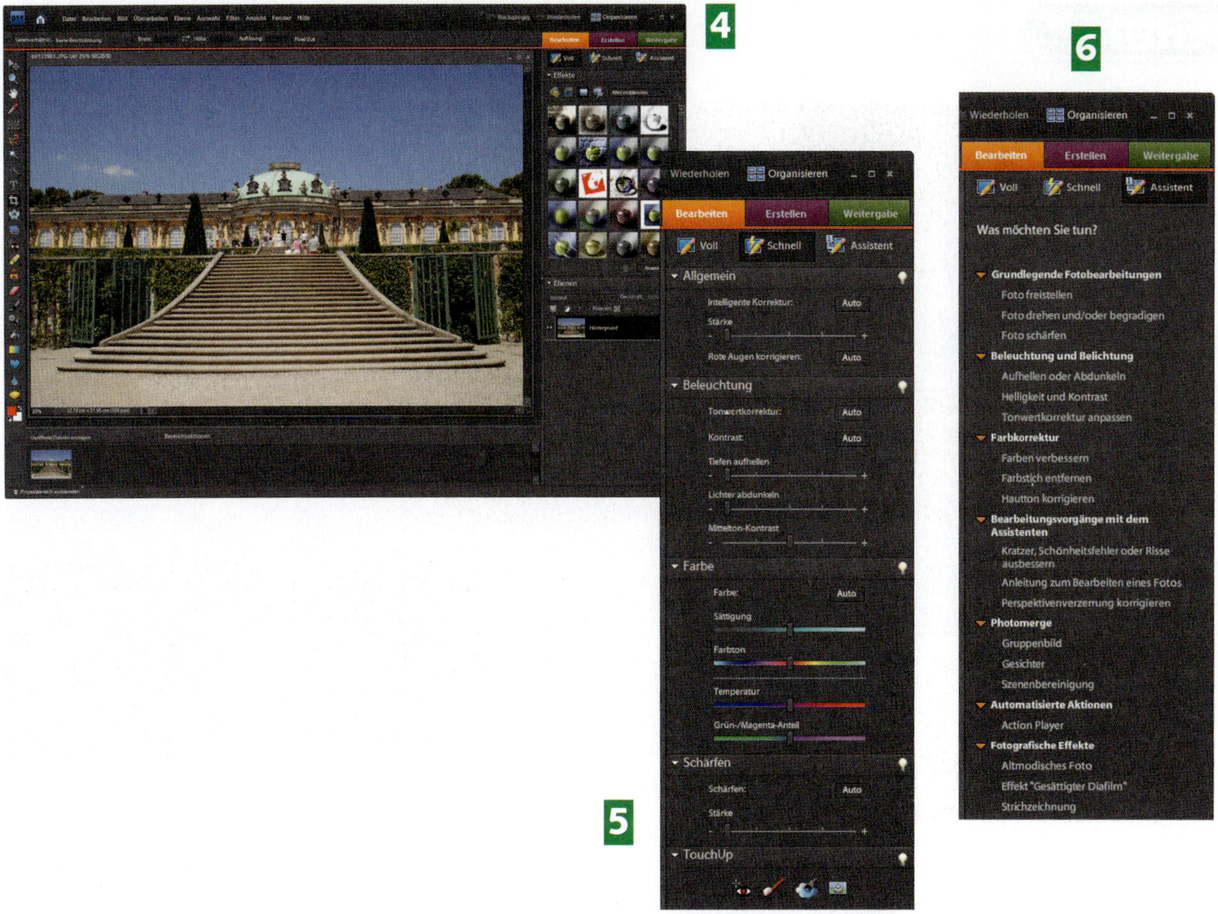


5

**4** Der Editor teilt sich in drei verschiedene Arbeitsbereiche auf. Die meisten Optionen finden Sie in der *Voll*-Variante.

**5** Der *Schnell*-Korrekturbereich stellt nur wenige Optionen bereit.

**6** Für Einsteiger ist die *Assistent*-Variante empfehlenswert, bei der alle nötigen Arbeitsschritte näher erläutert werden.

**Ende**

Wenn Sie beim Aufruf des *Editors* aus dem Album ein Bild markiert haben, wird dies gleich im *Editor* geöffnet.

**TIPP**

Als **Editor** bezeichnet Photoshop Elements den Arbeitsbereich, in dem komplexere Fotobearbeitungsschritte möglich sind.

**FACHWORT**

Start

1

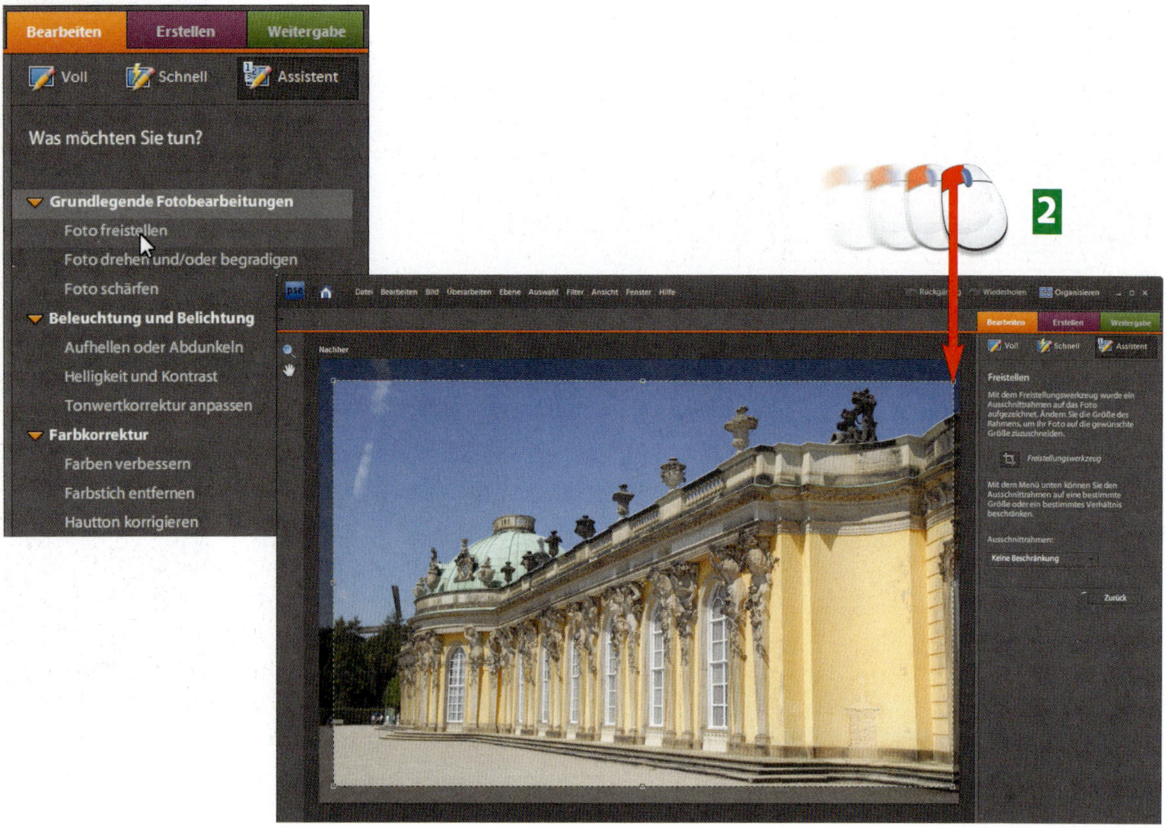


2

1 Im *Assistent*-Modus sehen Sie rechts die verschiedenen Optimierungs- und Bearbeitungsfunktionen aufgelistet.

2 Wird eine der Optionen ausgewählt, sehen Sie rechts eine detaillierte Beschreibung der Aufgabe. Mit der Option *Foto freistellen* schneiden Sie beispielsweise überflüssige Bildteile ab. Ziehen Sie dazu die Kanten der Markierungslinie auf die gewünschte Position.

Der Arbeitsbereich *Assistent* ist interessant, wenn Sie das erste Mal Kontakt mit der Bearbeitung von Fotos haben. Alle nötigen Arbeitsschritte werden ausführlich erläutert. Außerdem führen automatische Anpassungen zu schnellen Ergebnissen.

WISSEN

3

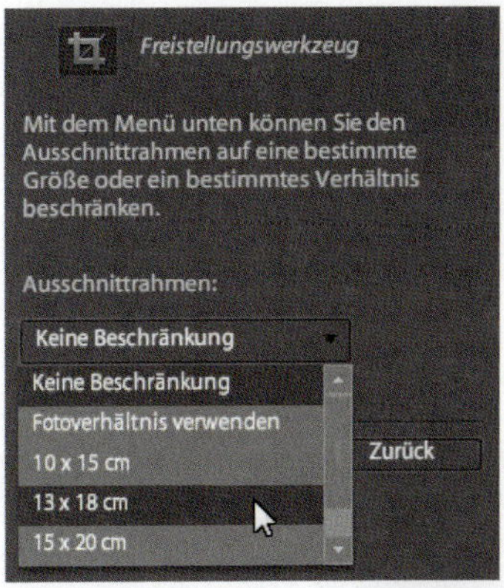


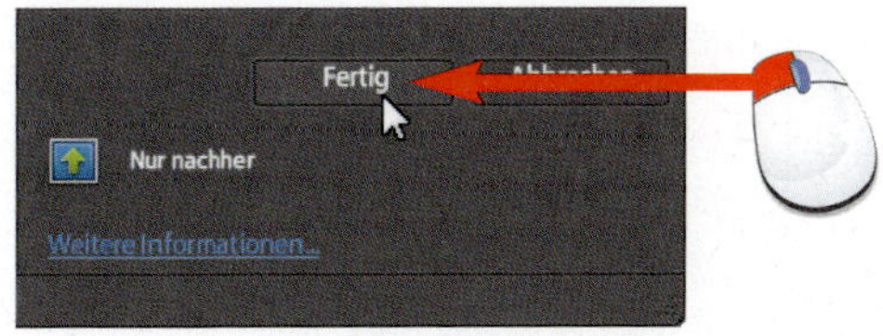


4

5

**3** Je nach Optimierungsfunktion gibt es verschiedene Zusatzoptionen – beim Freistellen zum Beispiel die Auswahl eines Seitenverhältnisses.

**4** Ist die betreffende Optimierung abgeschlossen, verwenden Sie die *Fertig*-Schaltfläche, um die Veränderungen endgültig zuzuweisen.

**5** Bei vielen Funktionen finden Sie eine *Auto*-Option, bei der Elements die geeigneten Werte selbstständig ermittelt.

Ende

Bevor Sie eigene Einstellungen verwenden, sollten Sie zunächst ausprobieren, ob die angebotenen *Auto*-Varianten bereits zu optimalen Ergebnissen führen.

**TIPP**

Es ist völlig normal, dass digitale Fotos ein wenig nachbearbeitet werden müssen, um ein perfektes Ergebnis zu erhalten.

**HINWEIS**

**Start**

1

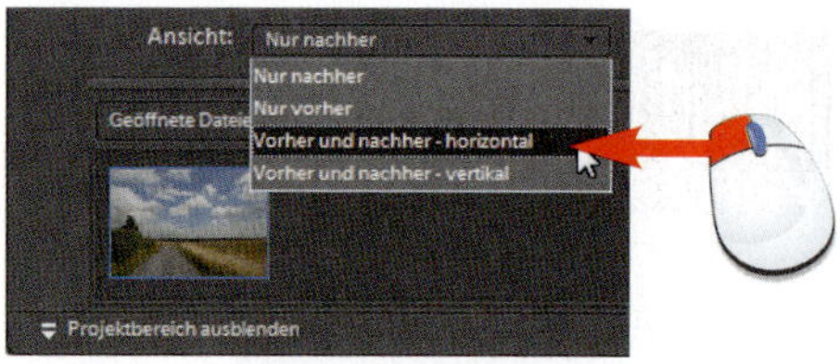


2

3

1 Nach dem Start des *Schnell*-Arbeitsbereichs sehen Sie zunächst die Ansicht *Nur nachher*. Dies wird im Listenfeld links unter dem Arbeitsbereich angezeigt.

2 Öffnen Sie die *Ansicht*-Liste und wählen Sie eine Ansicht aus. Neben dem Ausgangsbild kann hier auch gleichzeitig die veränderte Variante angezeigt werden.

3 Die Option *Vorher und nachher – horizontal* zeigt die beiden Bilder nebeneinander.

Der Arbeitsbereich *Schnell* ist immer dann empfehlenswert, wenn Sie kleinere Veränderungen möglichst schnell und ohne großen Aufwand erledigen wollen. Alle nötigen Optimierungsfunktionen sind in diesem Arbeitsbereich enthalten.

**WISSEN**

4

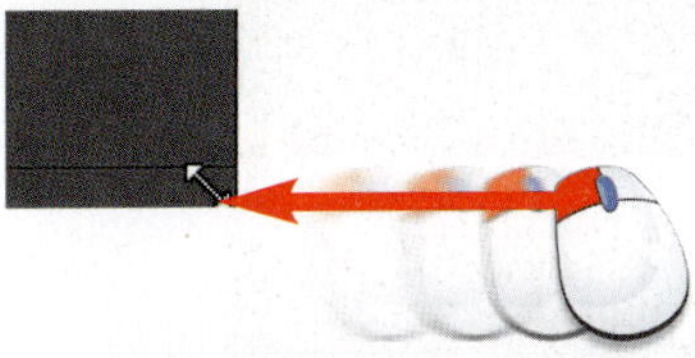

5

**4** Wollen Sie den Arbeitsbereich skalieren, ziehen Sie an der unteren rechten Ecke des Arbeitsfensters und halten Sie dabei die linke Maustaste gedrückt.

**5** So sieht unser Arbeitsbereich danach aus. Hier lässt sich das Bild nun besser bearbeiten.

Ende

Ein Doppelklick auf die Titelzeile des Programmfensters skaliert das Programmfenster so, dass es den gesamten Bildschirm ausfüllt.

Durch das Skalieren des Arbeitsbereichs wird der Bereich vergrößert, in dem die Fotos angezeigt werden.

TIPP

HINWEIS

Start

1
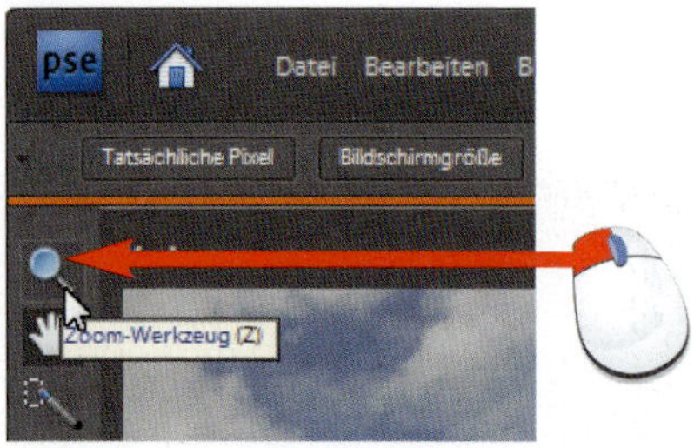


2
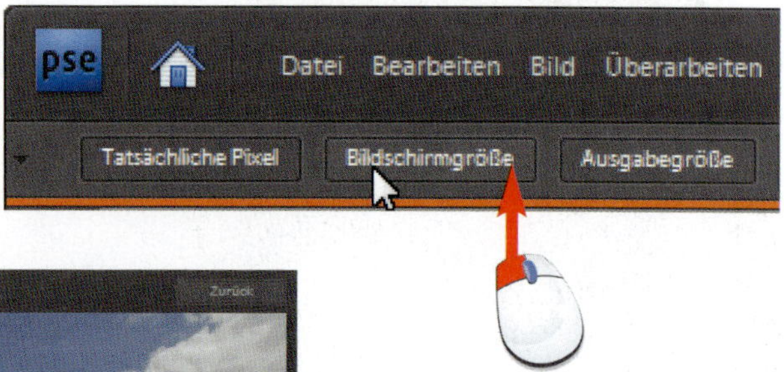


3

1 Links sehen Sie die Werkzeugleiste. Klicken Sie dort auf das *Zoom-Werkzeug*, um die Bildansicht zu verändern.

2 In der Optionsleiste über dem Arbeitsbereich finden Sie Optionen zum ausgewählten Werkzeug. Wählen Sie die Option *Bildschirmgröße*, ...

3 ... damit das Foto vollständig zu sehen ist.

Die Optionsleiste bietet unterschiedliche Funktionen an. Je nachdem, welches Werkzeug Sie aufgerufen haben, werden dazu passende Optionen bereitgestellt. Das ist sehr praktisch.

WISSEN

4

6

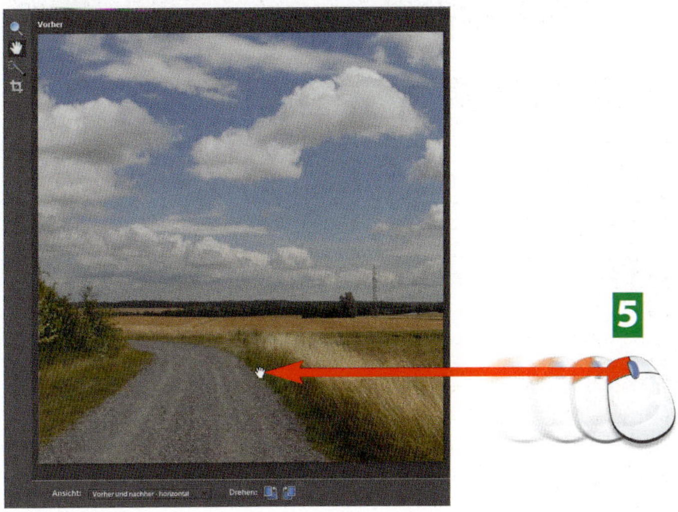


5

**4** Um die Darstellungsgröße zu vergrößern, klicken Sie in das Bild. Die angeklickte Stelle ist das Zentrum der vergrößerten Darstellung.

**5** Verschieben Sie mit dem *Hand-Werkzeug* aus der Werkzeugleiste den sichtbaren Bildausschnitt bei vergrößerten Darstellungen.

**6** In diesem Bild sehen Sie einen ganz anderen Bildausschnitt als zuvor.

Ende

**TIPP**

Wenn Sie die Alt-Taste gedrückt halten, wird die Ansicht mit jedem Klick stufenweise verkleinert.

**TIPP**

Wenn Sie doppelt auf das *Zoom-Werkzeug* klicken, wird eine Darstellungsgröße von 100% eingestellt.

**HINWEIS**

Halten Sie die linke Maustaste gedrückt und ziehen Sie einen Rahmen um den Bereich auf, den Sie in vergrößerter Darstellung betrachten wollen.

## Start

1

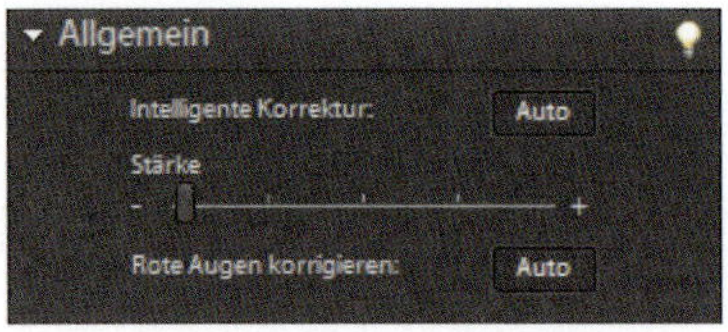


2

3

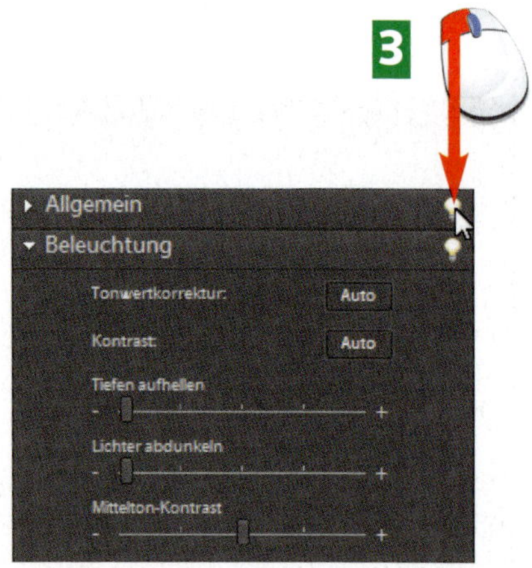


1 Die Palettenfenster rechts neben dem Arbeitsbereich bieten Funktionen zur automatischen Korrektur an.

2 Klappen Sie mit dem Pfeil die Palettenfenster auf und zu.

3 Wollen Sie mehr über die Wirkungsweise einer Funktion erfahren, klicken Sie auf das Glühbirnensymbol. Dann öffnet sich die Hilfe zu diesem Thema.

Die Palettenfenster bieten einen schnellen Zugriff auf wichtige Funktionen zur Bildkorrektur. So ersparen Sie sich den Aufruf von Menüfunktionen.

**WISSEN**

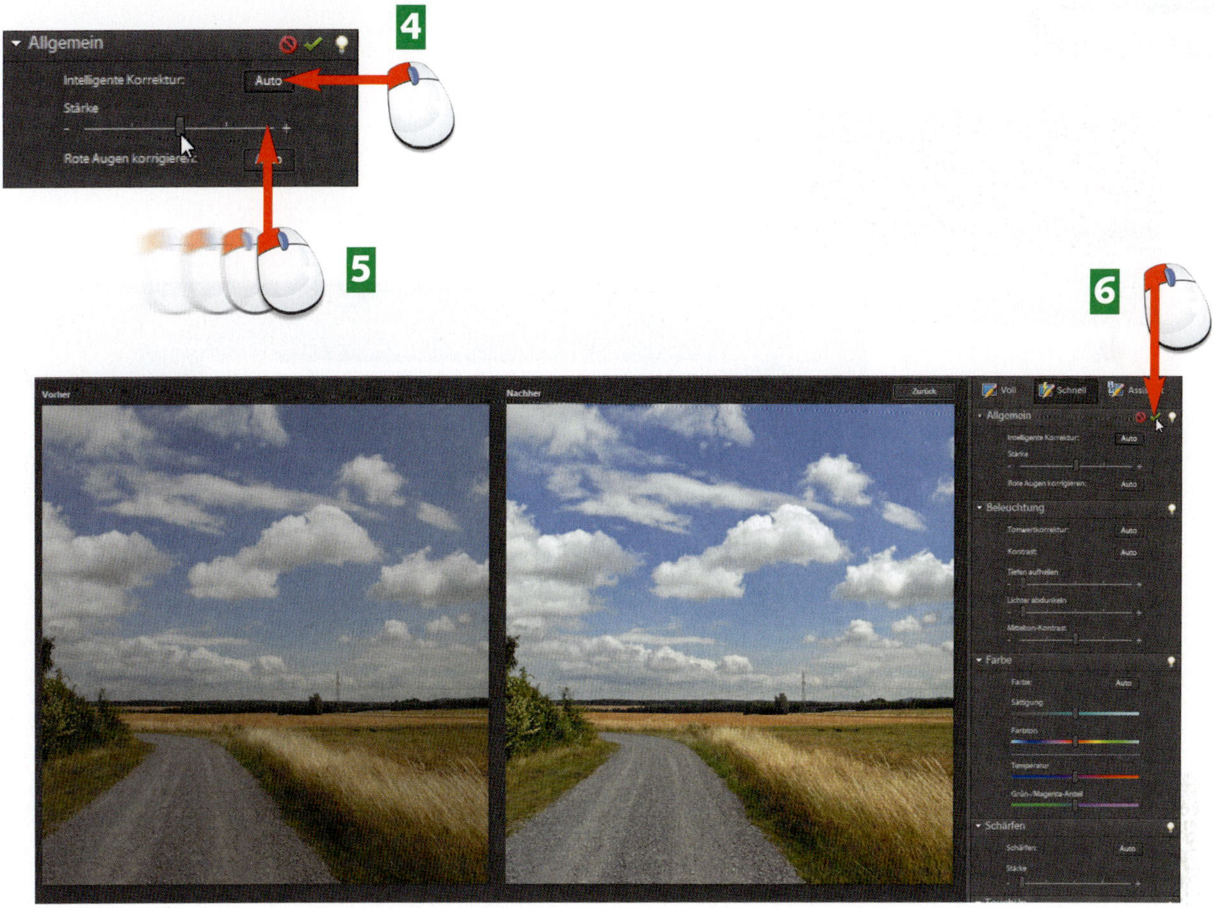


4 Weisen Sie die automatische Korrektur mit der *Auto*-Schaltfläche zu.

5 Passen Sie die Intensität der Korrektur mit diesem Schieberegler an.

6 Weisen Sie mit diesem Symbol die Veränderung zu. Das Foto ist schon deutlich verbessert.

Ende

**TIPP**

Bei vielen digitalen Fotos erzielen Sie mit den automatischen Funktionen bereits sehr ansehnliche Ergebnisse.

**FACHWORT**

Jedes Foto besteht aus vielen verschiedenen Farben mit unterschiedlichen Helligkeiten – diese nennt der Fachmann **Tonwerte**.

**HINWEIS**

Falls Ihr Foto einen Farbstich aufweist, sind die Optionen im *Tonwertkorrektur*-Bereich interessant.

Start

1

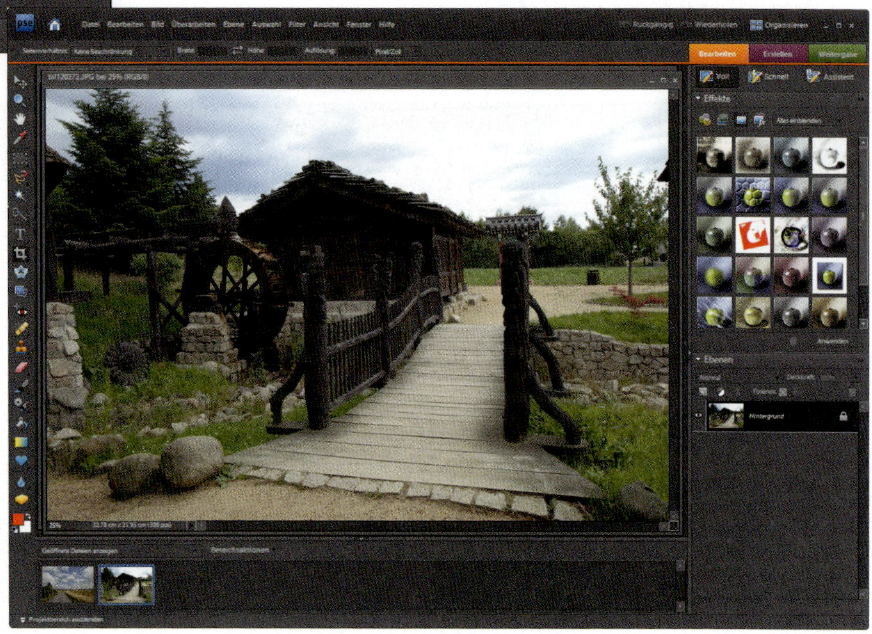

2

1 Klicken Sie auf die Schaltfläche *Voll*.

2 Damit öffnen Sie diesen Arbeitsbereich, der deutlich mehr Möglichkeiten zur Bildbearbeitung bietet.

In der vollständigen Bearbeitung stehen alle Funktionen zur Verfügung, die Photoshop Elements zu bieten hat. Im Schnellkorrekturbereich sind dagegen viele Funktionen deaktiviert, was den Einstieg für Anfänger erleichtert.

WISSEN

3

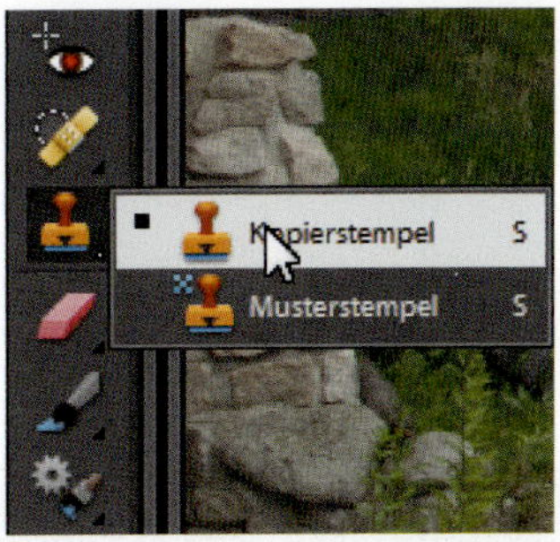


4

5

3 Oft sind die Schaltflächen der Werkzeugleiste mit mehreren Funktionen belegt, die in einem Flyout-Menü bereitstehen.

4 Die Optionsleiste bietet ebenfalls mehr Funktionen an als bei der Schnellkorrektur.

5 Legen Sie mit den zwei Farbfeldern am Ende der Werkzeugleiste die Vorder- und Hintergrundfarbe fest.

Ende

In diesem Arbeitsbereich sind rechts verschiedene Bedienfelder angeordnet, in denen die Funktionen thematisch sortiert bereitgestellt werden.

**TIPP**

**Flyout-Menüs** werden immer dann verwendet, wenn mehrere Funktionen über eine Schaltfläche erreichbar sein sollen. Halten Sie nach dem Anklicken die linke Maustaste einen Moment gedrückt.

**FACHWORT**

Start

1 Wollen Sie mehrere Fotos im Editierbereich öffnen, ziehen Sie diese einfach aus dem Album in den Projektbereich unter dem Arbeitsbereich.

2 Sind im Projektbereich mehrere Fotos vorhanden, klicken Sie auf das Vorschaubild des zu bearbeitenden Fotos.

3 Öffnen oder schließen Sie den Projektbereich mit dieser Schaltfläche.

Sie können nicht nur ein Foto im Editierbereich öffnen. Dies ist nützlich, wenn Sie beispielsweise verschiedene Fotos bearbeiten wollen, bei denen dieselben Arbeitsschritte zu erledigen sind. Wechseln Sie zwischen den aktiven Fotos mit einem Mausklick.

**WISSEN**

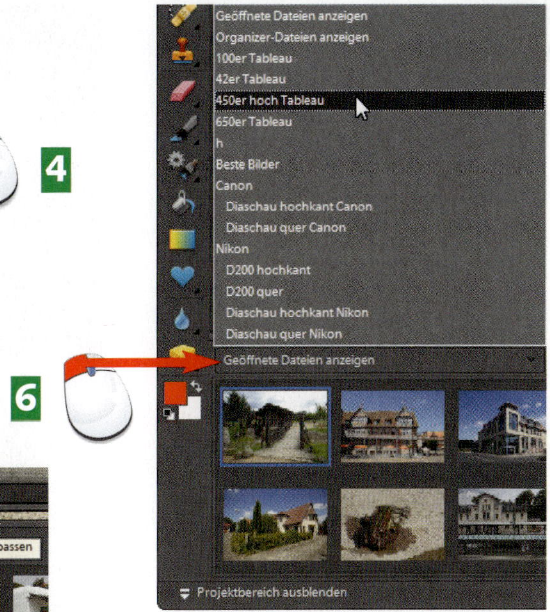


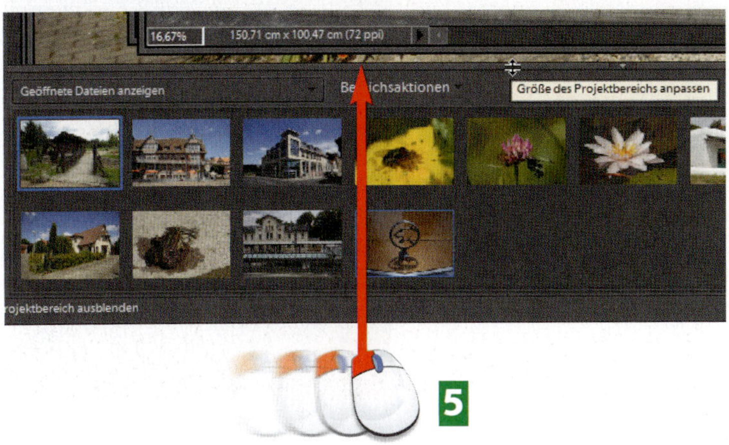


**4** Sind viele Bilder im Projektbereich enthalten, schieben Sie den Scrollbalken so, dass das gewünschte Foto zu sehen ist.

**5** Verschieben Sie alternativ dazu den oberen Steg mit gedrückter linker Maustaste, um den Projektbereich zu vergrößern.

**6** Im Listenfeld finden Sie die Alben, die Sie im Photoshop-Album erstellt haben, zur Auswahl.

**Ende**

Die Größe und Auflösung des Bilds wird übrigens links unter dem Arbeitsbereich angezeigt.

**TIPP**

Die **Auflösung** eines Bilds bestimmt, wie viele Pixel auf einem Zentimeter Länge untergebracht sind. Je mehr Pixel es sind, umso besser ist die Bildqualität.

**FACHWORT**

Wollen Sie den Arbeitsbereich vergrößern, schließen Sie den Projektbereich. Während der Bildbearbeitung wird er nicht benötigt.

**HINWEIS**

**Start**

1

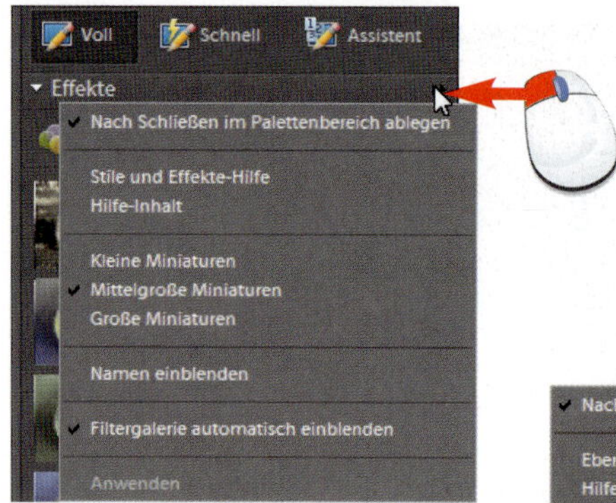


2

3

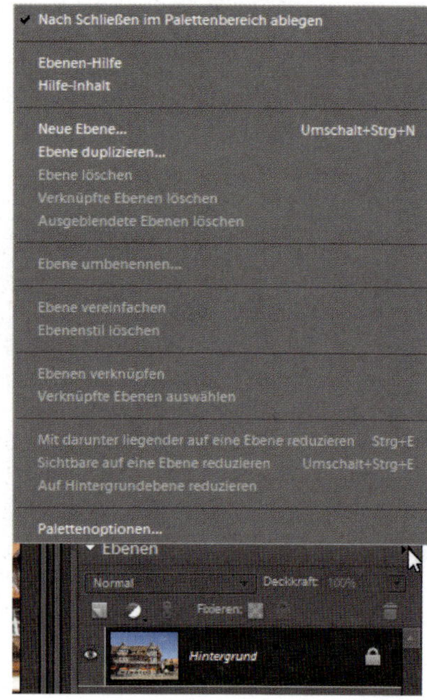


1 Verschieben Sie die Stege zwischen den Palettenfenstern, um die Größe eines Palettenfensters anzupassen.

2 Klicken Sie auf den Doppelpfeil im Kopfbereich der Palettenfenster. Damit öffnen Sie ein Menü mit zusätzlichen Funktionen, ...

3 ... die von Palettenfenster zu Palettenfenster variieren.

Im Editor gibt es eine ganze Menge verschiedener Palettenfenster. Neben den standardmäßig rechts eingeblendeten Varianten finden Sie weitere im *Fenster*-Menü.

**WISSEN**

4

5

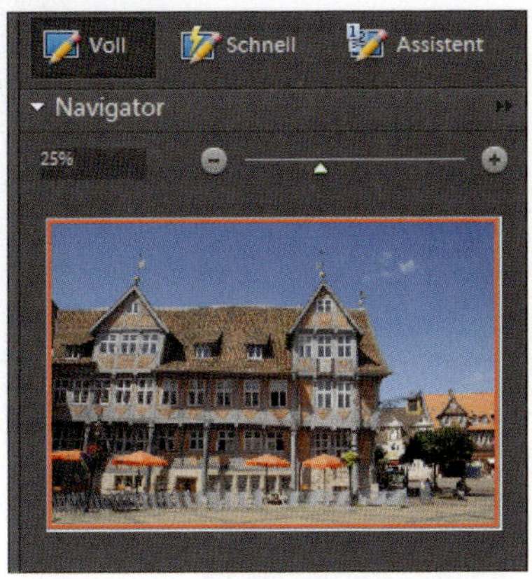


6

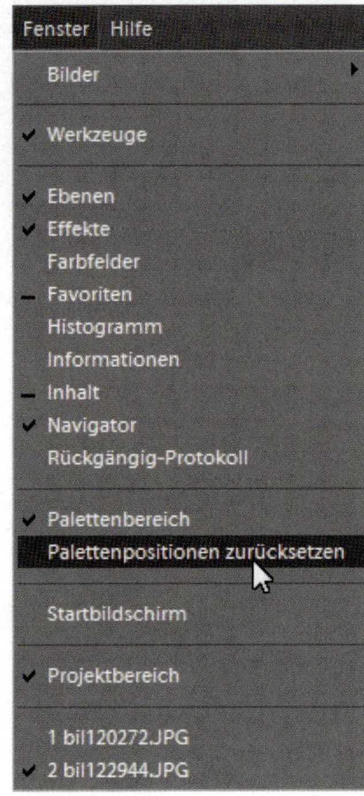


**4** „Greifen" Sie die Registerkarte eines frei schwebenden Palettenfensters und ziehen Sie das Palettenfenster ...

**5** ... in den Palettenraum, um es dort aufzunehmen.

**6** Im *Fenster*-Menü finden Sie viele weitere Palettenfenster für unterschiedliche Aufgaben.

Ende

Um die Palettenfenster wieder in die Ausgangssituation zu versetzen, benötigen Sie die Funktion *Fenster/Palettenpositionen zurücksetzen.*

**TIPP**

Die zusätzlichen Palettenfenster im *Fenster*-Menü werden nach dem Aufruf standardmäßig als frei schwebende Varianten eingeblendet.

**HINWEIS**

## Start

1
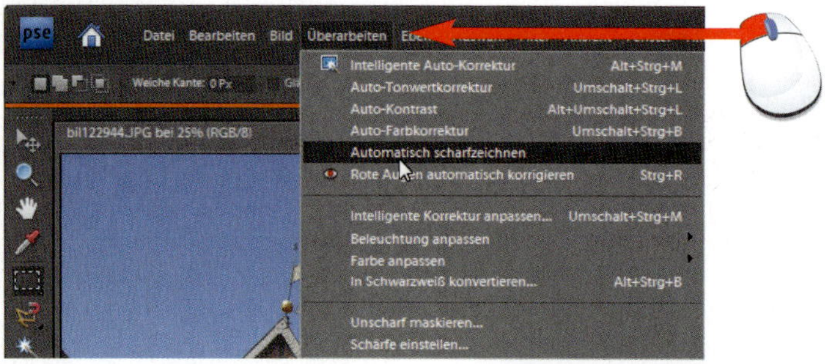


2
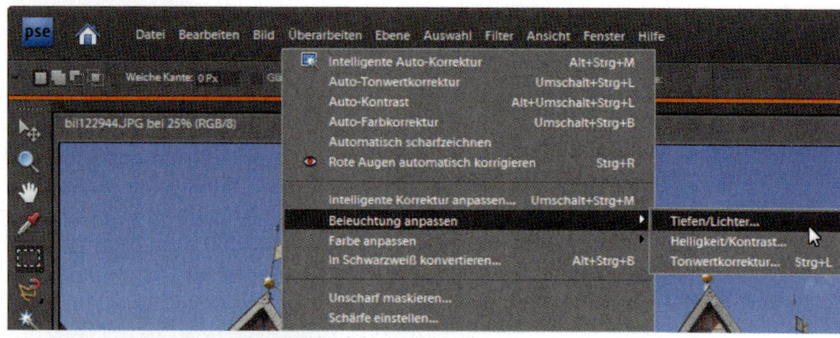


3
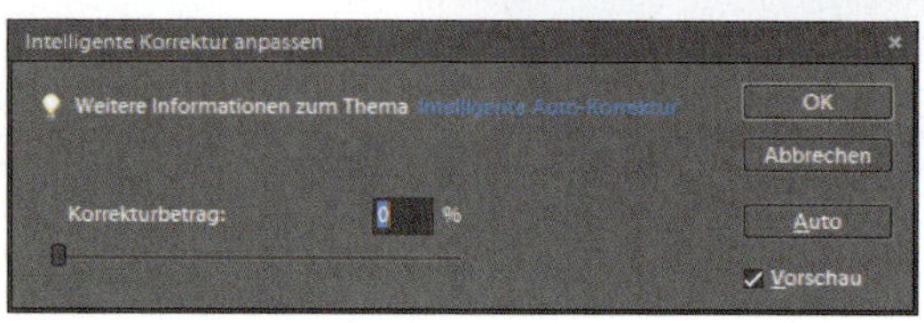


1 Klicken Sie auf eine Menüfunktion, um ein Menü mit verschiedenen Funktionen anzuzeigen.

2 Ist rechts neben dem Eintrag ein Pfeil zu sehen, verzweigt sich dieser in ein Untermenü.

3 Sind nach dem Eintrag drei Punkte zu sehen, öffnet sich nach dem Aufruf ein Dialogfeld. Nehmen Sie hier Ihre Einstellungen vor.

Viele Funktionen erreichen Sie nur über das Menü – dies ist bei Windows-Programmen so üblich.

**WISSEN**

4

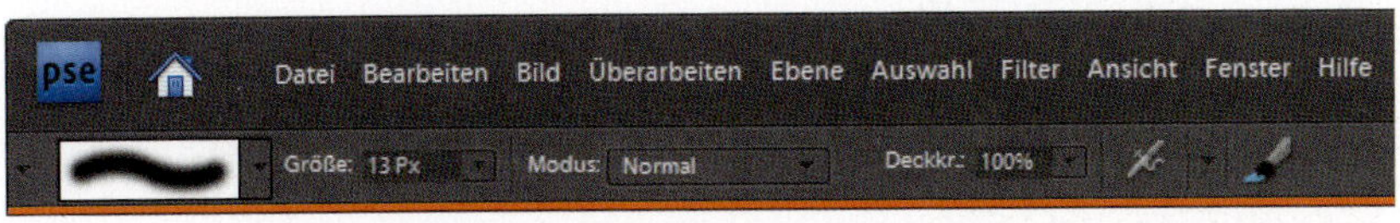


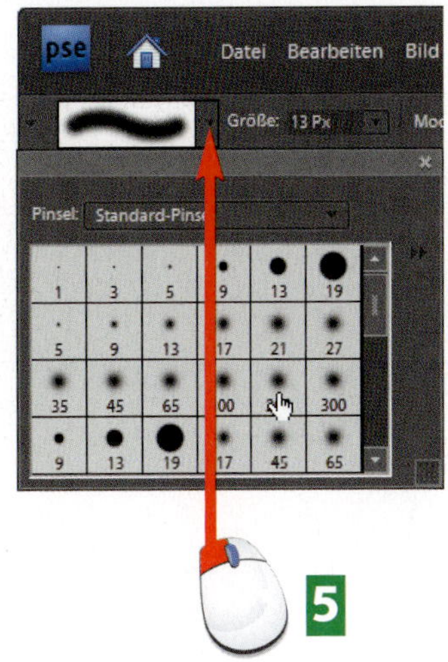


5

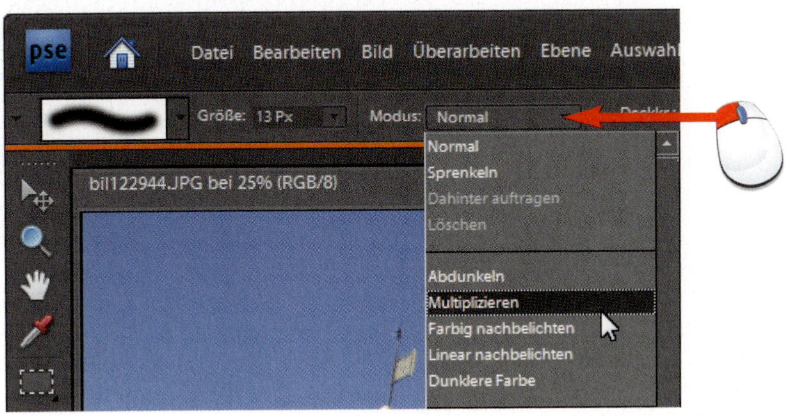


6

**4** Je nachdem, was für ein Werkzeug Sie in der Werkzeugleiste ausgewählt haben, werden die dazugehörenden Optionen in der Optionsleiste bereitgestellt.

**5** Treffen Sie in den Listenfeldern der Optionsleiste anhand von Vorschaubildern ...

**6** ... oder Texteinträgen Ihre Wahl.

Ende

Auf die Optionen der Optionsleiste werden Sie sehr häufig zugreifen, da hier die wichtigsten Funktionen bereitgestellt werden.

**TIPP**

Gibt es für eine Funktion eine Tastenkombination für einen schnellen Aufruf, wird diese hinter dem Eintrag angezeigt.

**HINWEIS**

4

# Fotos schnell korrigieren

**Start**

1

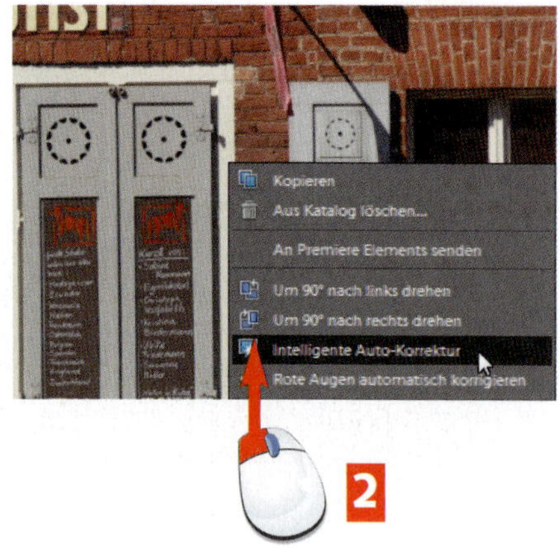


2

3

1 Markieren Sie das zu optimierende Bild im Katalog. Wechseln Sie mit einem Doppelklick auf das Foto zur Fotoansicht, um die Bilddetails gut erkennen zu können.

2 Rufen Sie aus dem Kontextmenü die Option *Intelligente Auto-Korrektur* auf.

3 Nach dem Aufruf der Funktion zeigt die Fortschrittsanzeige in einem gesonderten Dialogfeld die Bearbeitung des Fotos an.

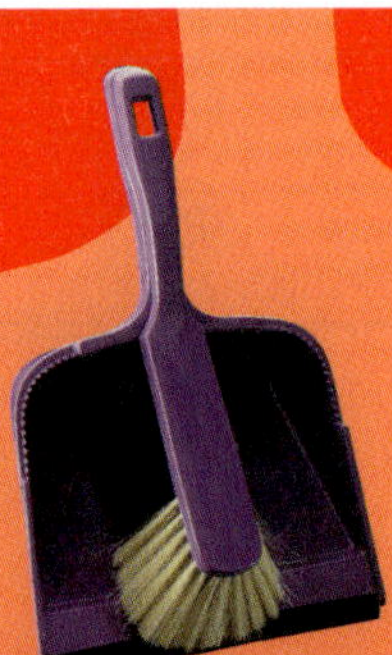

Wenn Sie nur kleinere Korrekturen vornehmen wollen, erledigen Sie dies im Album. Hier werden einige automatische Korrekturmöglichkeiten angeboten. Das Öffnen des Editors ist dazu nicht notwendig.

**WISSEN**

4

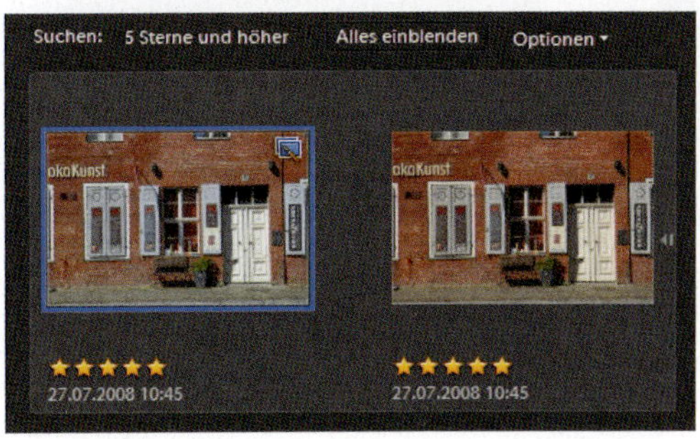


6

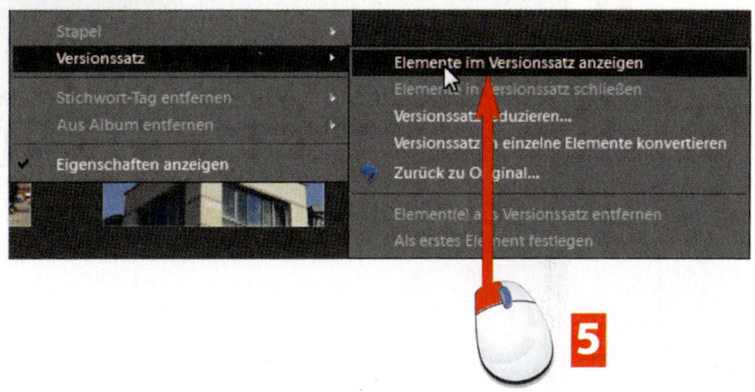


5

4 Anschließend sehen Sie das korrigierte Foto im Arbeitsbereich.

5 Klicken Sie das Symbol oben rechts an, um im Kontextmenü die Funktion *Versionssatz/Elemente im Versionssatz anzeigen* aufzurufen.

6 Photoshop Elements hat beide Fotos – das Original und die Optimierungsversion – in einem sogenannten Versionssatz zusammengefasst.

Ende

**TIPP**

Im Kontextmenü finden Sie auch Optionen, um das Foto im oder entgegen dem Uhrzeigersinn zu drehen. Außerdem können Sie automatisch rote Augen aus dem Foto entfernen.

**FACHWORT**

In einem **Versionssatz** wird dasselbe Foto in zwei verschiedenen Versionen abgelegt – beispielsweise das Original und die optimierte Version.

**HINWEIS**

Photoshop Elements bearbeitet automatisch eine Kopie des Fotos. Sie brauchen also keine Bedenken zu haben, dass das Originalfoto „verloren" geht.

**Start**

1

2

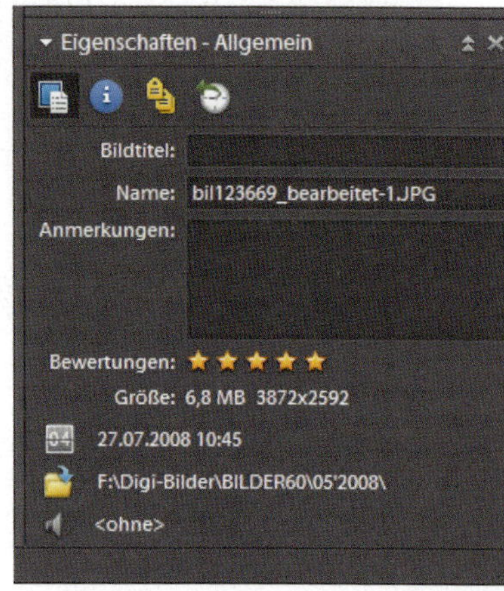


3

1 In der Kataloganansicht erkennen Sie am Symbol oben rechts im Vorschaubild, dass es sich um einen Versionssatz handelt.

2 Ein Blick in das *Eigenschaften*-Bedienfeld belegt, dass eine Kopie erstellt wurde. Der Dateiname trägt einen entsprechenden Zusatz.

3 Wird dem Versionssatz ein Tag zugewiesen, ...

Auf der Festplatte befinden sich nach dem Optimieren eines Fotos zwei Dateien. Photoshop Elements hat vom Original automatisch eine Kopie für die Bearbeitung erstellt. Durch das Zusammenfassen zu einem Versionssatz bleibt das Album übersichtlich. Sie brauchen nicht lange nach der Kopie zu suchen.

**WISSEN**

4

6

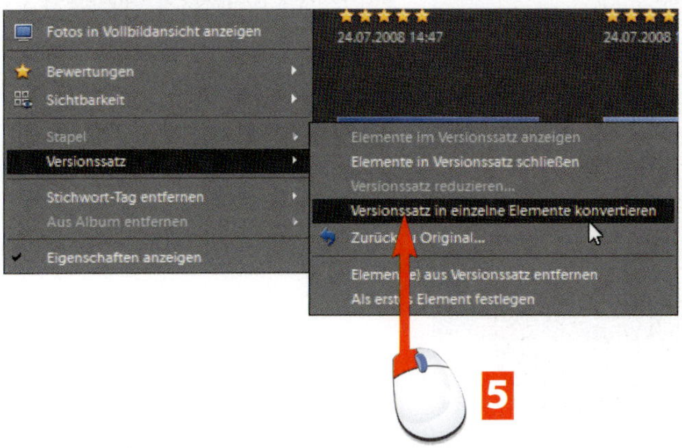


5

4 ... erhalten alle Fotos im Versionssatz dieses Tag.

5 Die Versionssätze können jederzeit getrennt werden. Sie erreichen die Funktionen über das Kontextmenü.

6 Nach der Trennung sehen Sie in der Katalogansicht zwei „ganz normale“ Miniaturansichten.

Ende

Sind die Bilder eines Versionssatzes einmal getrennt, können sie nicht wieder zu einem Versionssatz zusammengefügt werden.

**TIPP**

Das korrigierte Foto wird automatisch in den Katalog aufgenommen – darum brauchen Sie sich nicht extra zu kümmern.

**HINWEIS**

**Start**

1

2

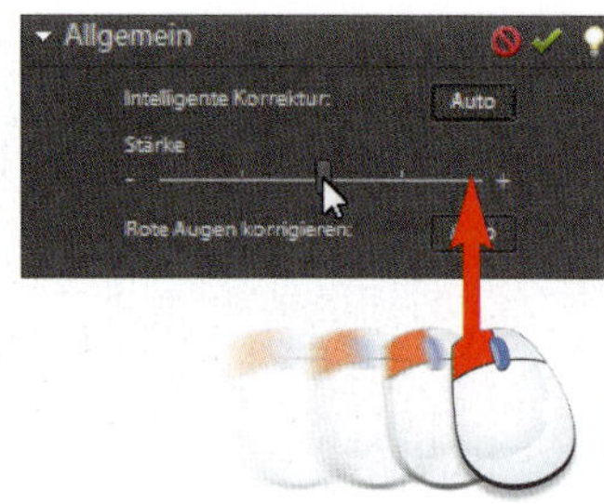


3

**1** Laden Sie das betreffende Foto im Schnellkorrekturbereich. Stellen Sie beispielsweise die *Ansicht*-Option *Vorher und nachher – vertikal* ein.

**2** Es ist durchaus empfehlenswert, zunächst einmal die *Intelligente Korrektur* im Palettenfenster *Allgemein* durchzuführen.

**3** Verschieben Sie dazu zum Beispiel den Schieberegler, um die Stärke der anzuwendenden Korrektur festzulegen.

Das Korrigieren im Album ist für die simplen Optimierungen gedacht. Zusätzlich zu den Funktionen des Kontextmenüs erreichen Sie über die *Korrektur*-Registerkarte einige weitere Funktionen, um Bilder beispielsweise neu zuzuschneiden oder rote Augen automatisch zu entfernen. Wollen Sie einige Eingriffsmöglichkeiten haben, um das Ergebnis zu beeinflussen, ist der Wechsel zum Schnellkorrekturbereich sinnvoll.

**WISSEN**

4

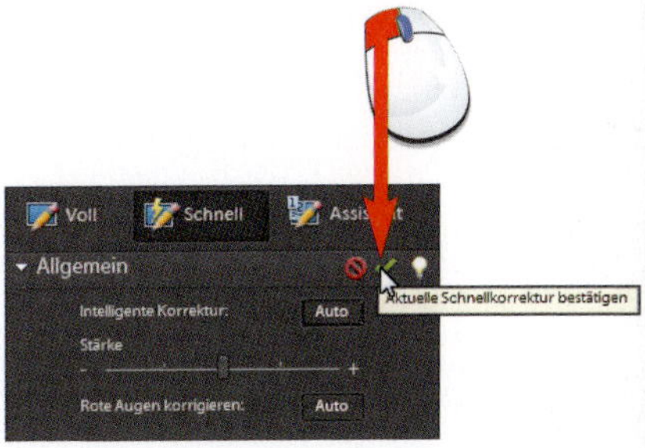


5

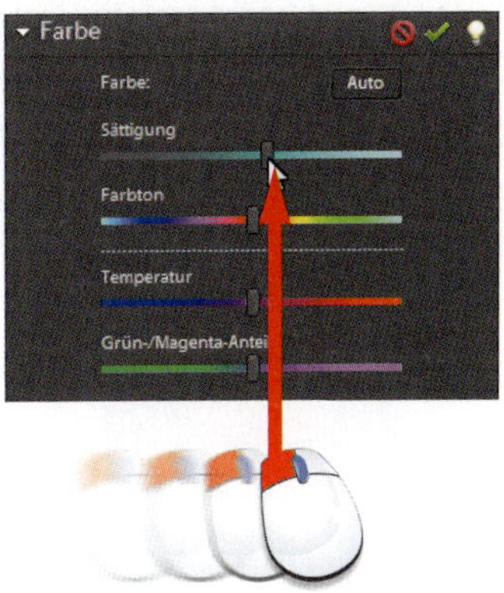

6

4 Klicken Sie in der Kopfzeile des Palettenfensters auf die Schaltfläche mit dem Hakensymbol, um die Korrektur zuzuweisen.

5 Optimieren Sie anschließend zum Beispiel noch auf dieselbe Art und Weise die Sättigung der Farben.

6 Weisen Sie auch diese Veränderung zu. Damit entsteht eine deutliche Verbesserung des Bilds.

Ende

Sollten Sie die Bestätigungs-Schaltfläche nicht in der Kopfzeile des Palettenfensters finden, klicken Sie einmal in die Kopfzeile.

Durch eine höhere **Sättigung** sind die Farben leuchtender.

Solange Sie die Korrektur nicht zugewiesen haben, können Sie die Einstellungen noch verändern.

**TIPP**

**FACHWORT**

**HINWEIS**

**Start**

1

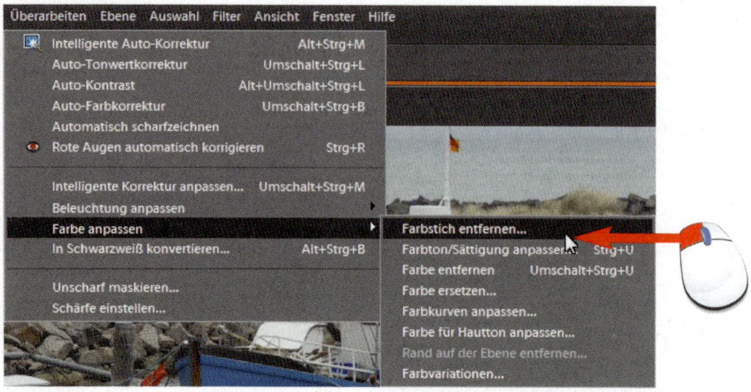


2

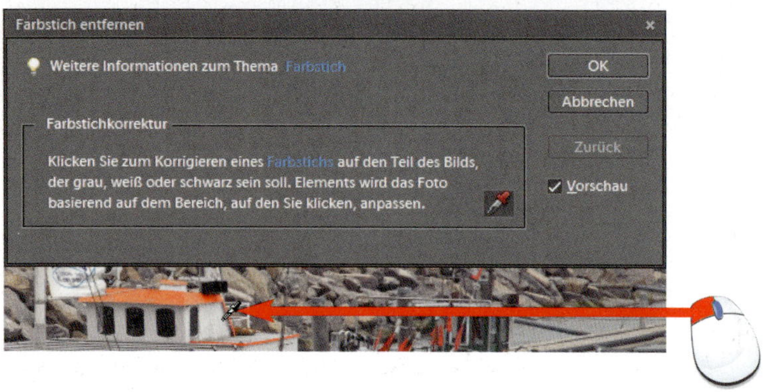


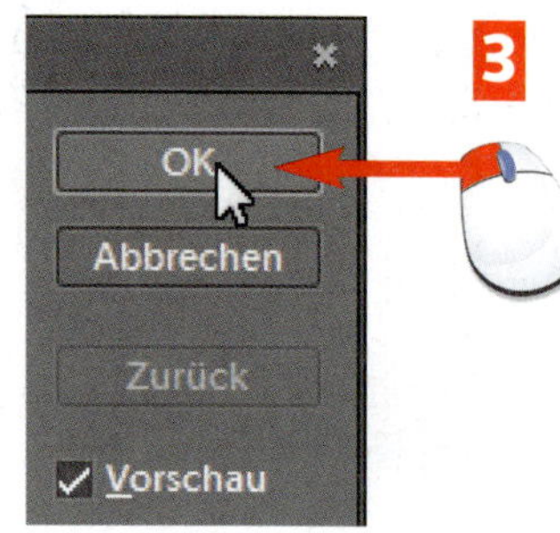


3

1 Rufen Sie die Funktion *Farbstich entfernen* aus dem Menü *Überarbeiten/Farbe anpassen* auf.

2 Klicken Sie im Foto auf eine Position, an der entweder ein weißer, grauer oder schwarzer Farbton sein soll.

3 Bestätigen Sie die Eingabe mit der *OK*-Schaltfläche.

Mit dem Einsatz der Menüfunktionen ereichen Sie diffizilere Ergebnisse, da hier auch eine numerisch präzise Eingabe von Werten möglich ist.

**WISSEN**

4

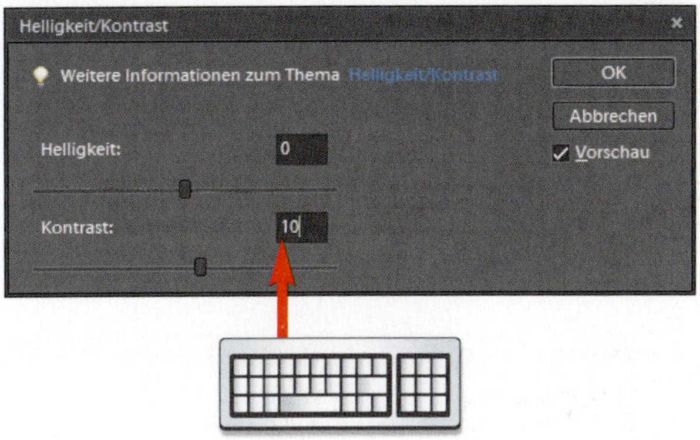


5

6

**4** Rufen Sie die Funktion *Bearbeiten/Beleuchtung anpassen/Helligkeit/Kontrast* auf. Stellen Sie für den *Kontrast* einen Wert von *10* ein.

**5** Anschließend benötigen Sie die Funktion *Überarbeiten/Unscharf maskieren*. Stellen Sie die abgebildeten Werte ein, um ...

**6** ... dieses Ergebnis zu erhalten.

Ende

### TIPP

Ob ein Foto einen Farbstich aufweist, erkennen Sie am besten an den Flächen, die weiß sein müssten. Sind diese nicht „rein" weiß, hat das Foto einen Farbstich.

### HINWEIS

Digitalkamerabilder müssen meist ein wenig nachgeschärft werden – das ist normal.

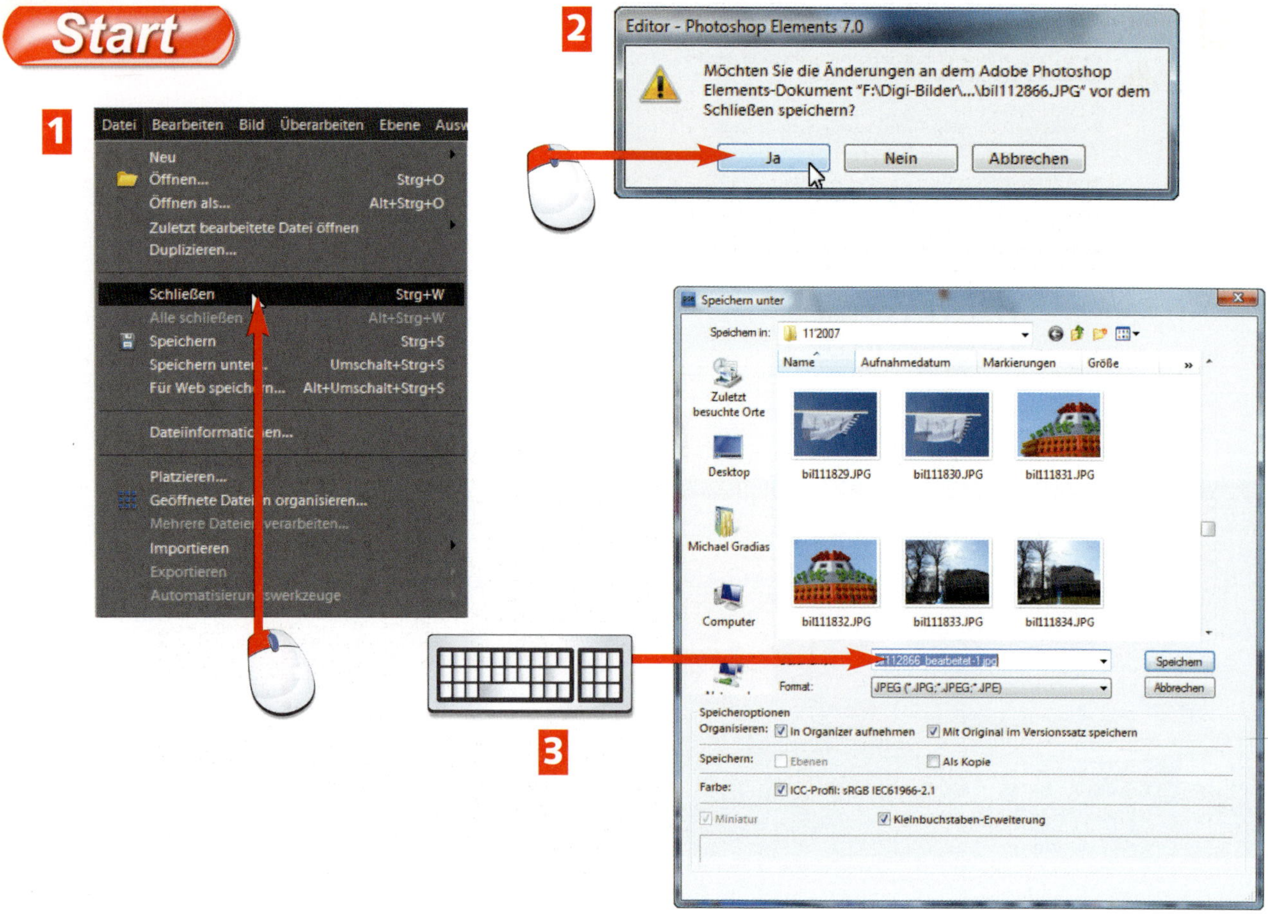


1 Rufen Sie aus dem *Datei*-Menü die Funktion *Schließen* auf, um den Bearbeitungsmodus zu verlassen.

2 Bestätigen Sie, dass die bearbeitete Version gespeichert werden soll.

3 Geben Sie einen neuen Namen ein oder übernehmen Sie einfach die vorgeschlagene Variante.

Das Speichern im *Schnell*-Arbeitsbereich bietet Ihnen einige erweiterte Möglichkeiten.

**WISSEN**

4

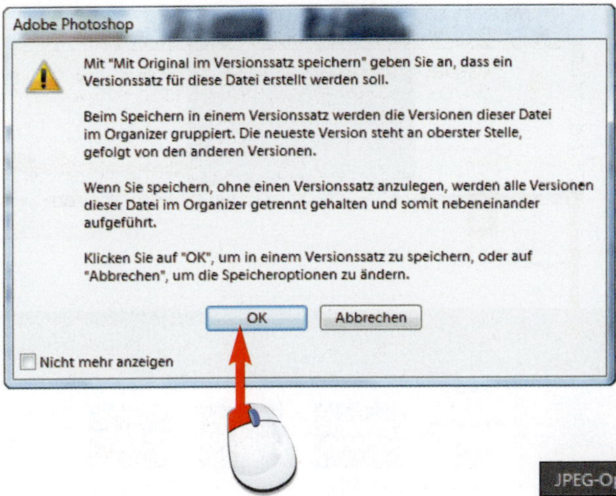


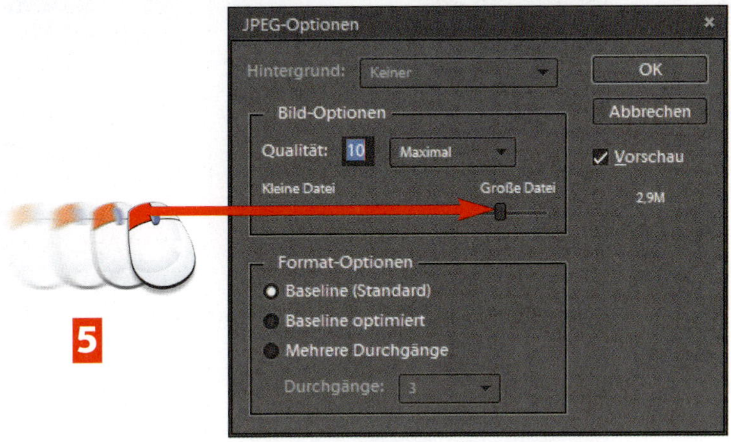


5

4 Bestätigen Sie den Hinweis, dass ein Versionssatz erstellt wird.

5 Stellen Sie im nächsten Arbeitsschritt die Qualität der JPEG-Speicherung ein. Sie sollten die Option *Große Datei* verwenden.

Ende

Stellen Sie stets die maximale JPEG-Komprimierung ein, um die bestmögliche Bildqualität zu erhalten.

Die **Komprimierung** reduziert die Dateigröße. Dies geschieht allerdings zulasten der Bildqualität. Daher müssen Sie hier einen Kompromiss wählen.

Wenn Sie einen Versionssatz bilden, haben Sie den Vorteil, stets Zugriff auf das Original und das veränderte Bild zu haben.

TIPP FACHWORT HINWEIS

Start

1

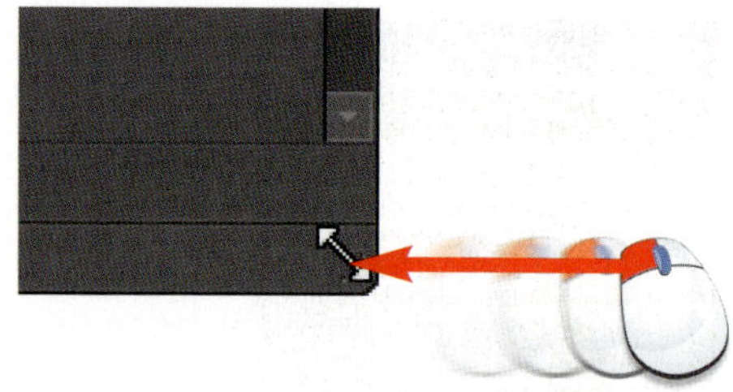

2

3

**1** Rufen Sie nach dem Markieren des zu optimierenden Fotos im Album aus dem *Editor*-Menü die Funktion *Vollständige Bearbeitung* auf.

**2** Ziehen Sie an der unteren rechten Ecke des Arbeitsfensters, um den Arbeitsbereich zu skalieren.

**3** Aktivieren Sie das *Zoom-Werkzeug* in der Werkzeugleiste und klicken Sie auf die Schaltfläche *Bildschirmgröße* in der Optionsleiste.

Im *Editor* haben Sie sehr viele ausgefeilte Optionen, um Fotos in allen erdenklichen Bereichen zu bearbeiten und zu optimieren. Wenn Sie sich ein wenig in Photoshop Elements eingearbeitet haben, ist der *Editor* praktischer, da er Ihnen mehr Möglichkeiten bietet.

WISSEN

4

5

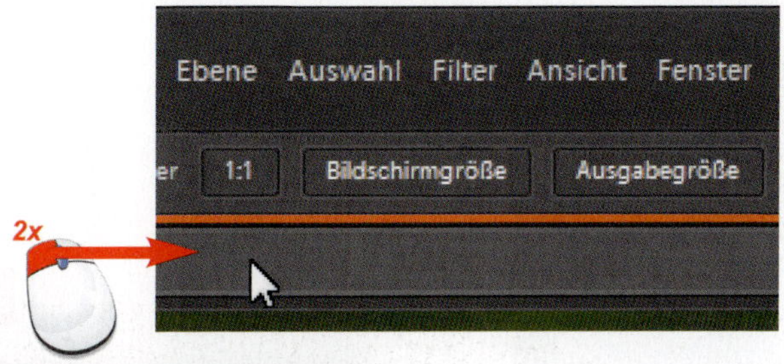


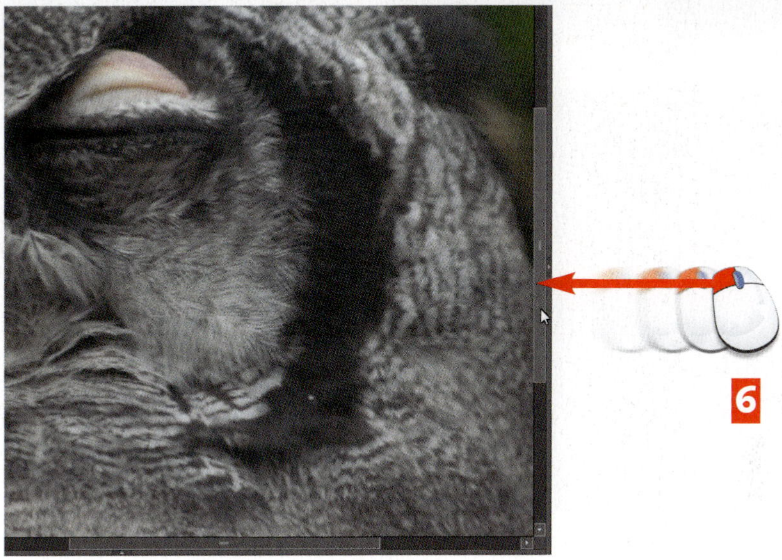

6

**4** Mit dieser Schaltfläche wechseln Sie den Fenstermodus. Nach dem Anklicken wird das Foto in einem eigenen Fenster angezeigt.

**5** Um zum anderen Modus zurückzukehren, klicken Sie doppelt auf die Kopfzeile des Fensters. Sie haben so im Arbeitsbereich etwas mehr Platz für das Foto.

**6** Ziehen Sie an den Scrollbalken am unteren und rechten Rand des Bilds, um den sichtbaren Bereich zu verändern.

**Ende**

Die Scrollbalken erscheinen automatisch, wenn die Darstellungsgröße so gewählt ist, dass nicht das gesamte Bild zu sehen ist.

**TIPP**

Um noch mehr Platz im Arbeitsbereich zu erhalten, klicken Sie auf den vertikalen Steg der Palettenfenster, um diese vorübergehend auszublenden.

**TIPP**

Start

1

2

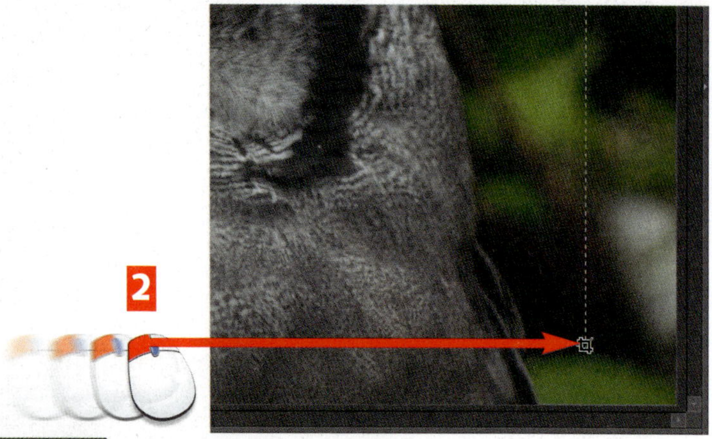

3

1 Klicken Sie in der Werkzeugleiste auf das *Freistellungswerkzeug*.

2 Ziehen Sie einen Rahmen auf, der sich über das gesamte Bild erstreckt.

3 Halten Sie die ⇧-Taste gedrückt und ziehen Sie einen Eckmarkierungspunkt, bis die gewünschte neue Größe erreicht ist.

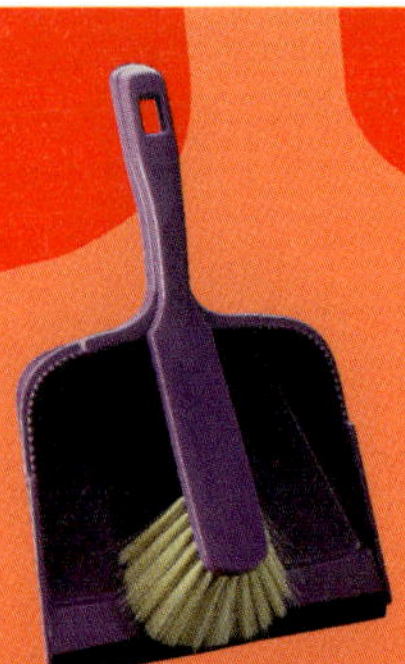

Im *Editor* können Sie ein Bild sehr flexibel freistellen. Um zu erkennen, welche Bildpartien abgeschnitten werden, sind diese dunkel markiert.

WISSEN

**4** Wenn Sie den Markierungsrahmen auf eine andere Position verschieben wollen, klicken Sie in den Markierungsbereich.

**5** Wir haben die abgebildete Endposition gewählt. Klicken Sie auf die Haken-Schaltfläche rechts unter dem Markierungsrahmen, um dann die Freistellung zuzuweisen.

**Ende**

**TIPP**

Soll das Seitenverhältnis nicht beibehalten werden, müssen die mittleren Markierungspunkte des Rahmens zum Dehnen verwendet werden.

**HINWEIS**

Durch Drücken der ⇧-Taste bleibt das Seitenverhältnis von Höhe zu Breite erhalten.

Start

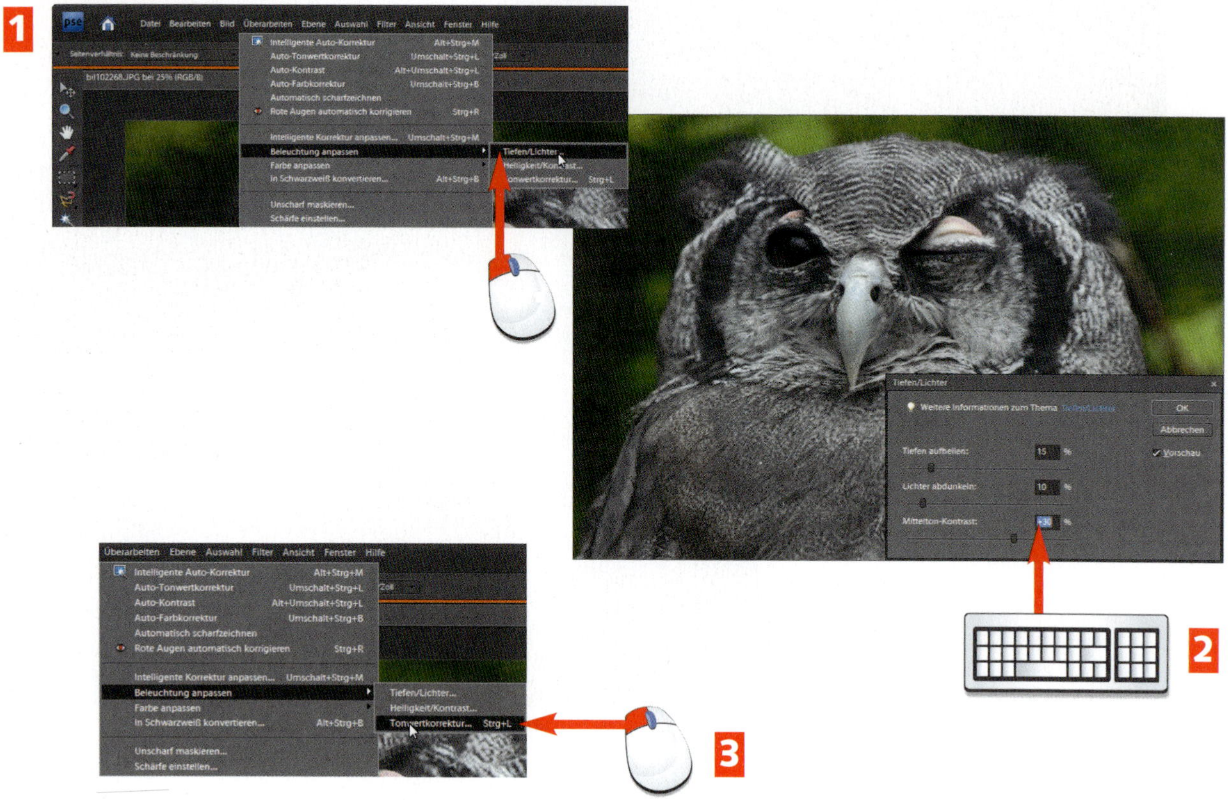


**1** Im *Überarbeiten*-Menü gibt es verschiedene Funktionen zur Bildoptimierung. Rufen Sie die Funktion *Beleuchtung anpassen/Tiefen/Lichter* auf.

**2** Geben Sie die abgebildeten Korrekturwerte ein. Wenn rechts die *Vorschau*-Option aktiviert ist, sehen Sie das zu erwartende Ergebnis gleich im Bild.

**3** Rufen Sie die Funktion *Überarbeiten/Beleuchtung anpassen/Tonwertkorrektur* auf.

Im *Editor* werden die Einstellungen meist in gesonderten Dialogfeldern vorgenommen. Hier ist eine numerisch präzise Angabe der Änderungen möglich.

WISSEN

4

5

6

**4** Verwenden Sie zunächst die *Auto*-Funktion. Tippen Sie dann in den *Tonwertspreizung*-Eingabefeldern *10, 1.10, 245* ein, damit das Bild etwas aufgehellt wird.

**5** Rufen Sie die Funktion *Überarbeiten/Unscharf maskieren* auf und stellen Sie die gezeigten Werte ein.

**6** Mit den vorgenommenen Optimierungen entsteht dieses Ergebnis.

Ende

**TIPP**

Wenn Sie die Korrekturen häufiger benötigen, lohnt es, sich die hinter dem Menüeintrag angezeigten Tastenkürzel einzuprägen.

**HINWEIS**

Mit dem mittleren Wert der *Tonwertspreizung* ändern Sie die Mitteltöne des Bilds. Werte über 1.00 hellen das Bild auf – niedrigere Werte dunkeln das Bild ab.

**HINWEIS**

Digitalkameraaufnahmen müssen meist mit einer höheren Sättigung versehen und zusätzlich geschärft werden.

5

# Fotos bearbeiten

**Start**

1

2

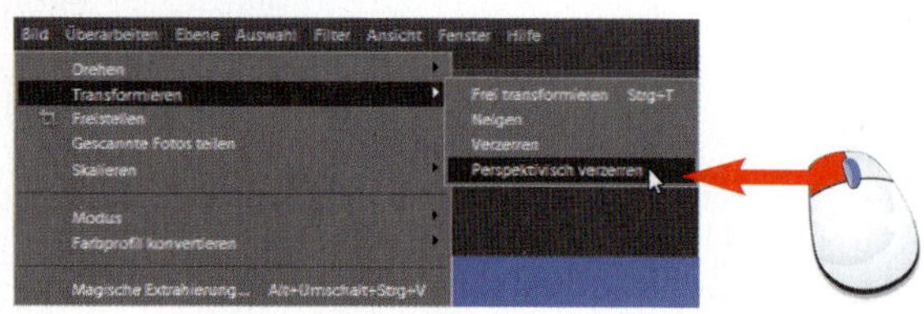


1 Rufen Sie das *Zoom-Werkzeug* auf. Tippen Sie in das Eingabefeld einen Zoomwert ein, bei dem ein wenig Umfeld zu sehen ist – etwa so, wie es die Abbildung zeigt.

2 Rufen Sie die Funktion *Bild/Transformieren/Perspektivisch verzerren* auf.

Die Schritte zur Optimierung kennen Sie schon. Daher beginnen wir diesen Workshop mit einem Foto, bei dem die Tonwertkorrektur und die Erhöhung der Farbsättigung bereits erledigt sind.

**WISSEN**

3

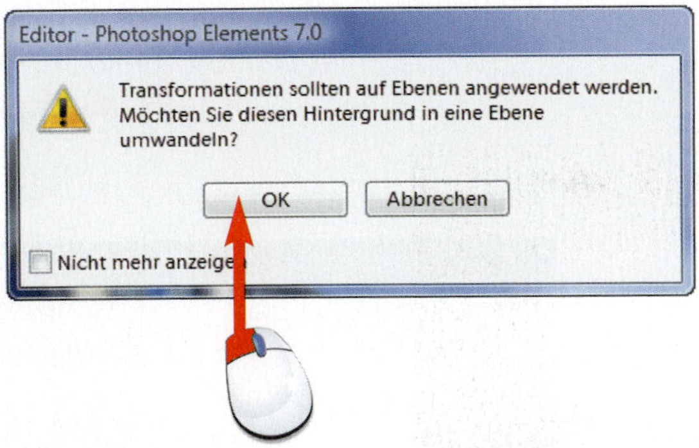


4

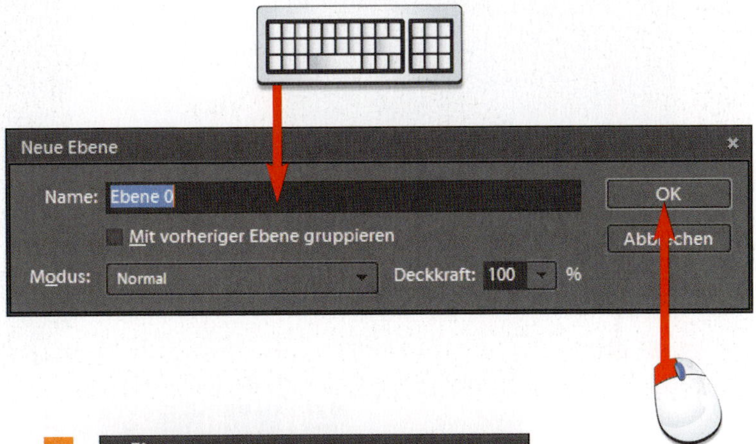


5

3 Bestätigen Sie die Abfrage, ob der Hintergrund in eine Ebene umgewandelt werden soll.

4 Versehen Sie die Ebene gegebenenfalls mit einem neuen Namen.

5 Im *Ebenen*-Palettenfenster sehen Sie die neue Ebene.

Ende

Eine Ebene können Sie auch erstellen, indem Sie einfach doppelt auf das Miniaturbild des Hintergrunds klicken.

**TIPP**

Eine Ebene „schwebt“ sozusagen über dem Hintergrund.

**HINWEIS**

Start

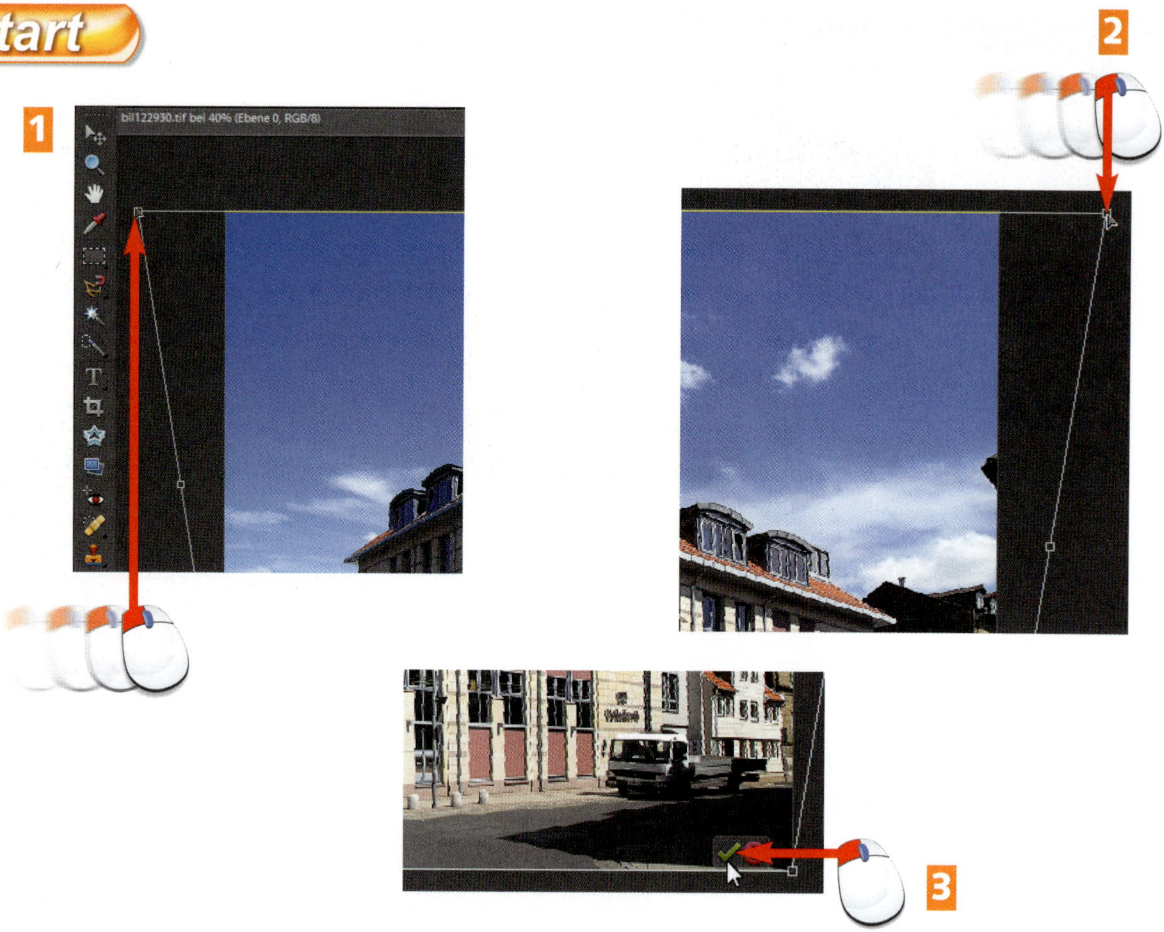


1 Acht Markierungspunkte dienen zur Verzerrung der Ebene. Verschieben Sie den linken oder …

2 … den rechten Markierungspunkt, um die stürzenden Linien zu korrigieren.

3 Bestätigen Sie die Verzerrung, indem Sie auf den Haken rechts unten im Bild klicken.

Bei Gebäudeaufnahmen lässt es sich nicht vermeiden, dass „stürzende Linien“ entstehen. Diese perspektivische Verzerrung entsteht immer dann, wenn die Kamera bei der Aufnahme geneigt wird. Viele Fotografen mögen das nicht. Dieser Fehler kann aber mit Photoshop Elements leicht korrigiert werden.

WISSEN

4

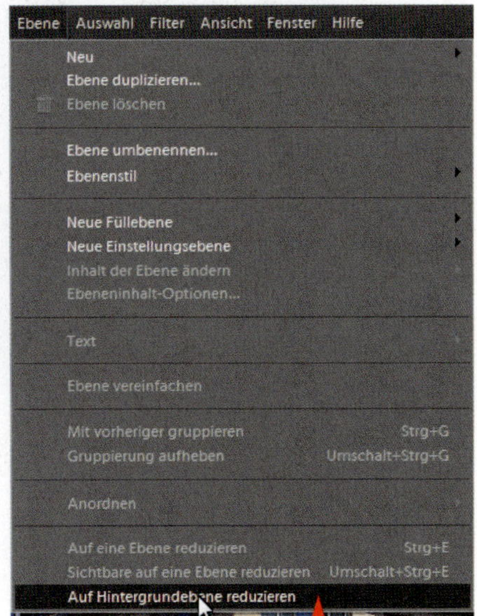

5

6

**4** Nach dem Bestätigen erhalten Sie das abgebildete Ergebnis.

**5** Um die Ebene wieder mit dem Hintergrund zu „verschmelzen“, verwenden Sie die Funktion *Ebene/Auf Hintergrundebene reduzieren*.

**6** Im *Ebenen*-Palettenfenster sehen Sie dann die umgewandelte Ebene.

Ende

Die Verzerrung kann auch mit einem Doppelklick innerhalb des Markierungsrahmens zugewiesen werden.

**HINWEIS**

Verwenden Sie die Funktion *Ansicht/Raster*, um bei der Korrektur eine Orientierung zu erhalten.

**TIPP**

Start

1

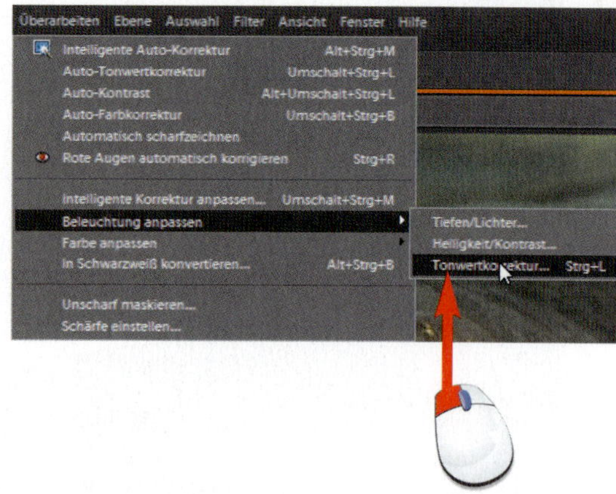


2

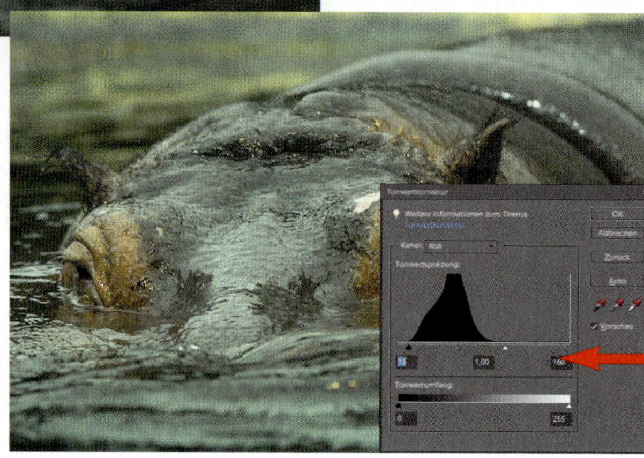

3

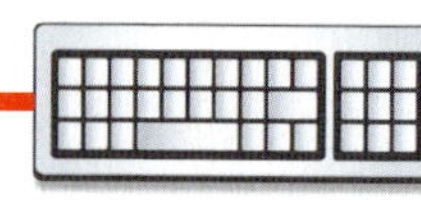

**1** Das Ausgangsbild ist nicht so richtig spannend.

**2** Rufen Sie die Funktion *Überarbeiten/Beleuchtung anpassen/Tonwertkorrektur* auf.

**3** Geben Sie im ersten Eingabefeld der Option *Tonwertspreizung* einen Wert von *15* und im dritten Feld den Wert *160* ein, um den Kontrast des Bilds drastisch zu erhöhen.

Die Funktionen des *Überarbeiten*-Menüs bieten sehr viele verschiedene Möglichkeiten zur Bildveränderung. So können beispielsweise die Helligkeit und der Kontrast ebenso wie die Farbe der Bilder verändert werden.

**WISSEN**

4
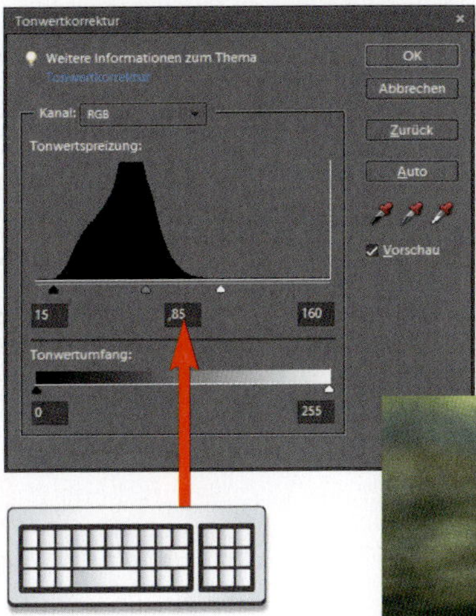

5

**4** Geben Sie einen Gammawert von *0,85* ein, um die mittleren Farbtöne abzudunkeln.

**5** Das Ergebnis sieht schon viel interessanter aus, nicht wahr?

Ende

**FACHWORT**

Der **Gammawert** regelt die Helligkeit der mittleren Grautöne. Der Standardwert ist 1,0. Höhere Werte hellen das Bild auf – niedrigere Werte dunkeln es ab.

**HINWEIS**

Oft lassen sich „unattraktive" Fotos mit den Funktionen im *Überarbeiten*-Menü in ansprechende „Kunstwerke" verwandeln.

Start

1 Öffnen Sie das Foto und rufen Sie das *Ausstecher*-Werkzeug aus der Werkzeugleiste auf.

2 Klicken Sie im *Form*-Listenfeld auf den Doppelpfeil, …

3 … um eine Liste mit verschiedenen Form-Bibliotheken zu unterschiedlichen Themenbereichen zu öffnen.

Fotos müssen nicht immer rechteckig sein. Mit dem *Ausstecher*-Werkzeug haben Sie die Möglichkeit, unregelmäßige Konturen zu erstellen.

WISSEN

4

5

6

4 Wählen Sie hier eine Form aus.

5 Klicken Sie in das Bild und ziehen Sie die Form mit gedrückter linker Maustaste auf. Eine Vorschaulinie zeigt die Form an.

6 Lassen Sie die linke Maustaste los und klicken Sie doppelt innerhalb der Markierungslinie, um die Form zuzuweisen.

Ende

**TIPP**

Das Karomuster im Hintergrund symbolisiert die transparenten Teile des Bilds.

**HINWEIS**

Es gibt sehr viele unterschiedliche Formen, die Sie zum Ausstechen verwenden können. Durchstöbern Sie doch einmal die verschiedenen Bibliotheken.

Start

1

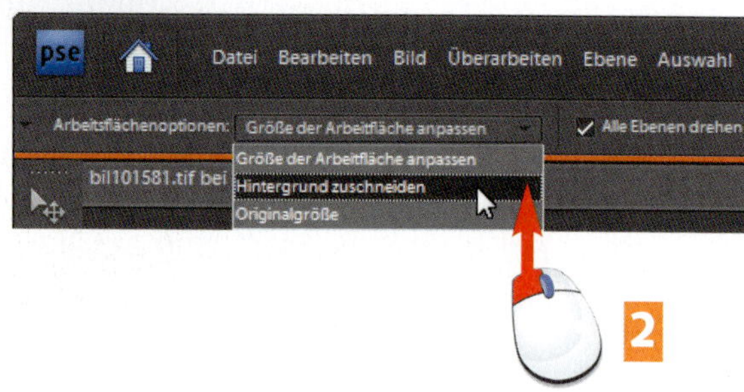


2

1 Öffnen Sie das Foto und rufen Sie das Werkzeug *Gerade ausrichten* aus der Werkzeugleiste auf.

2 Stellen Sie in der Optionsleiste die Option *Hintergrund zuschneiden* ein, damit das Foto nach dem Ausrichten zugeschnitten wird.

Sie sollten schon beim Fotografieren darauf achten, dass der Horizont gerade ausgerichtet ist. Falls jedoch trotzdem einmal bei der Aufnahme etwas „schiefgegangen“ ist, können Sie dies nachträglich korrigieren.

WISSEN

3

4

3 Ziehen Sie mit gedrückter linker Maustaste eine Linie auf, die gerade ausgerichtet werden soll.

4 Nach dem Loslassen der Maustaste wird das Bild gedreht. Außerdem werden die dadurch entstehenden weißen Stellen am Rand abgeschnitten.

Ende

**TIPP**

Es werden immer die horizontalen Linien ausgerichtet. Vertikale Linien lassen sich nicht ausrichten. Dabei würde lediglich das Bild gedreht.

**HINWEIS**

Fotos wirken „professioneller“, wenn der Horizont gerade durch das Bild läuft.

Start

1

2

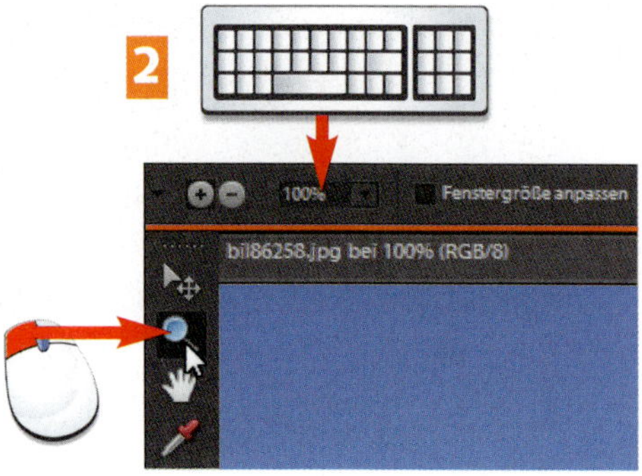


3

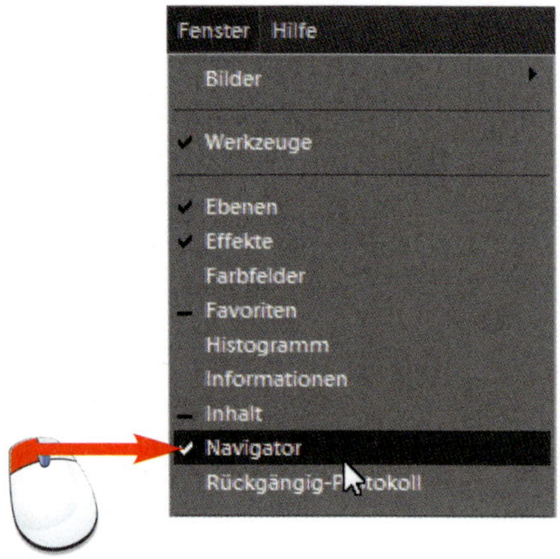


1 In diesem Ausgangsbild stört der große Fussel links, der durch Schmutz auf dem Sensor der digitalen Kamera entstand.

2 Rufen Sie das *Zoom-Werkzeug* auf und tippen Sie in der Optionsleiste eine Darstellungsgröße von *100%* ein.

3 Rufen Sie aus dem *Fenster*-Menü die Option *Navigator* auf, um ...

Mit Photoshop Elements haben Sie vielseitige Möglichkeiten zur Bildbearbeitung – bis hin zu komplexen Bildretuschen. So können Sie störende Bildteile leicht entfernen oder austauschen. Wenn Sie wollen, können Sie Personen an andere Orte „verfrachten". Vielleicht wollten Sie ja schon immer einmal nach Hawaii. Mit Photoshop Elements ist das kein Problem.

WISSEN

4

5

6

**4** ... dieses nützliche Palettenfenster zu öffnen. Ziehen Sie den roten Rahmen im *Navigator*-Palettenfenster auf den Bildausschnitt, der angezeigt werden soll.

**5** Ziehen Sie die Registerkarte in den Palettenraum, damit das Palettenfenster keinen Platz im Arbeitsbereich in Anspruch nimmt.

**6** Nach der Auswahl des neuen Bildausschnitts, ist der zu korrigierende Bildbereich zu sehen.

Ende

**TIPP**

Bildkorrekturen führen Sie am besten in der Originalansichtsgröße oder einer vergrößerten Darstellung durch, damit die Details gut zu erkennen sind.

**TIPP**

Die Darstellungsgröße von 100% erreichen Sie auch, wenn Sie doppelt auf das *Zoom-Werkzeug* in der Werkzeugleiste klicken.

**HINWEIS**

Sie können den Bildausschnitt alternativ auch durch Verziehen des vertikalen und horizontalen Scrollbalkens verändern.

**Start**

1

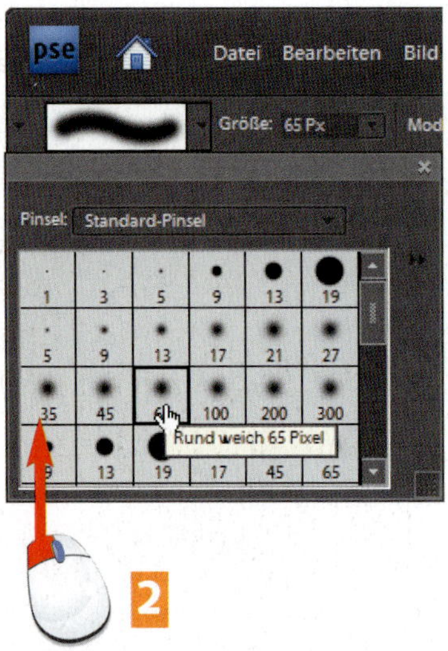


2

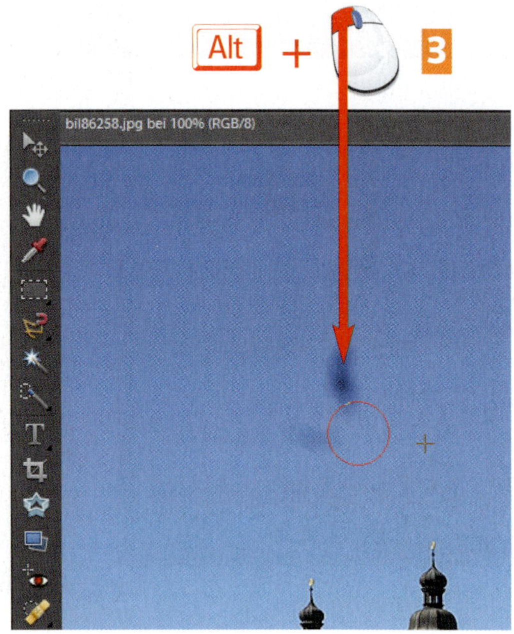


3

1 Rufen Sie aus dem abgebildeten Flyout-Menü der Werkzeugleiste den *Kopierstempel* auf.

2 Verwenden Sie eine Malspitze mit einem weichen Rand, damit die Retusche nicht auffällt.

3 Klicken Sie mit gedrückter Alt-Taste auf eine Stelle knapp neben dem zu retuschierenden Fussel. Nach dem Loslassen der Alt-Taste übermalen Sie den Fussel.

Der *Kopierstempel* und der *Reparatur-Pinsel* arbeiten fast identisch. Hier werden allerdings die Originalpartien 1:1 übertragen. Der *Reparatur-Pinsel* berücksichtigt dagegen auch die Strukturen der ausgebesserten Stelle. Beide Werkzeuge lassen sich beispielsweise nützen, um Fussel oder andere „Unreinheiten" im Bild zu korrigieren.

**WISSEN**

4

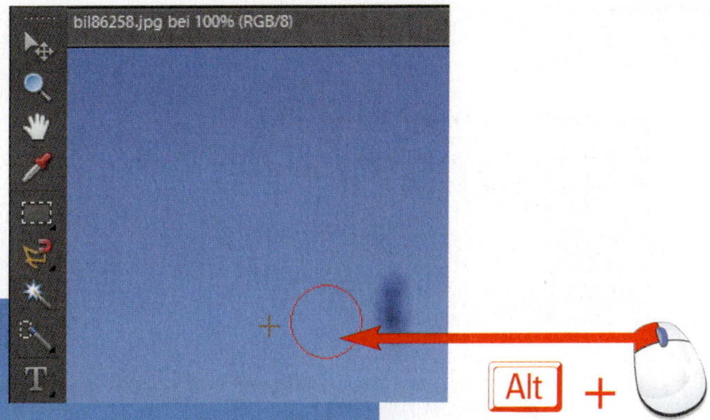

5

4 Um einen neuen Ursprungspunkt zu setzen, drücken Sie erneut die [Alt]-Taste und klicken Sie auf den neuen Ursprungspunkt.

5 Ein klein wenig Fleiß ist dabei nötig – dafür sieht das Foto anschließend besser und „professioneller“ aus.

Ende

**TIPP**

Es ist völlig normal, dass Sie während der Korrektur häufiger einen neuen Ursprungspunkt aufnehmen.

**TIPP**

Prinzipiell ist es egal, ob Sie die Fehler „zutupfen“ oder mit gedrückter linker Maustaste „übermalen“. Oft ist das Zutupfen aber praktischer, da das Arbeiten mit der Maus nicht einfach ist.

**HINWEIS**

Sie müssen von Fall zu Fall entscheiden, ob der *Reparatur-Pinsel* oder der *Kopierstempel* besser zur Korrektur geeignet ist.

**Start**

1
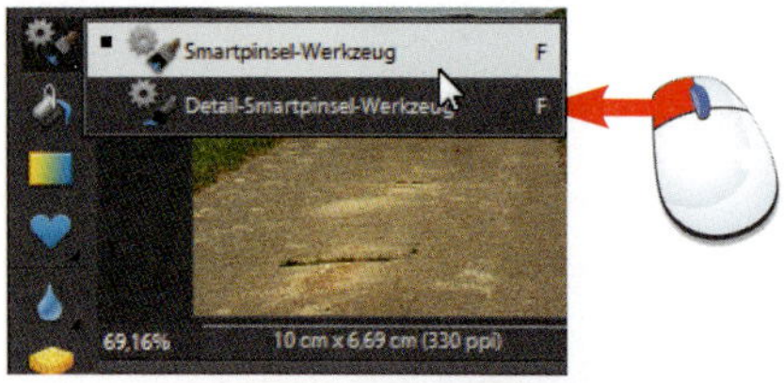


2
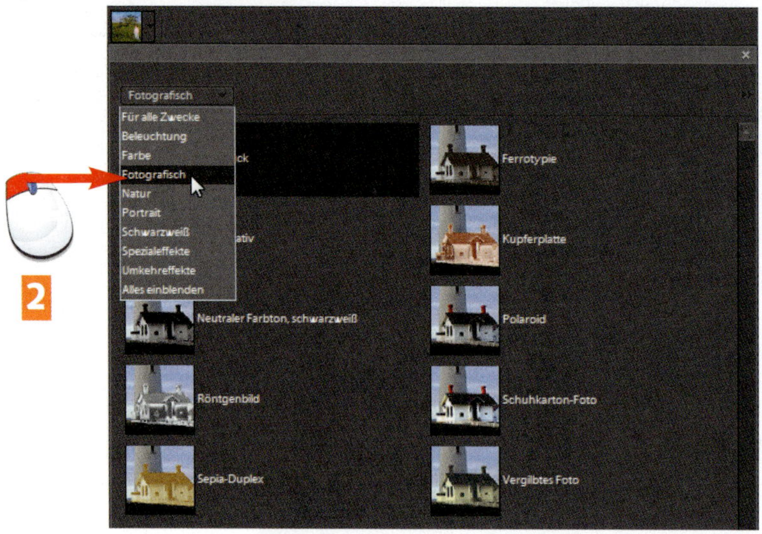


3

1 Rufen Sie aus dem abgebildeten Flyout-Menü der Werkzeugleiste das *Smartpinsel-Werkzeug* auf.

2 In dem Listenfeld des Fensters, das dann geöffnet wird, finden Sie diverse verschiedene Optionen zum Anpassen von Bildbereichen – alle gekennzeichnet mit Vorschaubildern.

3 Klicken Sie auf den abgebildeten Pfeil, um ein Fenster zu öffnen, in dem die Optionen der Pinselspitze eingestellt werden.

Mit dem neuen *Smartpinsel-Werkzeug* bietet Photoshop Elements ein sehr flexibles Werkzeug an, um Fotos umfangreich zu optimieren. So lassen sich zum Beispiel bei Porträts schnell die Zähne weißer machen oder der Lippenstift auftragen. Bei Landschaftsaufnahmen lässt sich beispielsweise der Himmel in einem kräftigeren Blau gestalten.

**WISSEN**

4

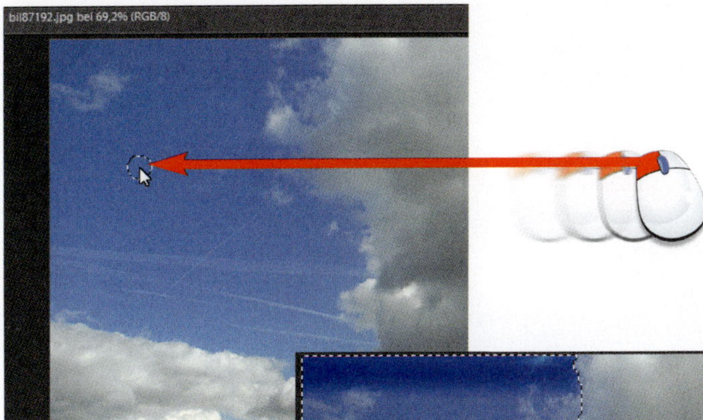


5

**4** Klicken Sie nach der Auswahl der Option *Blauer Himmel* auf eine Stelle des Himmels und ziehen Sie dann …

**5** … mit der Maustaste über den zu optimierenden Himmelsbereich. Elements 7.0 erkennt dabei automatisch die Himmelsfläche.

**TIPP**

Das Fenster zur Auswahl des gewünschten Effekts können Sie an der unteren rechten Ecke skalieren.

**TIPP**

Klicken Sie doppelt auf die Einstellungsebene, um deren Einstellungen zu ändern.

**HINWEIS**

Um die Korrekturen durchzuführen, nutzt Elements Automatisierungen. So wird automatisch eine maskierte Einstellungsebene für die Korrekturen verwendet.

6

7

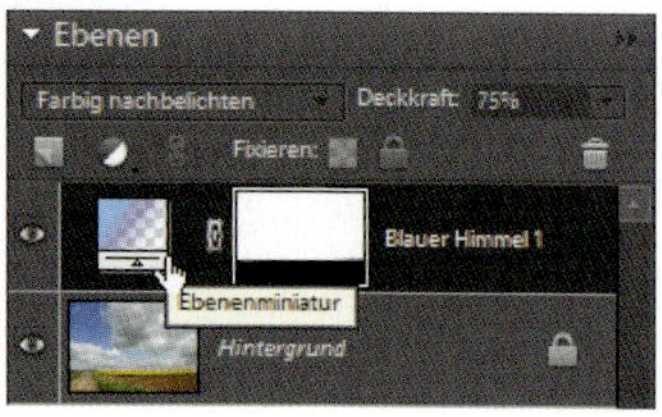


**6** Nach dem Loslassen der linken Maustaste erstellt Photoshop Elements einen Auswahlbereich, der den Himmel enthält.

**7** Im *Ebenen*-Palettenfester sehen Sie die automatisch erstellte, neue Einstellungsebene mit der dazugehörenden Ebenenmaske.

Im Prinzip arbeitet Photoshop Elements bei der Smartpinsel-Option lediglich verschiedene Aufgabenstellungen automatisch ab. So wird automatisch eine Einstellungsebene erstellt und mit geeigneten Werten versehen, die allerdings nachträglich verändert werden können.

**WISSEN**

8

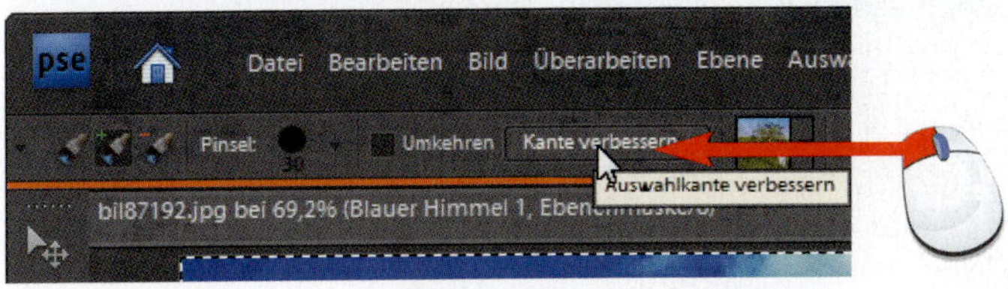


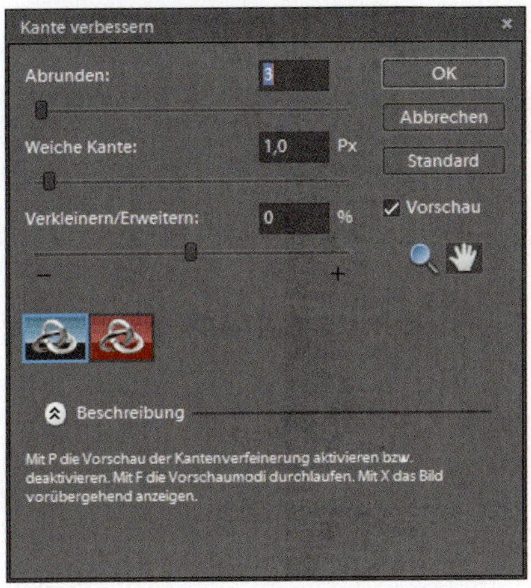


9

10

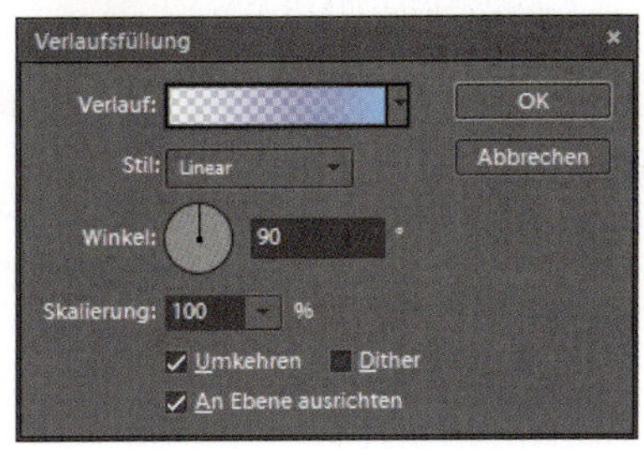


**8** Rufen Sie in der Optionsleiste die Option *Kante verbessern* auf, wenn Sie den Auswahlbereich verfeinern wollen.

**9** Im Dialogfeld lassen sich drei Parameter anpassen. Der Bereich kann abgerundet oder in der Größe verändert werden und eine weiche Kante erhalten.

**10** Nach dem Doppelklicken der Einstellungsebene im Ebenen-Palettenfenster werden in diesem Dialogfeld die Optionen angepasst.

Ende

Im *Ebenen*-Palettenfenster können Sie die automatisch erstellte Einstellungsebene ein- oder ausblenden oder Korrekturen an der Effektstärke vornehmen.

**TIPP**

Im Menü *Datei/Neu* finden Sie Optionen, um Panoramabilder zu erzeugen oder Gruppenbilder zusammenzumontieren.

**TIPP**

Klicken Sie den Markierungspunkt im Bild mit der rechten Maustaste an, um in einem gesonderten Menü die verfügbaren Optionen anzuzeigen.

**HINWEIS**

Start

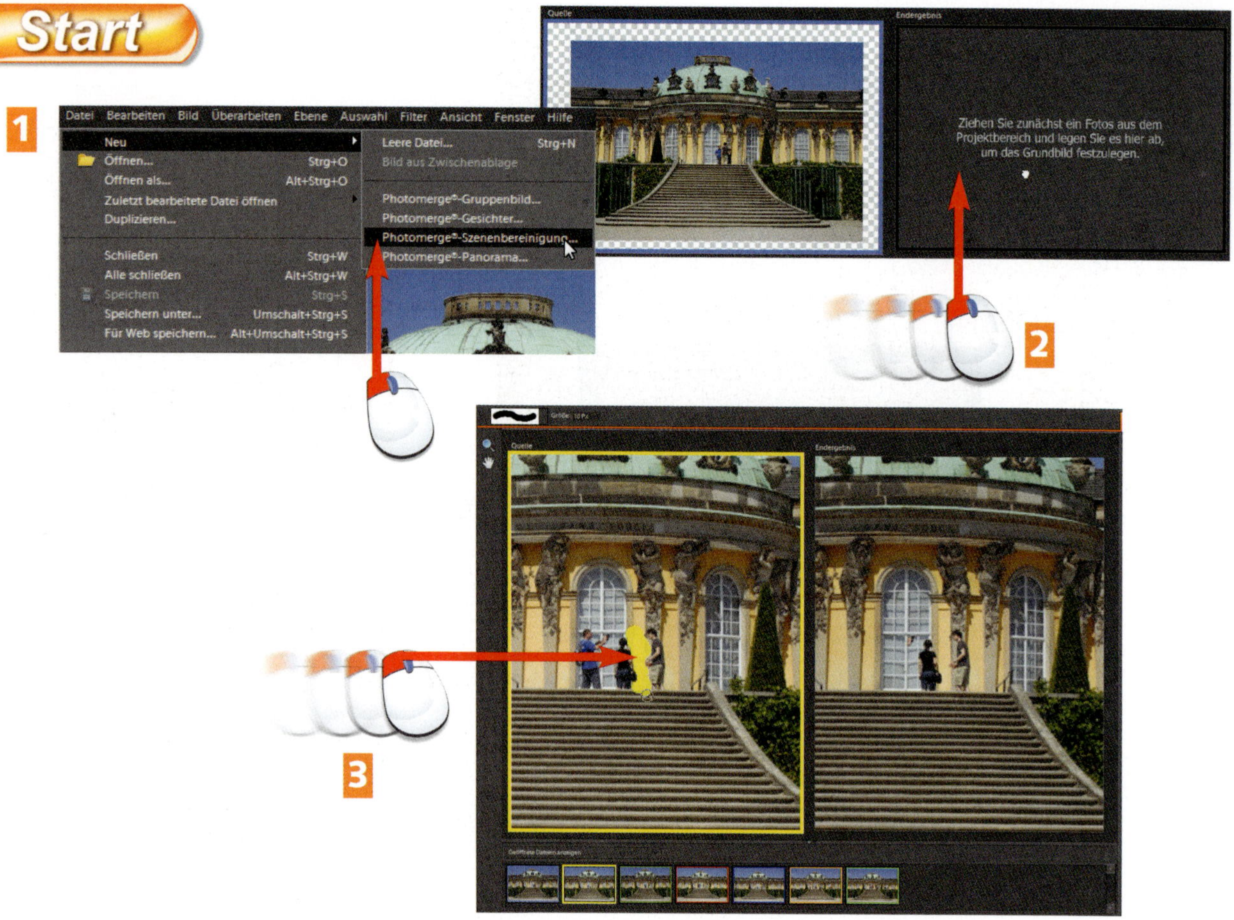


1 Ziehen Sie die zusammenzusetzenden Fotos in den Projektbereich und markieren Sie diese. Rufen Sie die Funktion *Datei/Neu/Photomerge-Szenenbereinigung* auf.

2 Bestimmen Sie zunächst, welches der Fotos als Grundbild dienen soll. Ziehen Sie es aus dem Projektbereich in das rechte Fenster.

3 Markieren Sie im Projektbereich nun das erste Foto, von dem Bildteile in das Grundbild übertragen werden sollen.

Vielleicht kennen Sie das ja: Sie möchten ein berühmtes Bauwerk fotografieren – aber ständig laufen Besucher durch das Bild. Mit der neuen Szenenbereinigung-Funktion können Sie dieses Manko beheben, wenn Sie ausreichend viele Fotos geschossen haben.

WISSEN

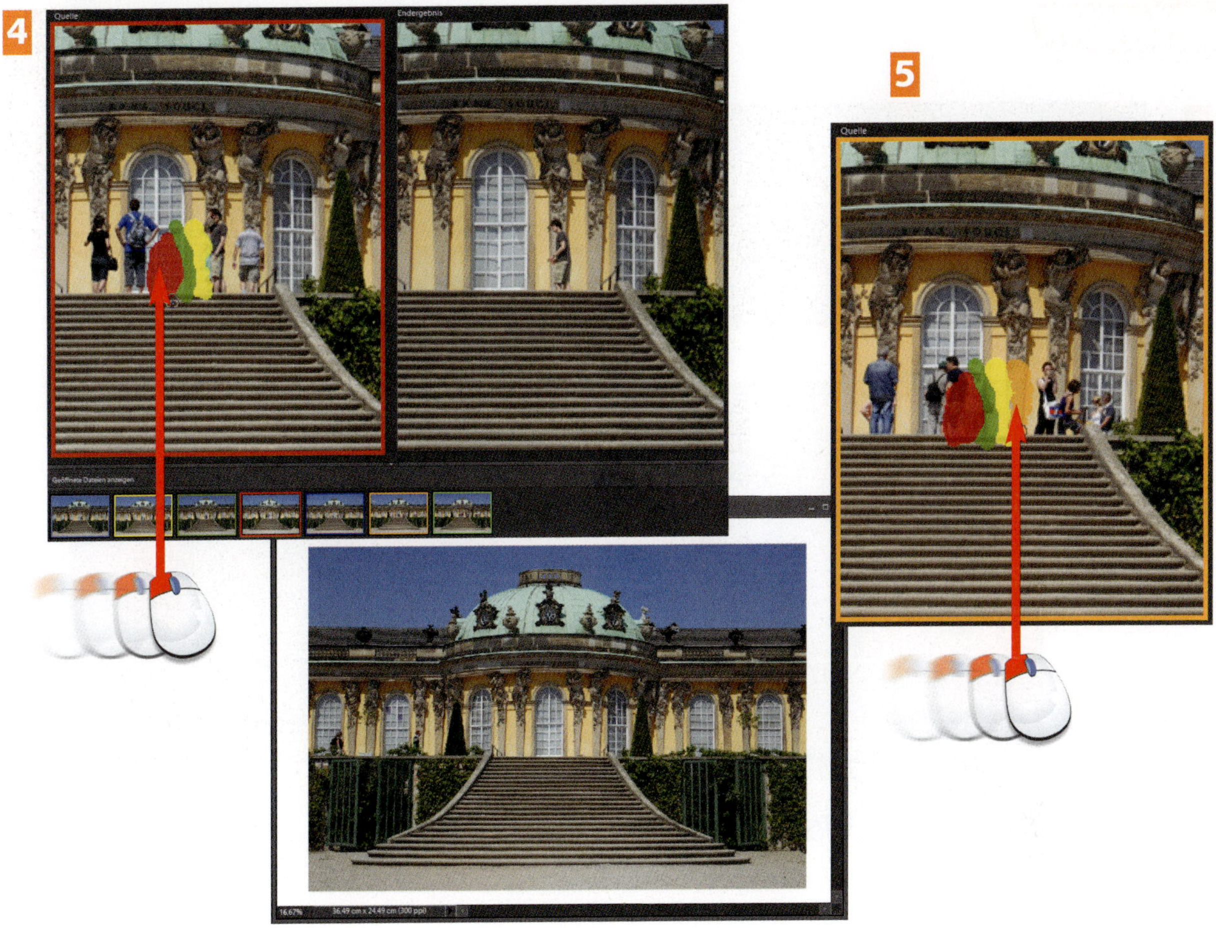


**4** Jedes Foto ist mit einer farbigen Markierung versehen. Die entsprechende Markierung wird auch beim Übermalen angezeigt. Bearbeiten Sie nun die Bilder ...

**5** ... der Reihe nach, bis alle störenden Bildteile entfernt sind. Mit der *Fertig*-Schaltfläche im rechten Erläuterungsbereich ...

**6** ... wird das Ergebnis aus den verschiedenen Fotos zusammengestellt.

Rechts sind ausführliche Erläuterungen für die nötigen Arbeitsschritte. Hier wählen Sie auch, ob Bildpartien kopiert oder entfernt werden sollen – dazu dient die *Radiergummi*-Option.

**TIPP**

Stellen Sie die Darstellungsgröße 100 % ein, um exakt arbeiten zu können und wählen Sie in der Optionsleiste eine nicht allzu große Pinselgröße aus.

**TIPP**

Damit die Funktion einwandfrei arbeiten kann, müssen Sie so viele Fotos geschossen haben, dass sich die neuen Bereiche erstellen lassen.

**HINWEIS**

**Start**

1

2

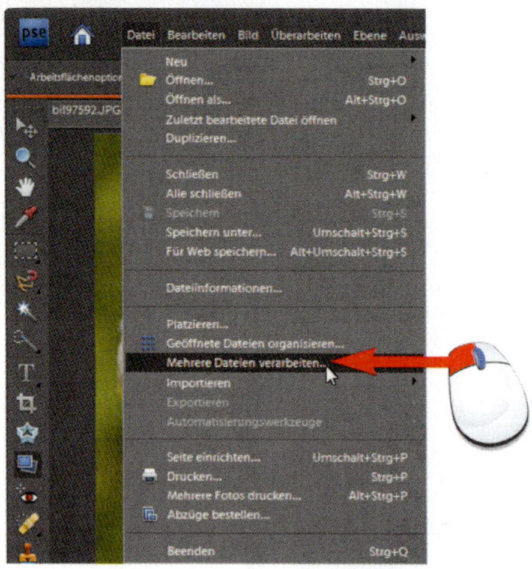


3

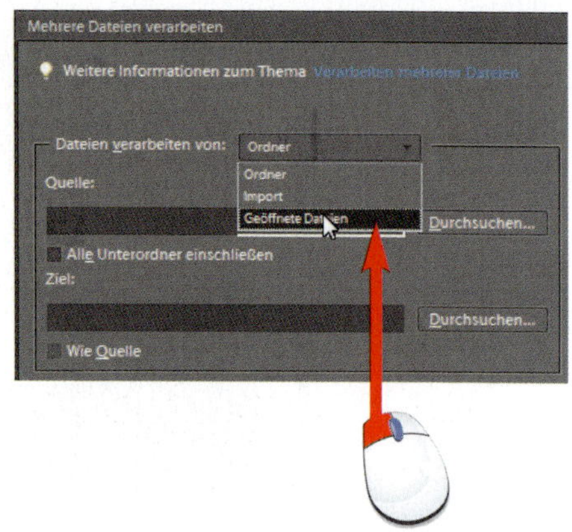


1 Ziehen Sie zum Beispiel alle Fotos, die Sie bearbeiten wollen, per Drag & Drop aus dem Katalog in den Projektbereich des Editors.

2 Rufen Sie die Funktion *Datei/Mehrere Dateien verarbeiten* auf.

3 Stellen Sie im Listenfeld *Dateien verarbeiten von* die Option *Geöffnete Dateien* ein.

Bei digitalen Fotos sind oft immer dieselben Arbeitsschritte zur Bildoptimierung nötig. Um Arbeitszeit zu sparen, bietet Photoshop Elements Funktionen zur automatischen Korrektur mehrerer Bilder an.

**WISSEN**

4

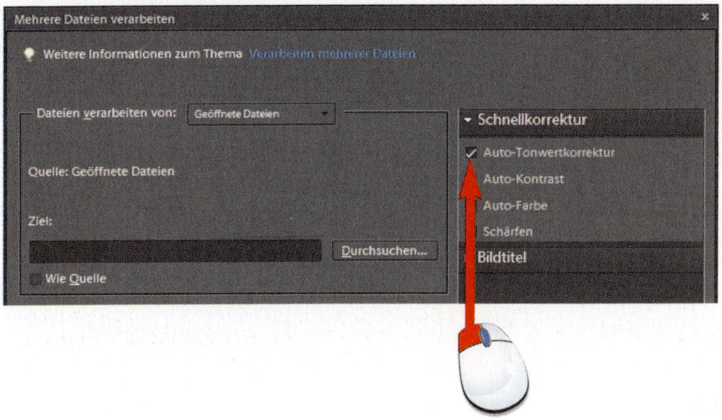


5

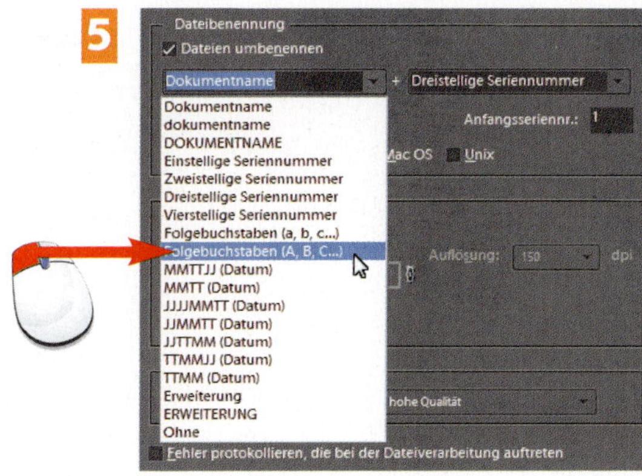


6

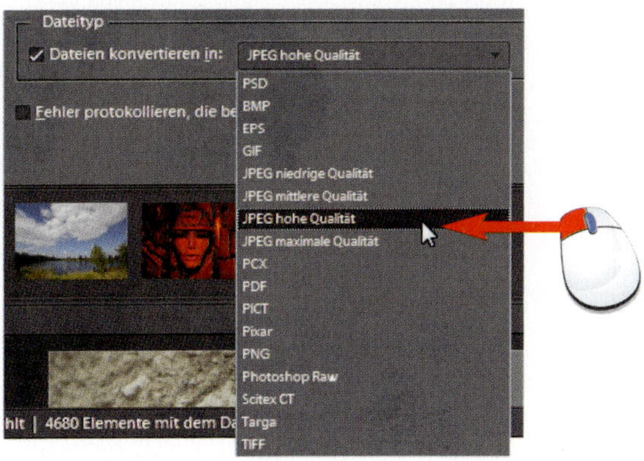


**4** Im rechten Bereich des Dialogfelds stellen Sie die Optimierungen ein. Wählen Sie hier die Option *Auto-Tonwertkorrektur*, um den Kontrast und die Farben zu optimieren.

**5** Im Bereich *Dateibenennung* wird der neue Name der Datei aus zwei Teilen zusammengesetzt. Hier stehen im Listenfeld diverse Optionen zur Verfügung.

**6** Im *Dateityp*-Bereich geben Sie neben dem Dateityp auch den Komprimierungsgrad an.

Ende

In vielen Fällen erreichen Sie mit den automatischen Korrekturen gute Ergebnisse.

**TIPP**

Das Neubenennen von Dateien ist sinnvoll. So könnten Sie beispielsweise alle Ihre digitalen Fotos fortlaufend durchnummerieren.

**HINWEIS**

# 6

# Fotokreationen erstellen

## Start

1

2

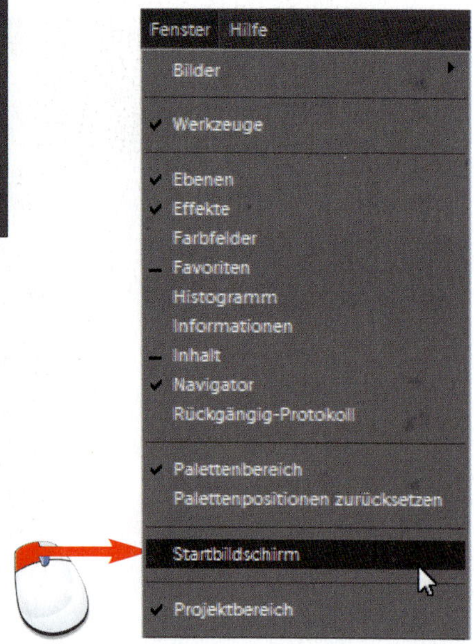


1 Starten Sie Photoshop Elements und rufen Sie die Option *Erstellen* im Startbildschirm auf.

2 Sollten Sie den Startbildschirm nicht sehen, rufen Sie im Editor die Funktion *Fenster/ Startbildschirm* auf.

Wenn Sie „mehr" aus Ihren Fotos machen wollen, sind die Fotokreationen genau die richtige Wahl. Hier gibt es interessante Optionen zur Präsentation Ihrer Fotos. Egal, ob Sie eine Diaschau am Fernsehbildschirm oder im Web vorführen wollen – alle Varianten werden unterstützt. Sogar individuelle Grußkarten oder Wandkalender lassen sich gestalten.

**WISSEN**

3
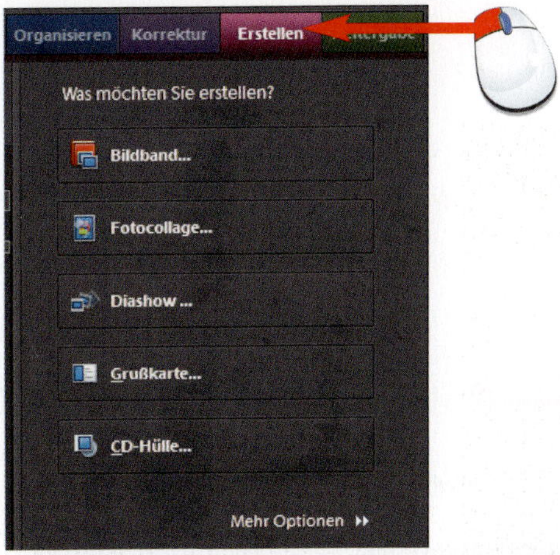


5

4
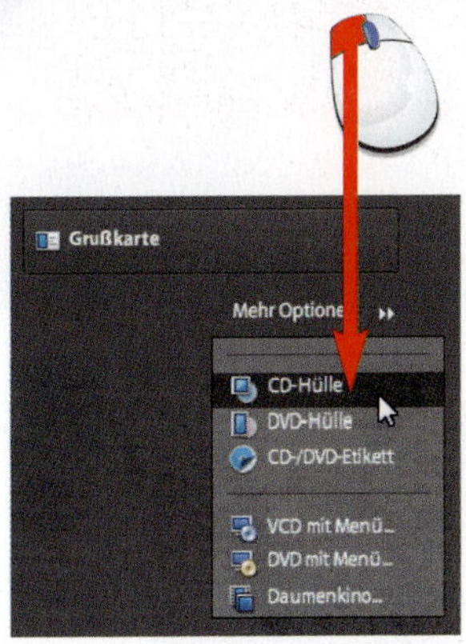


**3** Rufen Sie die Fotokreationen als Alternative über die *Erstellen*-Registerkarte im Album oder Editor auf.

**4** Mit der Schaltfläche *Mehr Optionen* werden in einem Menü weitere Optionen bereitgestellt.

**5** Im *Erstellen*-Bereich des Editors finden Sie zusätzlich eine Rubrik, in der *Bildmaterial* untergebracht ist.

Ende

Oft wirken die Fotos in den Kreationen erst durch die Zusammenstellung richtig schön – sie werden damit aufgewertet.

Der Startbildschirm wird grundsätzlich angezeigt. Er kann nicht mehr deaktiviert werden, wie das bei früheren Versionen von Photoshop Elements der Fall gewesen ist.

**HINWEIS**

**TIPP**

**Start**

1

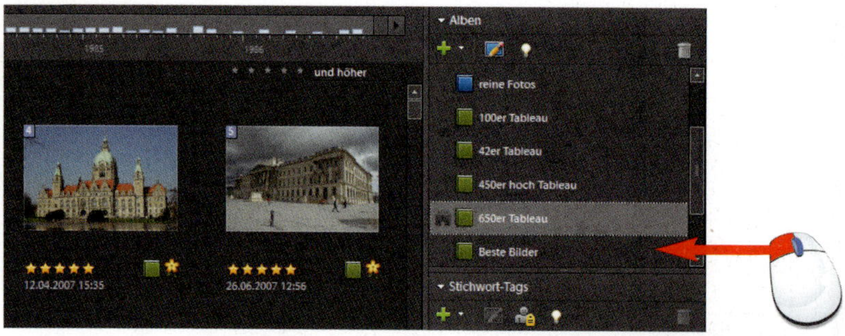


2

3

1. Klicken Sie im *Alben*-Bereich auf das Album, das Sie anpassen wollen, um nur noch die Miniaturbilder dieses Albums anzuzeigen.
2. Verschieben Sie die Miniaturbilder per Drag & Drop.
3. Sortieren Sie so die Fotos der Sammlung.

Um die Arbeit beim Erstellen von Fotokreationen zu minimieren, sind einige Vorarbeiten im Album sinnvoll. So sollten Sie die Bilder sortieren und mit Bildtiteln versehen.

**WISSEN**

4

5

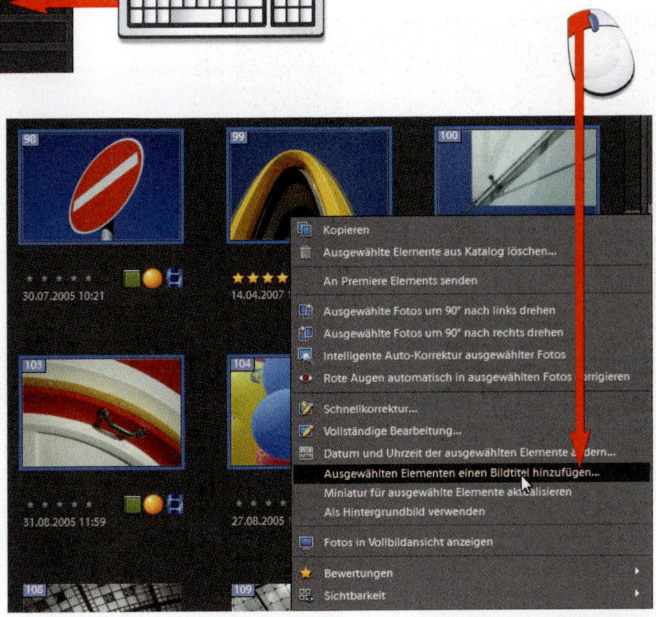


6

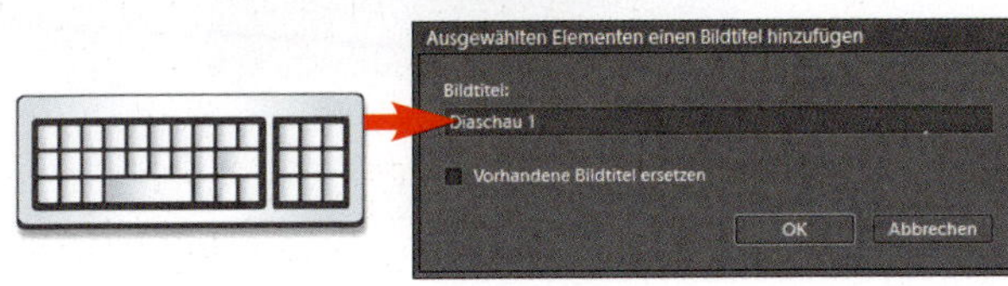


**4** Verändern Sie den Titel des Fotos im *Eigenschaften*-Palettenfenster.

**5** Wollen Sie mehreren Bildern einen neuen Namen geben, markieren Sie zunächst alle gewünschten Bilder und rufen Sie dann aus dem Kontextmenü die Funktion *Ausgewählten Elementen einen Bildtitel hinzufügen* auf.

**6** Beachten Sie nach dem Eintippen des neuen Titels, dass die Option *Vorhandene Bildtitel ersetzen* aktiviert ist.

Ende

Wollen Sie alle Bilder der Sammlung in einem Rutsch markieren, verwenden Sie die Tastenkombination Strg + A.

**TIPP**

**Drag & Drop** nennt man das „Ziehen & Ablegen" von Objekten. Sie benötigen keine Menüfunktionen – sortieren Sie einfach mit der Maus.

**FACHWORT**

Erstellen Sie später ein Fotoalbum, wird das erste Bild für den Titel verwendet. Das sollten Sie beim Sortieren bedenken.

**HINWEIS**

Start

1

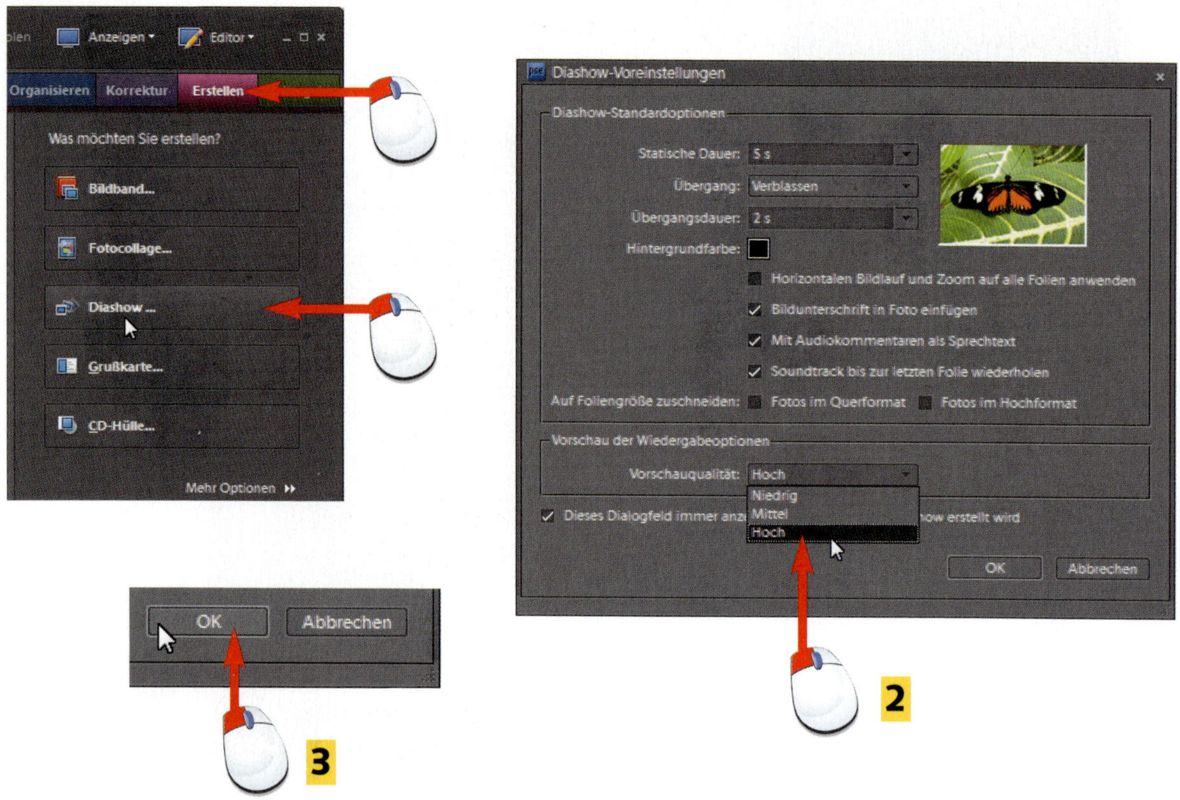


2

3

1 Rufen Sie über das *Erstellen*-Menü die Option *Diashow* auf.

2 In einem gesonderten Dialogfeld werden die Standardeinstellungen angegeben. Hier kann zum Beispiel die Bildqualität bei der Anzeige eingestellt werden.

3 Klicken Sie auf die *OK*-Schaltfläche, um den Diashow-Arbeitsbereich zu starten.

Die *Diashow*-Option ist eine interessante Variante, um Ihre Fotos vorzuführen. Die Fotos wechseln dabei nach der vorgegebenen Anzeigedauer automatisch.

WISSEN

4

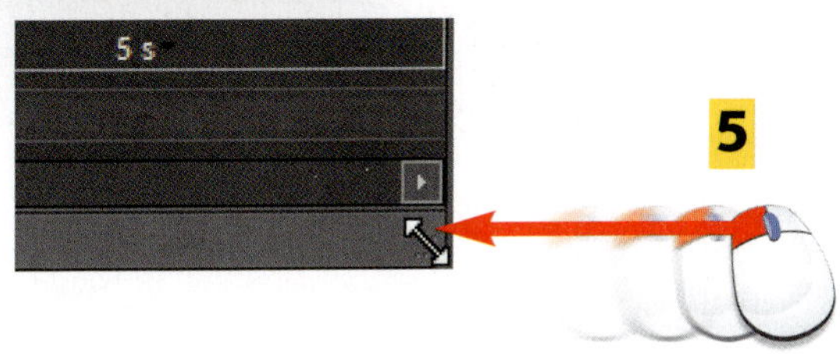


5

**4** Stellen Sie in diesem Arbeitsbereich Ihre Diashow zusammen.

**5** Ziehen Sie auch hier an der unteren rechten Ecke des Arbeitsbereichs, um das Arbeitsfenster zu skalieren.

Ende

In den Standardeinstellungen geben Sie zum Beispiel die Standzeiten der Bilder und die Art der Überblendung sowie deren Dauer an.

**TIPP**

Mit der *Maximieren*-Schaltfläche oben rechts in der Titelleiste vergrößern Sie das Arbeitsfenster auf die volle Bildschirmgröße.

**HINWEIS**

Start

1

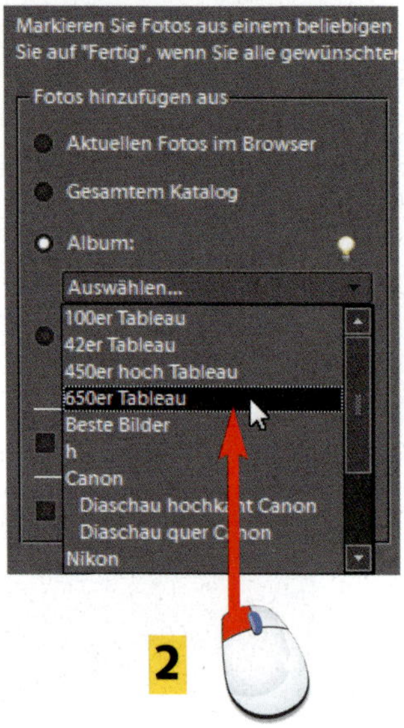


2

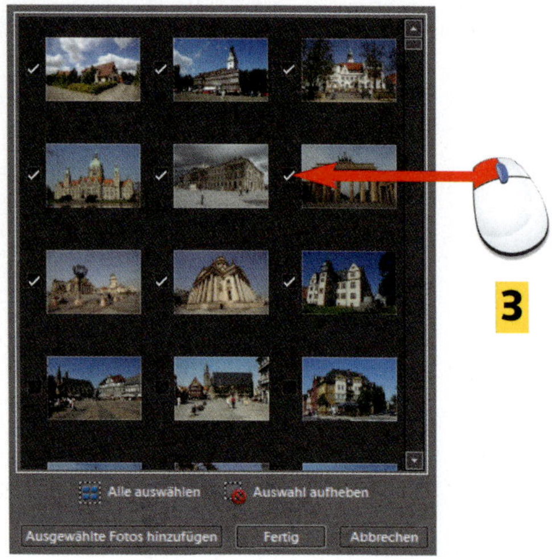


3

1 Klicken Sie auf die Schaltfläche *Medien hinzufügen*, um neue Fotos in die Diashow aufzunehmen.

2 Links gibt es verschiedene Optionen, um Fotos in die Show aufzunehmen. Wählen Sie beispielsweise ein *Album* aus, das Sie zuvor im Organizer erstellt haben.

3 Markieren Sie die gewünschten Fotos, sodass ein Haken vor dem Eintrag zu sehen ist.

Alben zusammenzustellen – wie Sie es in Kapitel 2 kennengelernt haben – lohnt sich. So können Sie anschließend sehr leicht Diashows aus diesen Alben erstellen, ohne dass Sie erst die Fotos zusammensuchen müssen.

**WISSEN**

4
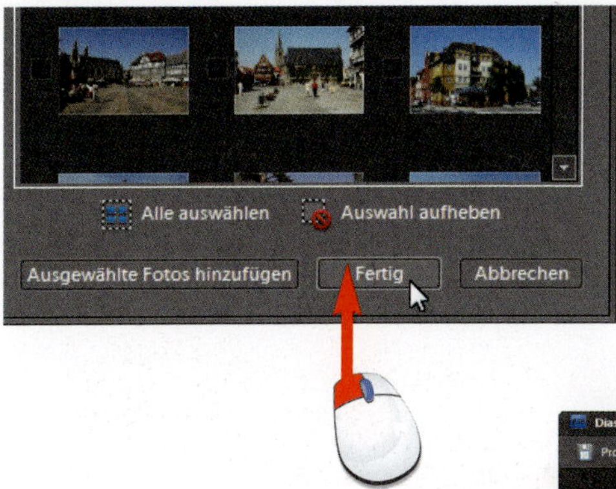


5
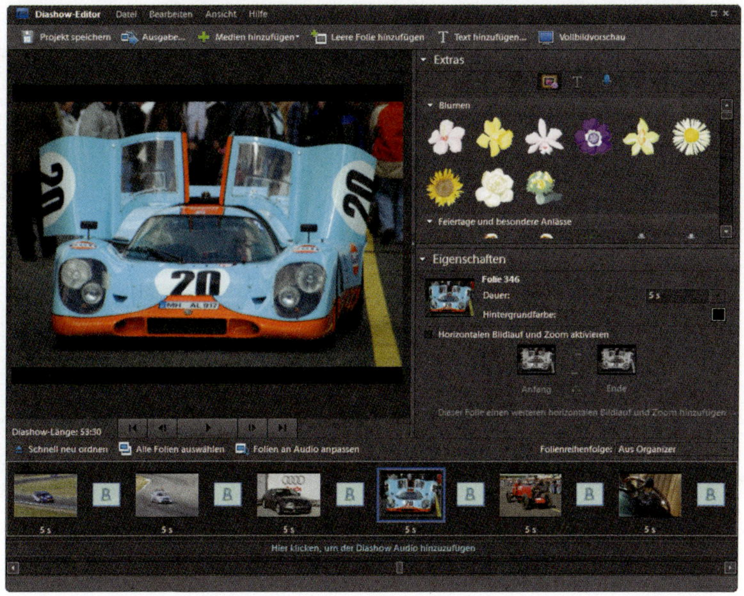


**4** Klicken Sie auf die *Fertig*-Schaltfläche, um die Diashow zu erstellen.

**5** Danach sehen Sie diese Ansicht der Diashow.

Ende

**TIPP**

Unter der Liste der Miniaturbilder finden Sie Schaltflächen, um alle Bilder auszuwählen oder die Auswahl aufzuheben.

**HINWEIS**

Die Diashow wird zunächst mit den Voreinstellungen zusammengestellt. Sie können die Einstellungen aber nachträglich jederzeit verändern.

Start

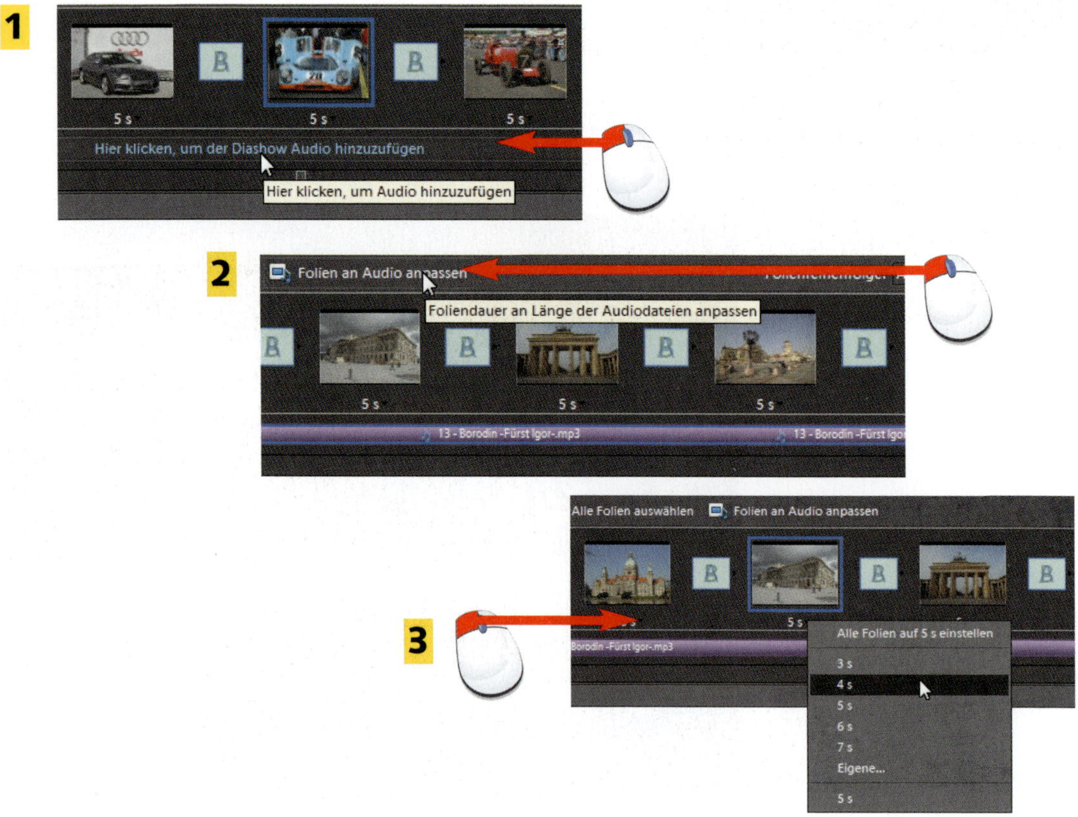


1 Klicken Sie in den Bereich unter den Miniaturbildern, um ein Musikstück zur Vertonung einzufügen.

2 Verwenden Sie diese Schaltfläche, wenn die Diashow genau so lange dauern soll, bis das Musikstück zu Ende ist.

3 Klicken Sie auf den Pfeil rechts neben der Zeitangabe, falls Sie die Anzeigedauer einzelner Fotos in einem gesonderten Menü „manuell" einstellen wollen.

Beim Audio-Import unterstützt Photoshop Elements die gängigen Audioformate MP3, WAV und WMA.

**WISSEN**

4

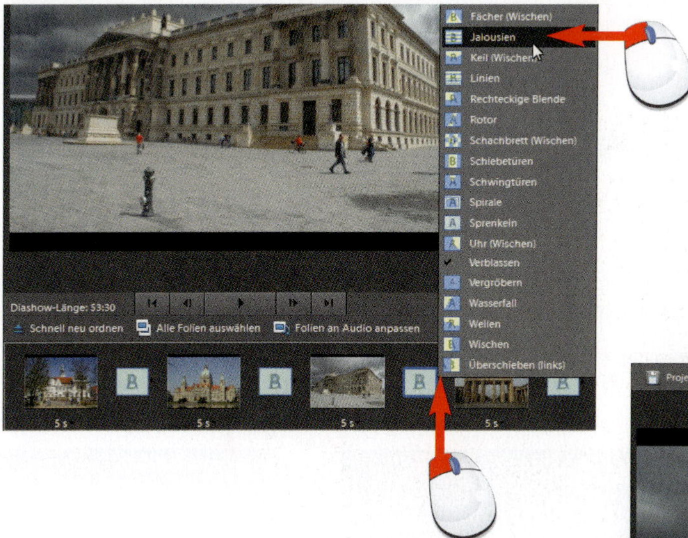


5

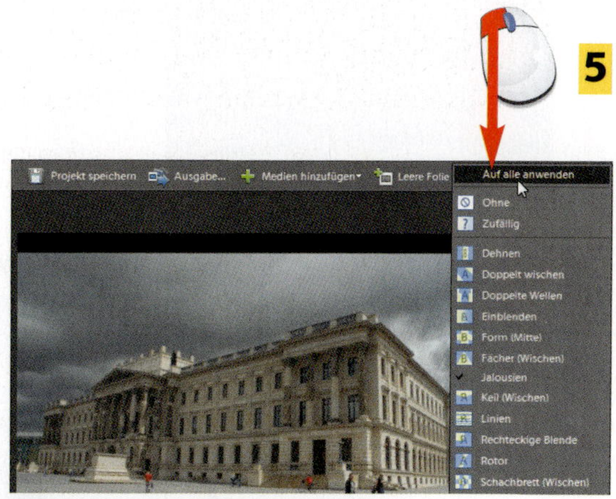


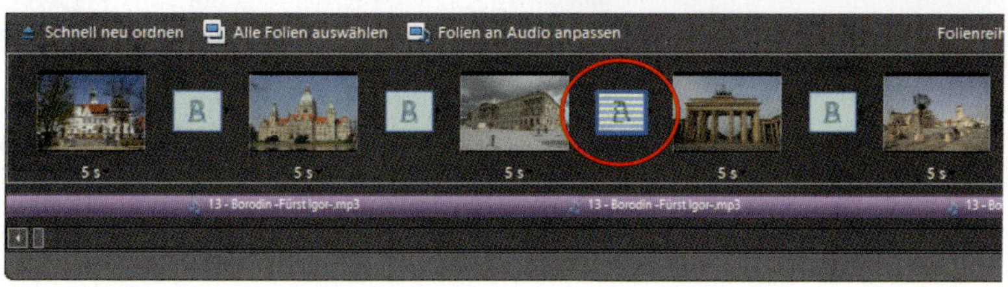


6

**4** Klicken Sie auf den Pfeil zwischen den Fotos. Suchen Sie sich in dem gesonderten Menü einen Übergang aus.

**5** Wollen Sie für alle Fotos der Diaschau den gleichen Übergang verwenden, aktivieren Sie die Funktion *Auf alle anwenden*.

**6** An dem Miniaturbild erkennen Sie, welcher Übergang angewendet wurde.

Ende

Wenn Sie viele Fotos verwenden, können Sie auch mehrere Musikstücke zur Vertonung nutzen.

**TIPP**

**Übergänge** dienen dazu, die Fotos nicht einfach nur „aneinanderzuhängen". Mit den Übergängen überblenden die Fotos auf unterschiedliche Art und Weise ineinander.

**FACHWORT**

Ist die Diashow erst einmal zusammengestellt, kann man das Aussehen verfeinern. Fügen Sie beispielsweise Musikstücke hinzu und wählen Sie Übergänge aus.

**HINWEIS**

Start

1

2

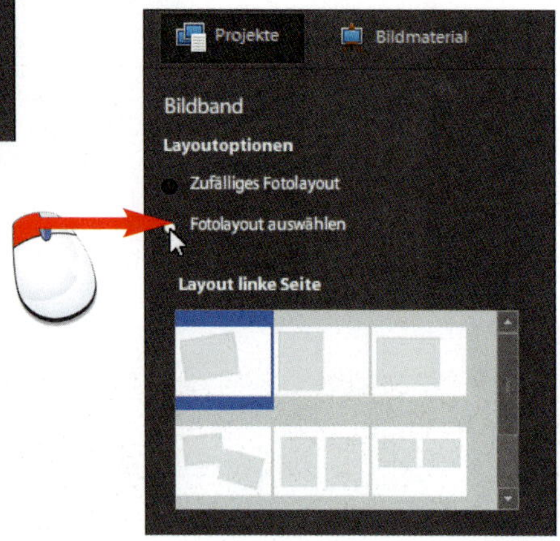


3

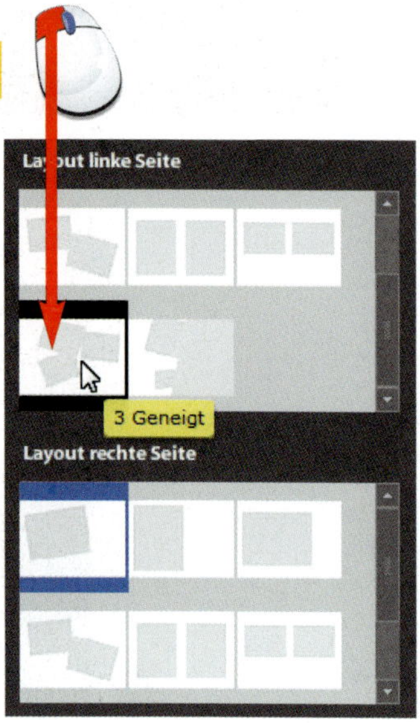


**1** Rufen Sie nach der Auswahl der gewünschten Fotos im Album die *Erstellen*-Funktion *Bildband* auf.

**2** Um selbst in die Gestaltung des Bildbands eingreifen zu können, aktivieren Sie die Option *Fotolayout auswählen*.

**3** Wählen Sie im Layoutbereich aus, wie die Fotos auf linken und rechten Seiten angeordnet werden sollen.

Bei einigen Optionen im *Erstellen*-Menü erstellt Elements 7.0 automatisch eine Photoshop-Datei. Dazu werden verschiedene Arbeitsschritte automatisch durchgeführt. Dies können Sie am Fortschrittsbalken beobachten.

**WISSEN**

4

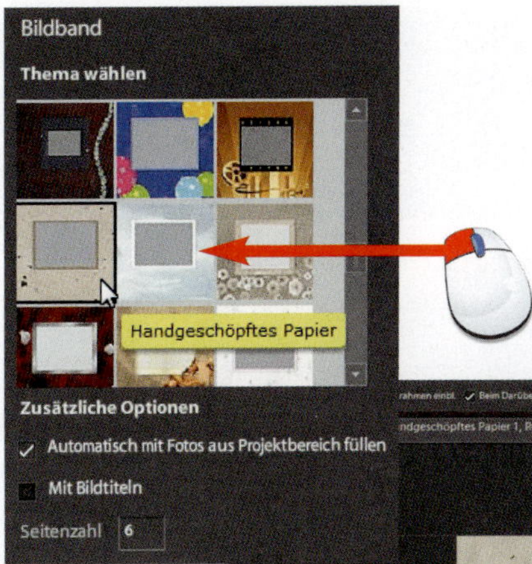


5

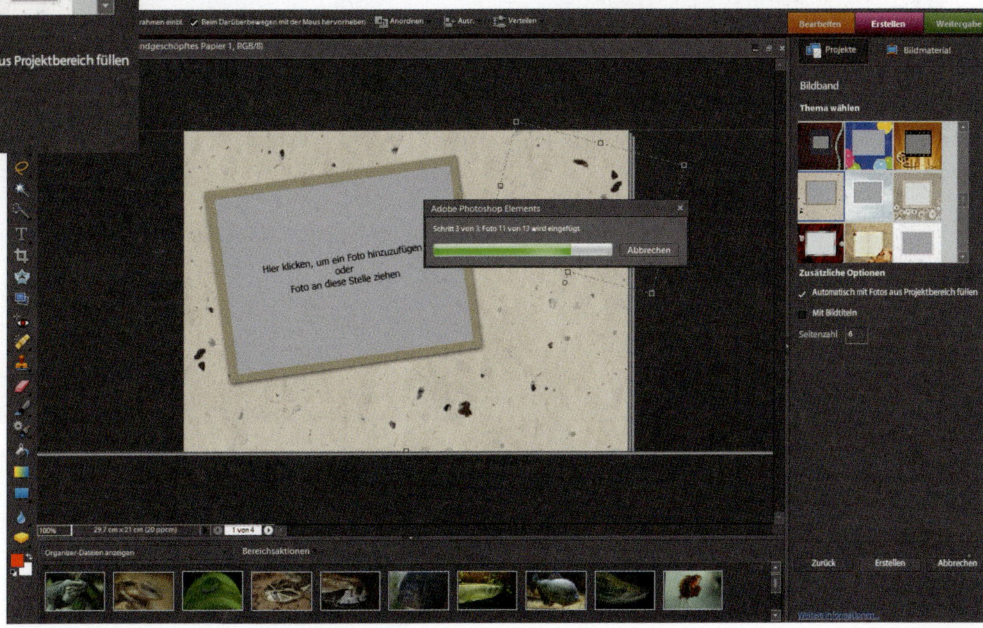


**4** Wechseln Sie mit der *Weiter*-Schaltfläche zum nächsten Assistentenschritt. Im dritten Listenfeld wird die Gestaltung festgelegt. Hier finden Sie viele Hintergrundvorlagen.

**5** Bestätigen Sie die Einstellungen mit der *Erstellen*-Schaltfläche. Dann werden die einzelnen Arbeitsschritte automatisch abgearbeitet. Im Hintergrund ist dann schon der Aufbau des Dokuments erkennbar.

**TIPP**

Da am Ende eine Photoshop-Datei entsteht, lässt sich diese mit den Funktionen des Editors nach Ihren Wünschen frei gestalten.

**HINWEIS**

Falls Sie die Fotos nicht im Vorfeld sortiert haben, können Sie dies beim Zusammenstellen des Albums nachholen.

6

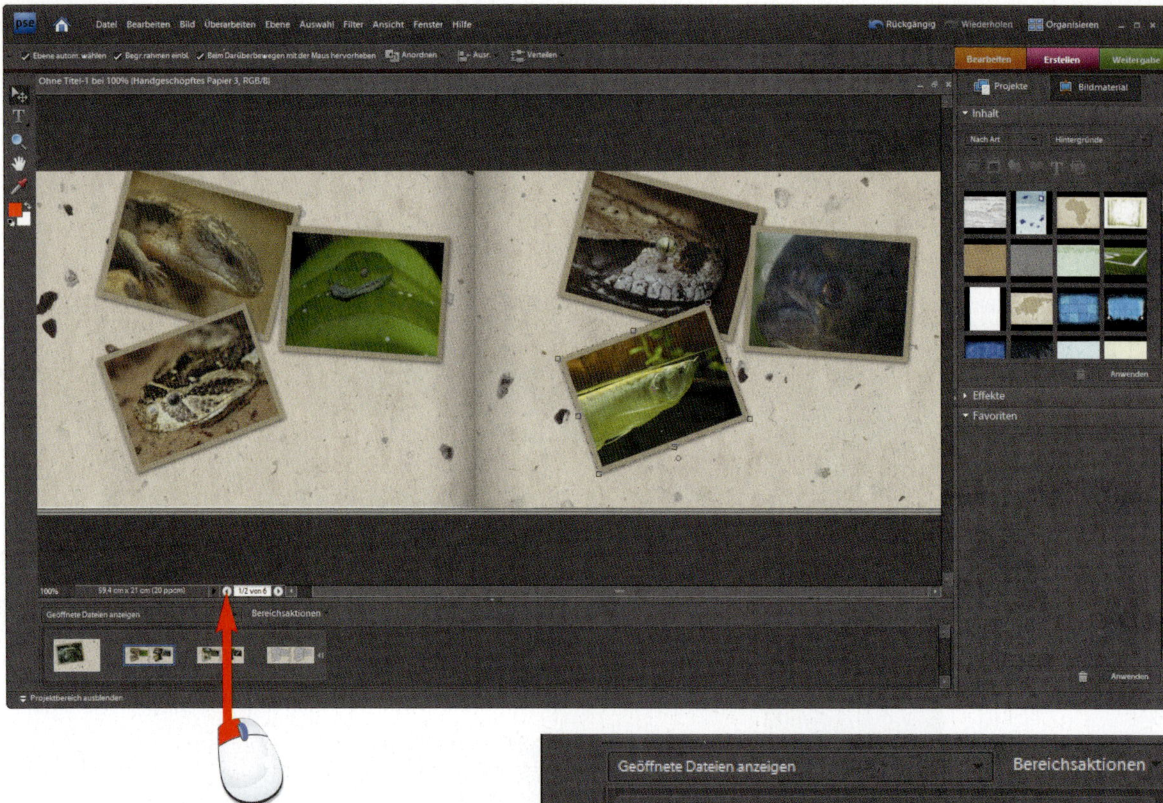


7

**6** Abschließend sehen Sie das fertiggestellte Dokument. Unter dem Dokument wird zwischen den einzelnen Seiten geblättert.

**7** Alternativ können Sie die Seiten auch im Projektbereich wechseln.

Photoshop Elements bietet Hilfestellungen an, damit die automatisch generierten Dokumente leicht angepasst werden können. So lassen sich Fotos beispielsweise schnell austauschen, verschieben oder skalieren.

**WISSEN**

8

9

10

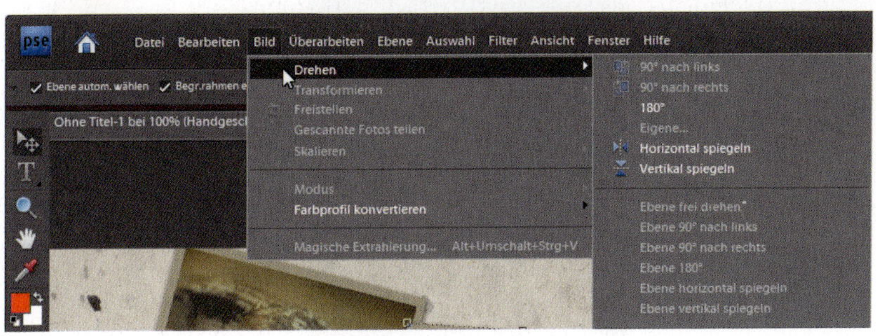


**8** Um die Fotos anzupassen, benötigen Sie das *Verschieben-Werkzeug*.

**9** Klicken Sie zweimal in das zu ändernde Foto. Mit dem Schieberegler wird dann das Bild skaliert. Die weiteren Bedienelemente dienen zum Drehen und Austauschen des Bilds.

**10** In diesem Bearbeitungsmodus sind in den Menüs nur vereinzelte Funktionen verfügbar, die für diese Aufgabenstellung relevant sind.

Ende

Zum Abschluss muss das Dokument mit der Option *Datei/Speichern* gesichert werden. Verwenden Sie als Dateiformat das Fotokreationsformat PSE.

**TIPP**

Um das Foto zu verschieben, klicken Sie in das Foto und verschieben Sie es mit gedrückter linker Maustaste auf die gewünschte neue Position.

**TIPP**

Start

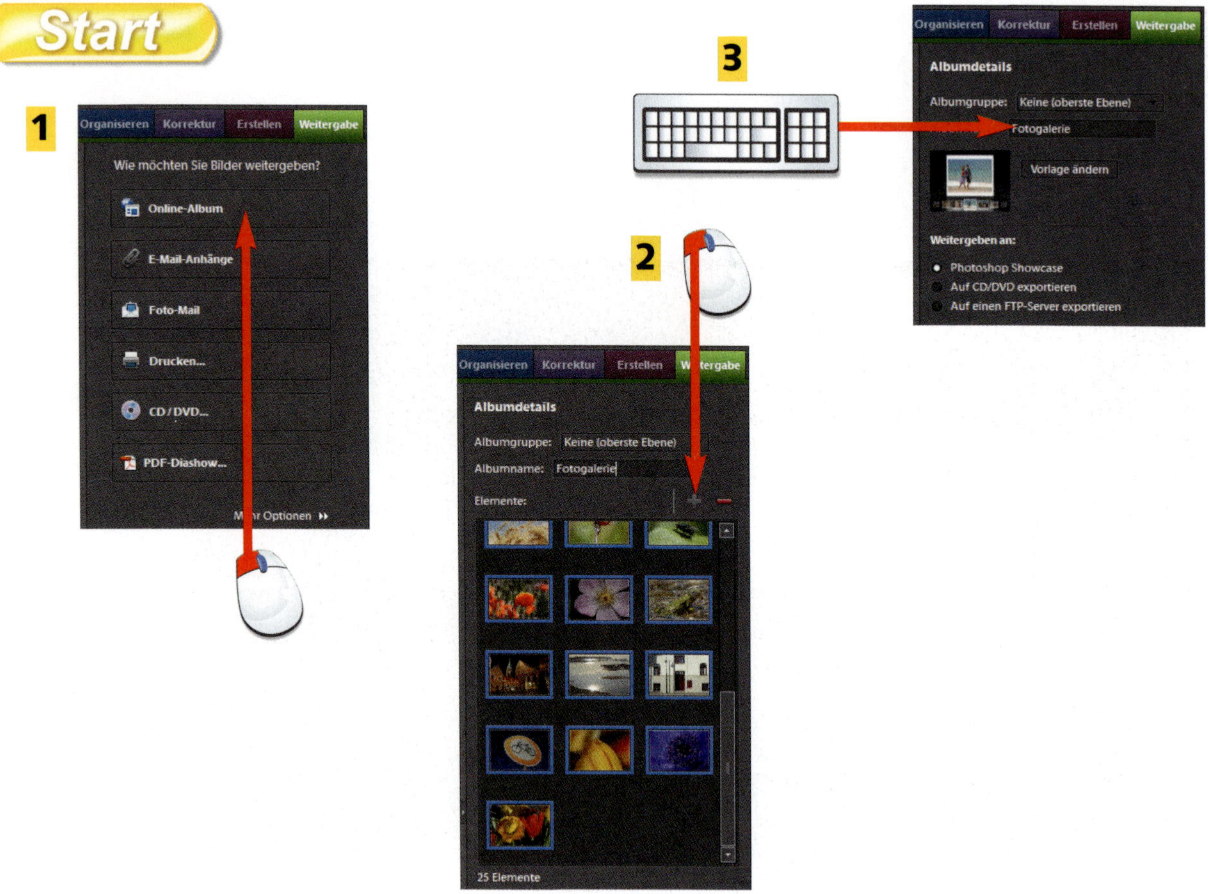


**1** Rufen Sie bei der *Erstellen*-Funktion die Option *Online-Album* auf.

**2** Die Bilder, die Sie vor dem Aufruf der Option im Album markiert haben, werden in die Galerie aufgenommen. Rufen Sie andernfalls die Hinzufügen-Schaltfläche über das Pluszeichen auf, um weitere Bilder aufzunehmen.

**3** Geben Sie im Eingabefeld einen Namen für die Webgalerie ein.

Wenn Sie eine Webseite besitzen, ist die Option *Online-Album* bestimmt interessant für Sie. Damit erstellen Sie eine „Online-Diaschau". Photoshop Elements bietet eine Menge hochinteressanter Vorlagen an, bis hin zu interaktiven „Bilderstapeln".

**WISSEN**

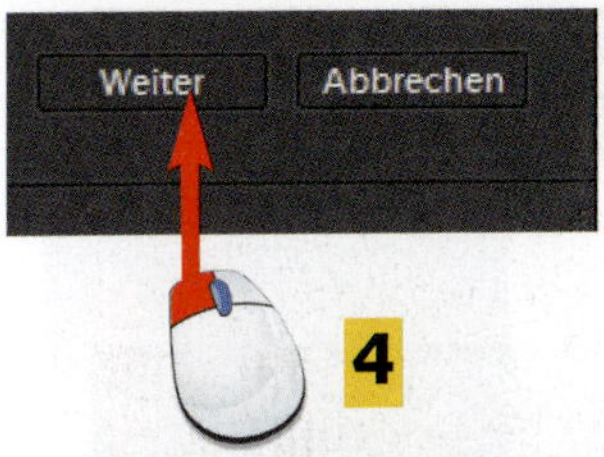


4

5

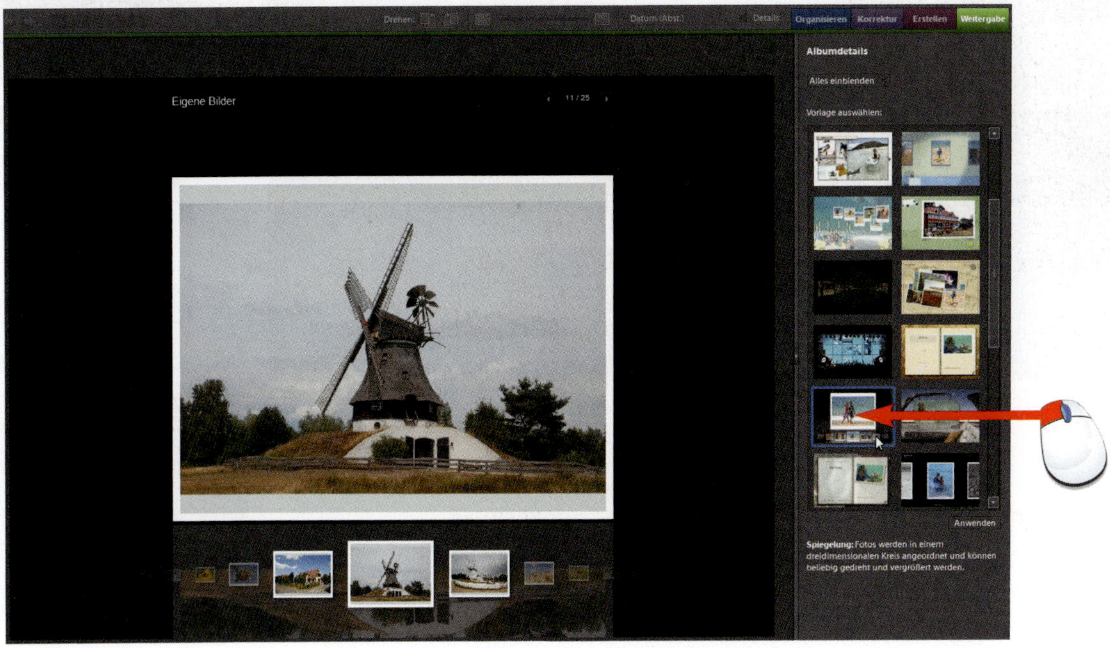


**4** Wechseln Sie mit der *Weiter*-Schaltfläche zum nächsten Schritt des Assistenten.

**5** Suchen Sie sich in der *Vorlagen*-Liste die gewünschte Vorlage aus. Unter dem Listenfeld finden Sie eine kurze Beschreibung der markierten Vorlage.

Es ist leichter, vor dem Aufruf des *Online-Albums* die Bilder zu markieren, die verwendet werden sollen, als sie später hinzuzufügen.

**TIPP**

6

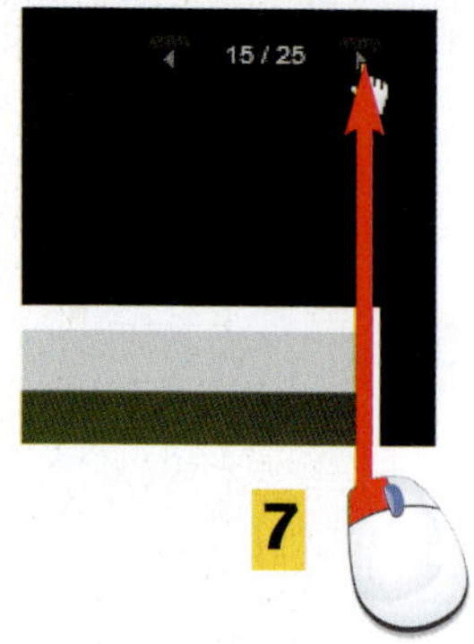


7

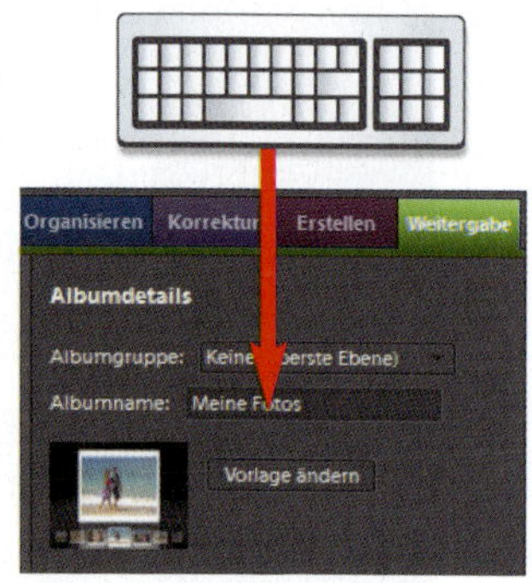


8

**6** Nach dem Öffnen des neuen Dialogfelds werden einige Einstellungen angepasst.

**7** Testen Sie im Vorschaubild mit den Navigationselementen rechts über dem Bild die Interaktivität.

**8** Tippen Sie im Bereich links die gewünschten Daten ein – wie etwa den Albumnamen.

Je nach ausgewählter Albumvariante lassen sich die Layouts auf vielfältige Art und Weise anpassen. Bei einfachen Webalben haben Sie etwas mehr Optionen als bei den interaktiven Varianten, bei denen mehr oder weniger nur einige Textelemente angepasst werden können.

**WISSEN**

9

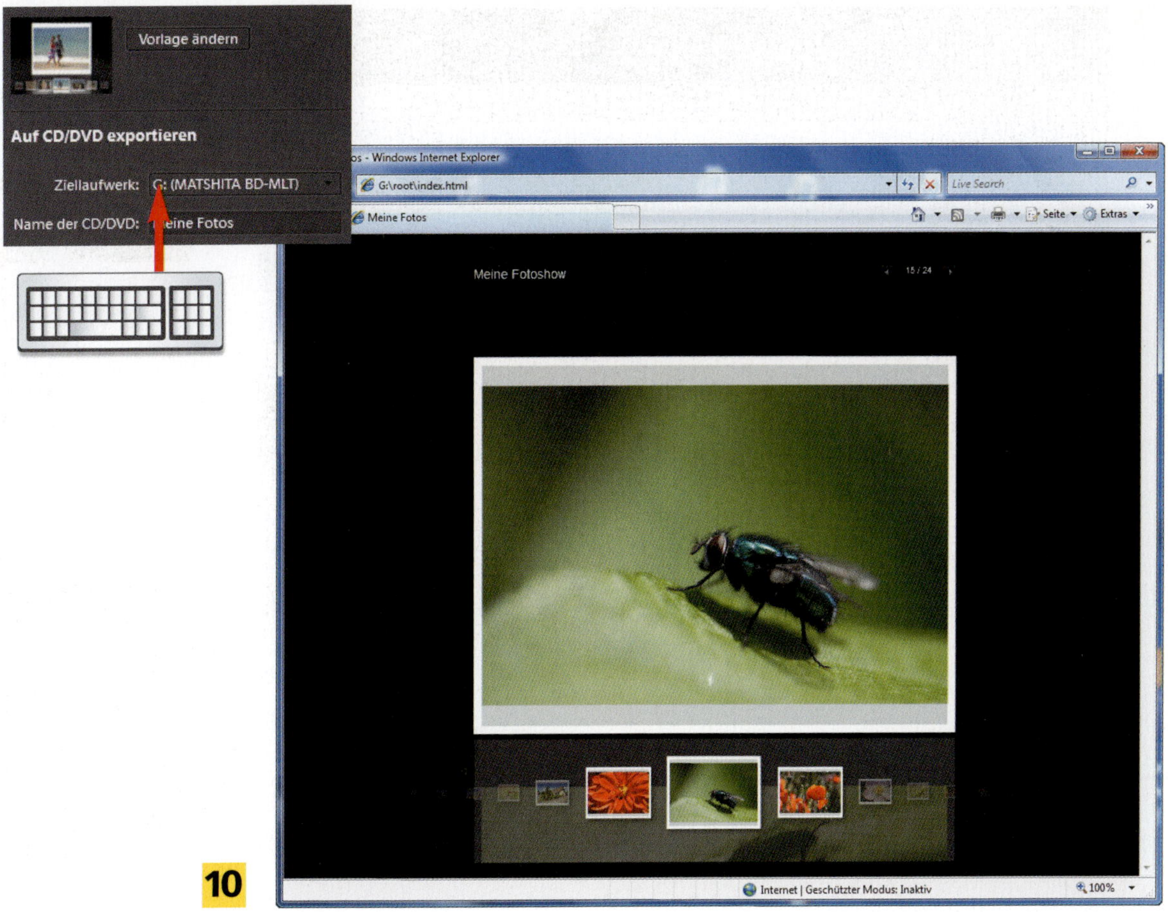


10

**9** Mit der *Weiter*-Schaltfläche gelangen Sie zu einem Fenster, in dem Sie den Speicherort für das fertige Ergebnis angeben können – zum Beispiel ein CD-ROM-Laufwerk. Das Generieren der Webgalerie dauert – je nach Bildanzahl – einen Moment.

**10** Anschließend können Sie das Ergebnis in Ihrem Webbrowser anzeigen.

Ende

Sie können die Datei *Index.html* auch mit Ihrem bevorzugten Webbrowser öffnen. Sie finden die Datei in dem angegebenen Ordner.

**TIPP**

**Webbrowser** werden unter anderem verwendet, um im Internet zu surfen. Der Internet Explorer oder der Netscape Navigator sind solche Programme.

**FACHWORT**

7

# Collagen in neuen Dokumenten

**Start**

1

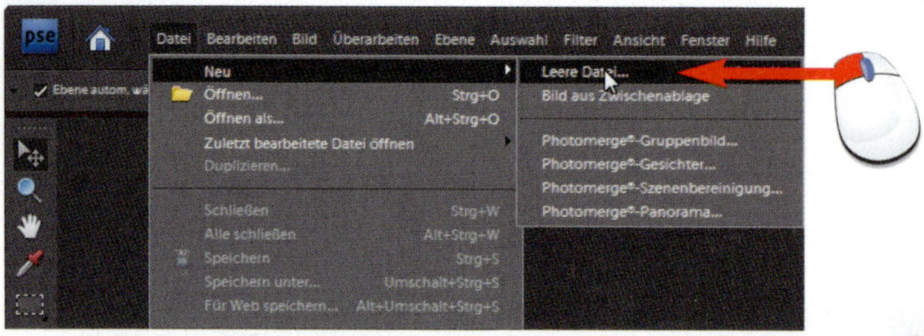


2

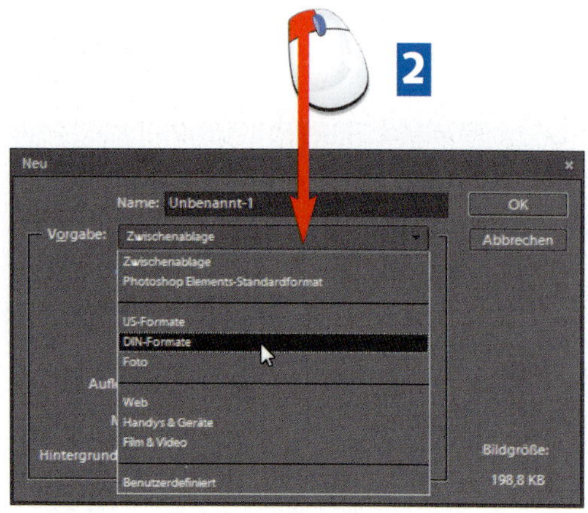


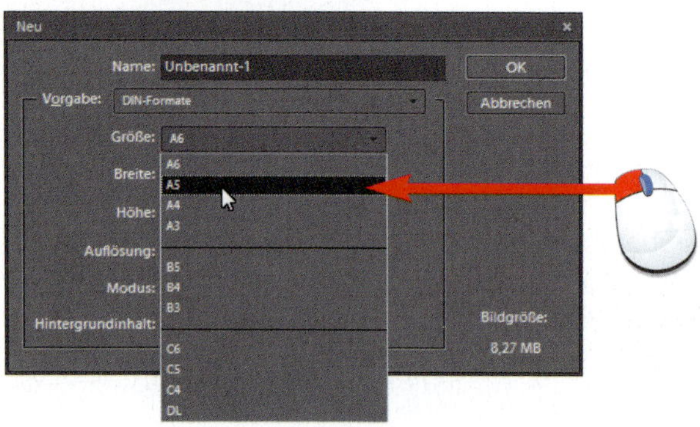


3

**1** Wenn Sie den Editor bereits geöffnet haben, aktivieren Sie die Funktion *Datei/Neu/Leere Datei*.

**2** Wählen Sie aus der *Vorgabe*-Liste das in Deutschland übliche DIN-Format aus.

**3** Im *Größe*-Listenfeld finden Sie die unterschiedlichen DIN-Formate.

Im *Erstellen*-Bereich finden Sie auch eine Option, um Collagen zu erstellen. Wir wollen Ihnen in diesem Kapitel aber einmal vorstellen, wie Sie solche Aufgabenstellungen manuell erledigen können – so sind Sie bei der Gestaltung flexibler. Wenn Sie Collagen zusammenstellen wollen, benötigen Sie ein leeres Dokument. Dort werden dann die Fotos eingefügt.

**WISSEN**

5

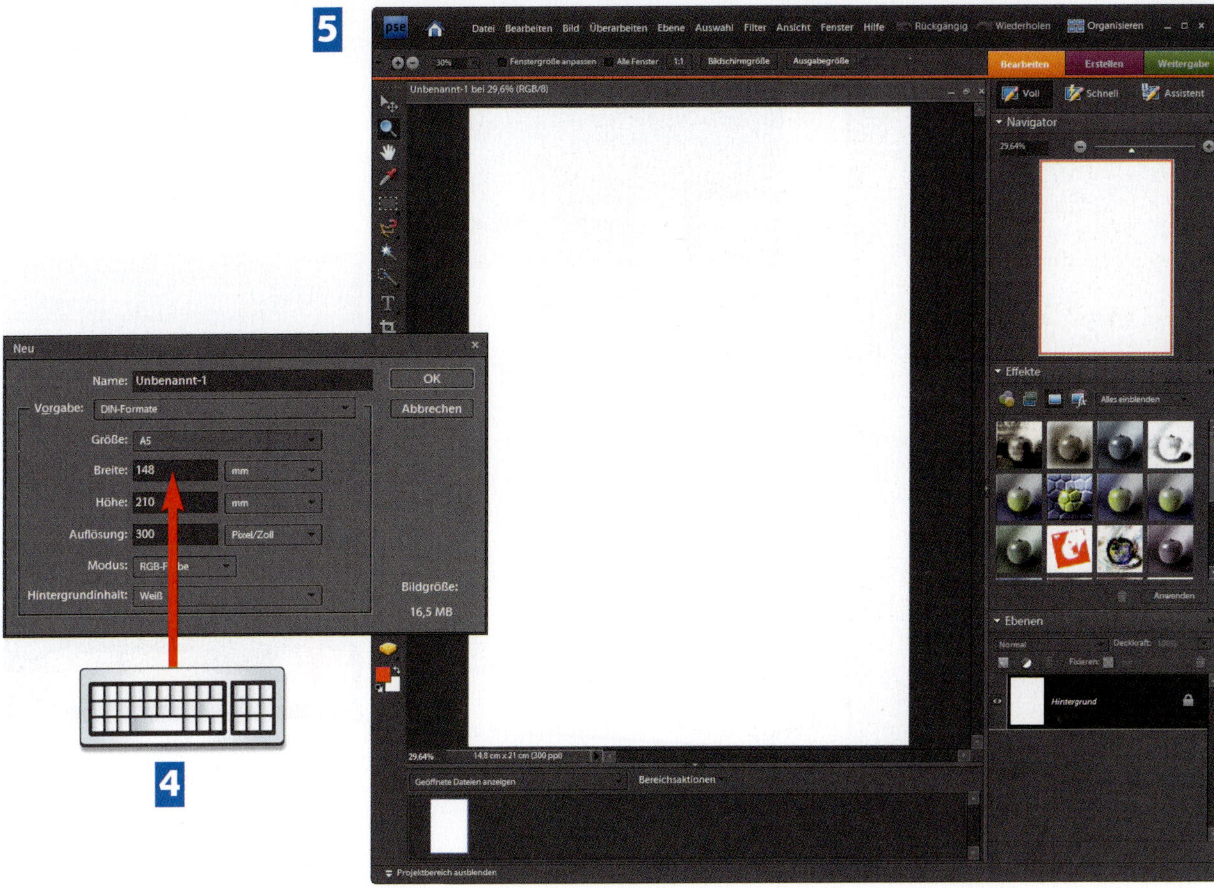


4

**4** Verwenden Sie die Eingabefelder, um eigene Maße einzutippen.

**5** Nach dem Bestätigen sehen Sie das neue leere Dokument im *Editor*. Die Ansichtsgröße wird automatisch so gewählt, dass das gesamte Dokument zu sehen ist.

Ende

Die **Auflösung** bestimmt, aus wie vielen Pixeln das Bild besteht. Je mehr Pixel es sind, umso detailreicher ist das Ergebnis.

**FACHWORT**

Beachten Sie immer den Wert für die Auflösung. 300 Pixel/Zoll ist ein geeigneter Standardwert, wenn Sie das Ergebnis ausdrucken wollen.

**TIPP**

**Start**

1

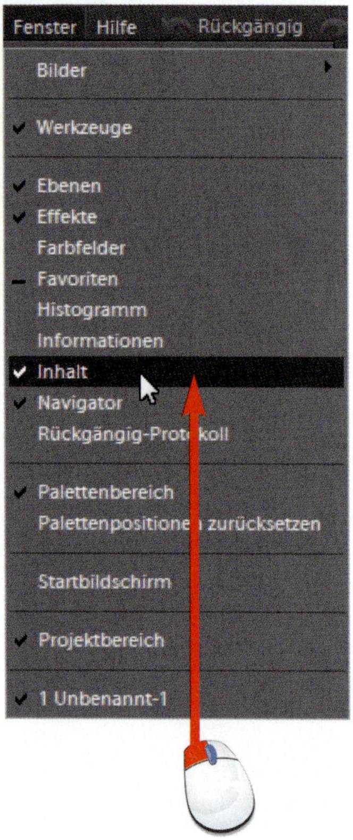


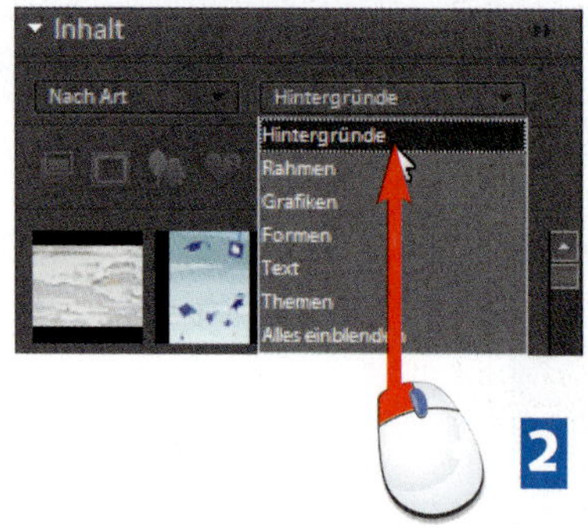


2

3

1 Rufen Sie aus dem *Fenster*-Menü die Option *Inhalt* auf, um das *Inhalt*-Palettenfenster zu öffnen.

2 Stellen Sie im rechten Listenfeld die Option *Hintergründe* ein.

3 In der Liste unten finden Sie diverse unterschiedliche Hintergründe. Scrollen Sie in der Liste, um eine geeignete Struktur auszusuchen.

Photoshop Elements bietet verschiedene Vorlagen an, um unter anderem Hintergründe zu gestalten. Mit Effektfiltern können Sie selbst weitere Vorlagen erstellen.

**WISSEN**

4

5

**4** Ziehen Sie die gewünschte Struktur per Drag & Drop in das leere Dokument. Wir verwenden die Struktur mit der Bezeichnung *Marmor 03*.

**5** Photoshop Elements erledigt dann automatisch verschiedene Arbeitsschritte. Anschließend sehen Sie den neuen Hintergrund.

Ende

**TIPP**

Am schnellsten stellen Sie die Ansichtsgröße 100% ein, indem Sie doppelt auf das *Zoom-Werkzeug* klicken.

**HINWEIS**

Jedes Dokument kann aus diversen Ebenen bestehen. Ebenen werden einfach „übereinandergestapelt". So verdecken oben liegende Ebenen Teile der darunter liegenden Ebenen.

Start

1

2

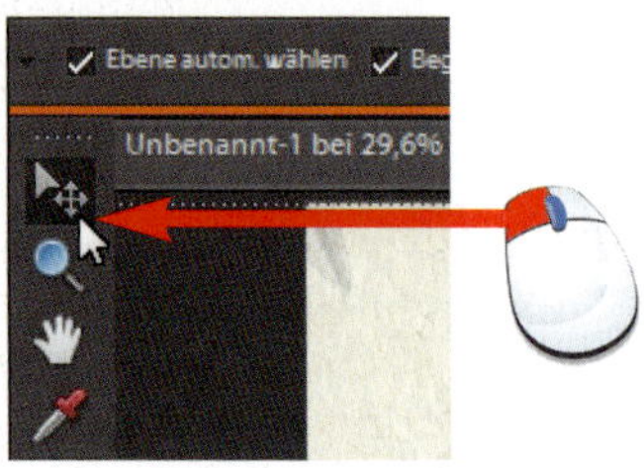


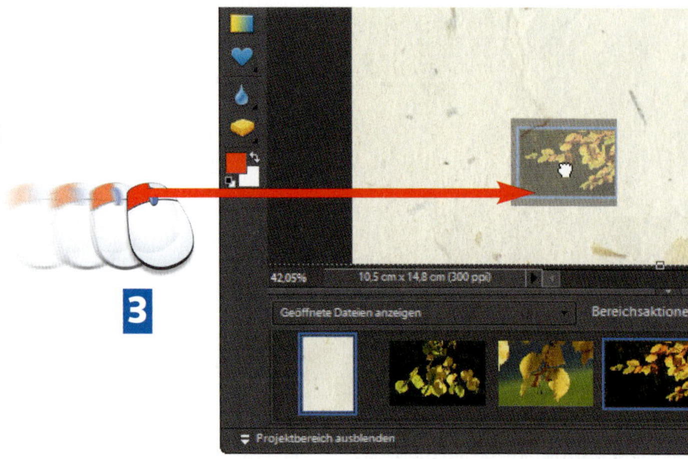


3

**1** Ziehen Sie die Fotos, die Sie in die Collage einfügen wollen, aus dem Album in den *Projektbereich*.

**2** Rufen Sie das *Verschieben-Werkzeug* auf und wählen Sie in der Optionsleiste die abgebildete Einstellung *Ebene autom. wählen* aus.

**3** Ziehen Sie das Foto nach dem Anklicken einfach per Drag & Drop in das Sammeldokument.

Mit ein wenig Hintergrundwissen ist es ein Leichtes, eigene Collagen zusammenzustellen. Im Gegensatz zu den Fotokreationen lassen sich hierbei die Ergebnisse völlig frei den eigenen Wünschen anpassen.

**WISSEN**

4

5

6

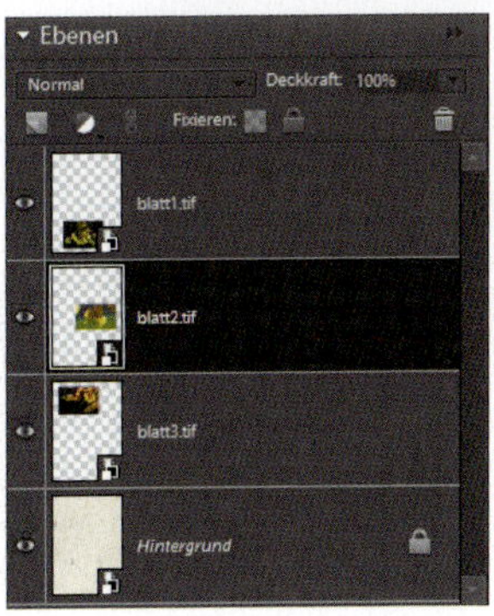


**4** Verwenden Sie die Tastenkombination [Strg] + [T], um die Ebene zu transformieren. Tippen Sie die neue Größe in die Eingabefelder in der Optionsleiste ein.

**5** Verfahren Sie mit den beiden anderen Fotos ebenso. Schieben Sie die Ebenen auf die gewünschten Positionen.

**6** Im *Ebenen*-Palettenfenster sehen Sie dann die neu eingefügten Ebenen.

Ende

Die verschiedenen Fenster-Modi erreichen Sie über die Schaltflächen oben rechts im Arbeitsbereich.

**TIPP**

Um den *Mehrfenstermodus* zu aktivieren, verwenden Sie das Symbol rechts oben im Arbeitsfenster – gleich links neben dem Symbol zum Schließen.

**TIPP**

Die Ebenen lassen sich einfach per Drag & Drop auf neue Positionen verschieben.

**HINWEIS**

**Start**

1
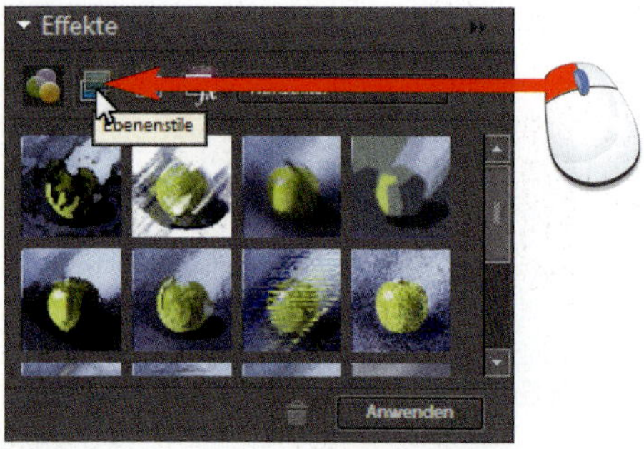


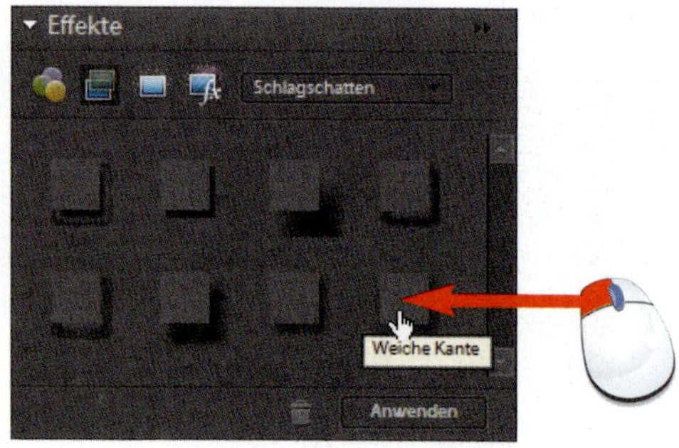

3

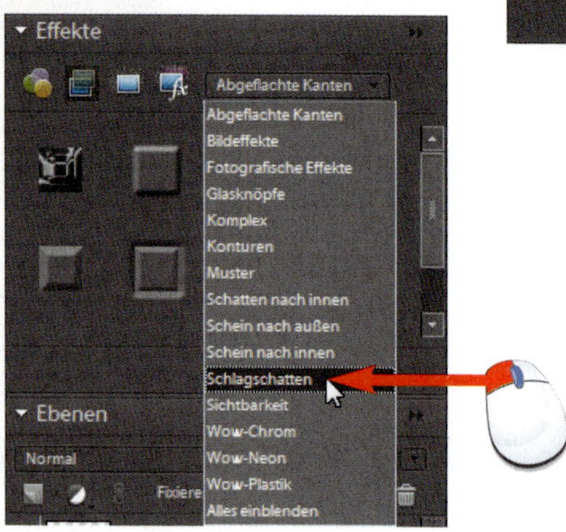

2

1 Rufen Sie aus dem linken Listenfeld die Option *Ebenenstile* auf.

2 Im rechten Listenfeld finden Sie diverse Themenbereiche, für die Ebenenstile verfügbar sind. Wählen Sie hier die Option *Schlagschatten*.

3 Wählen Sie den Schatten mit der Bezeichnung *Weiche Kante* aus. Ziehen Sie diesen Effekt einfach auf die betreffende Ebene.

Wenn Sie mit Ebenen arbeiten, haben Sie den Vorteil, dass Ebenenstile eingesetzt werden können. Die vielen Vorlagen, die Photoshop Elements dazu anbietet, verführen zum „Herumexperimentieren".

**WISSEN**

5

4

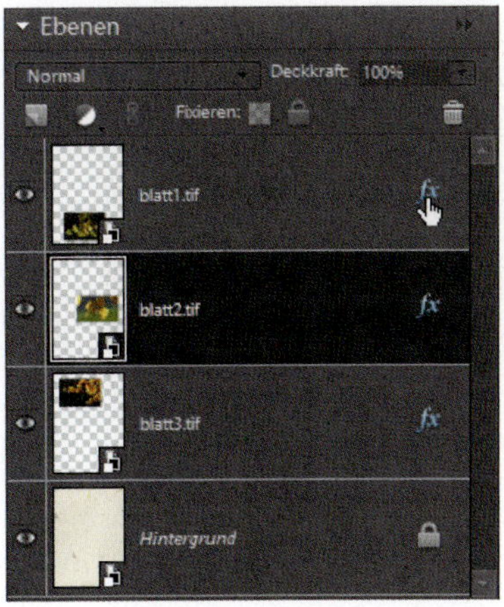


4 Im *Ebenen*-Palettenfenster erkennen Sie an dem Symbol rechts, dass Ebenenstile eingesetzt wurden.

5 Nachdem der Ebenenstil auf alle drei Ebenen angewendet wurde, ergibt sich das gezeigte Ergebnis.

Ende

Mit einem Doppelklick auf das Effektsymbol im *Ebenen*-Palettenfenster wird ein Dialogfeld geöffnet, in dem Sie die Effekteinstellungen verändern können.

**TIPP**

Die vorgegebenen Effekte sind nicht starr – sie lassen sich nachträglich verändern.

**HINWEIS**

8

# Bildteile auswählen

# Einen rechteckigen Bereich auswählen

**Start**

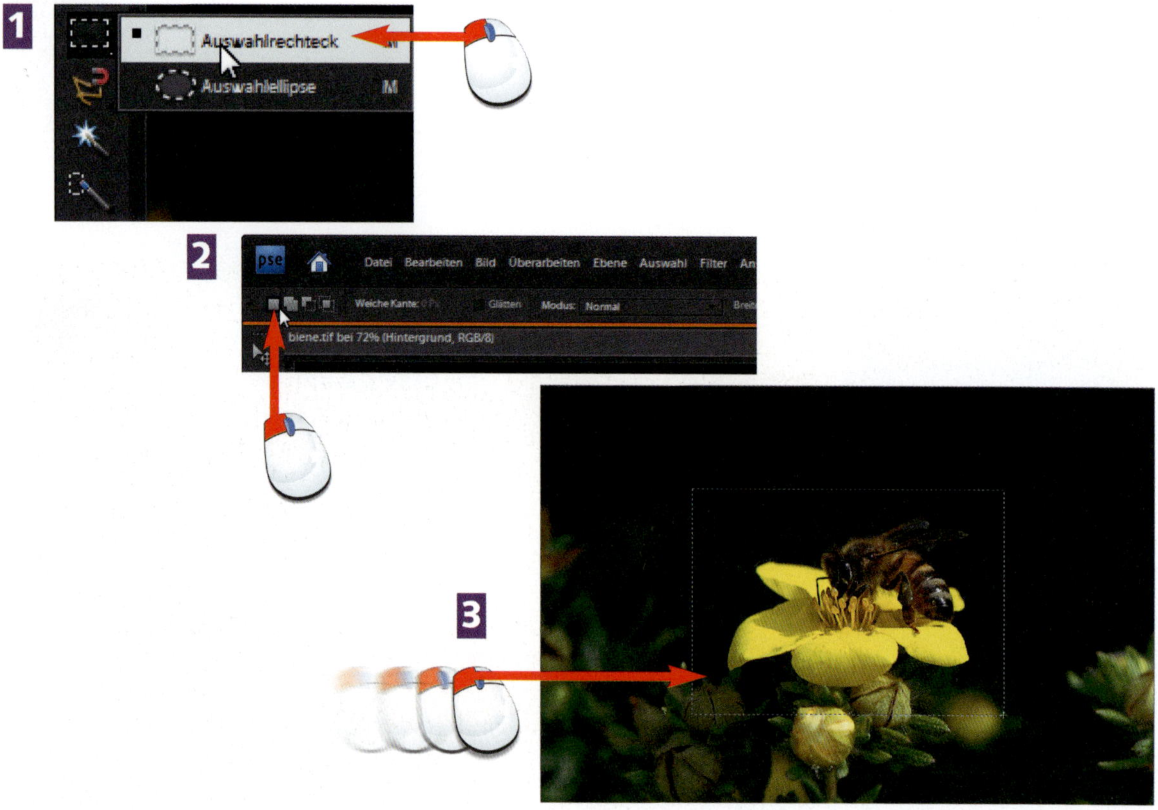


1 Rufen Sie das *Auswahlrechteck* aus dem Flyout-Menü auf.

2 Stellen Sie in der Optionsleiste ein, ob Sie einen neuen Auswahlbereich erstellen oder eine bestehende Auswahl verändern wollen.

3 Ziehen Sie mit gedrückter linker Maustaste einen Auswahlrahmen auf. Eine gestrichelte Linie zeigt die Auswahl an.

Bisher wurde überwiegend das gesamte Bild bearbeitet. Dies muss aber nicht so sein. Photoshop Elements bietet verschiedene Werkzeuge an, um Teile eines Bilds auszuwählen, die dann getrennt vom restlichen Bild bearbeitet werden.

**WISSEN**

4

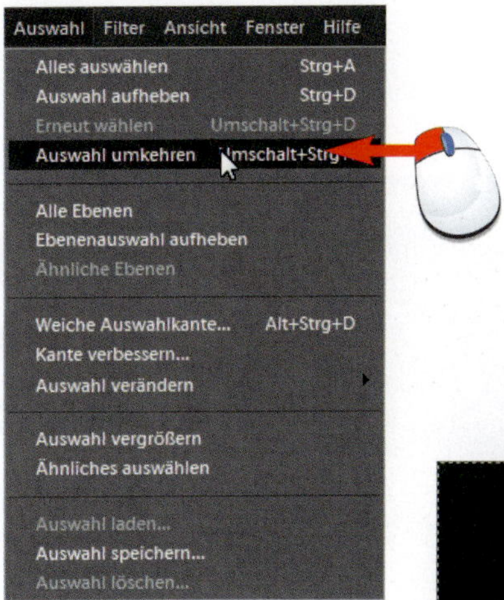


5

**4** Rufen Sie die Funktion *Auswahl/Auswahl umkehren* auf, ...

**5** ... damit der zuvor nicht ausgewählte Bereich markiert wird.

Ende

Zum Umkehren der Auswahl können Sie auch die Tastenkombination ⇧ + Strg + I verwenden.

**TIPP**

Die Auswahl muss nicht unbedingt „scharfkantig“ sein. Über das Eingabefeld *Weiche Kante* in der Optionsleiste lässt sich angeben, wie weich die Auswahlkante sein soll.

**HINWEIS**

**Start**

1 Rufen Sie die Funktion *Filter/Weichzeichnungsfilter/Gaußscher Weichzeichner* auf.

2 Klicken Sie in das Vorschaubild, um mit gedrückter linker Maustaste einen neuen Bildausschnitt auszuwählen.

3 Mit den Schaltflächen unter dem Vorschaubild verändern Sie die Darstellungsgröße.

Sie können die ausgewählten Bereiche auf unterschiedliche Art und Weise benutzen. So könnten Sie auch die bereits bekannten Bildoptimierungsfunktionen partiell anwenden – oder Sie verwenden einen Effekt, um das Bild partiell zu verändern.

**WISSEN**

4

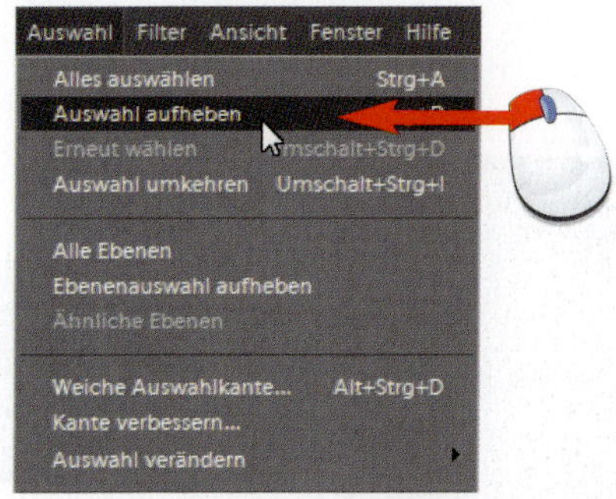


5

6

4 Ziehen Sie den Schieberegler, bis die gewünschte Unschärfe erreicht ist. Probieren Sie einmal den Wert *25 Pixel* aus.

5 Verwenden Sie die Funktion *Auswahl/Auswahl aufheben*, damit die aktuelle Auswahl entfernt wird.

6 So entsteht dieses Ergebnis.

Ende

Wenn Sie die *Vorschau*-Option im Dialogfeld aktivieren, wird der Effekt im Originalbild angezeigt.

**TIPP**

Die vorgestellte Verfahrensweise ist immer dann sinnvoll, wenn Sie bestimmte Bildteile hervorheben wollen.

**HINWEIS**

# Eine freie Auswahlform

Start

1

2

3

1 Rufen Sie das Werkzeug *Polygon-Lasso* aus dem Flyout-Menü auf.

2 Stellen Sie eine *Weiche Kante* von *30* Pixeln ein.

3 Gestalten Sie nun mit einzelnen Mausklicks im Bild die Form.

Zum Erstellen von Auswahlbereichen gibt es viele Werkzeuge. So können Sie geometrische Formen wie beispielsweise Ellipsen erstellen – aber auch freie Formen sind möglich.

**WISSEN**

4

5

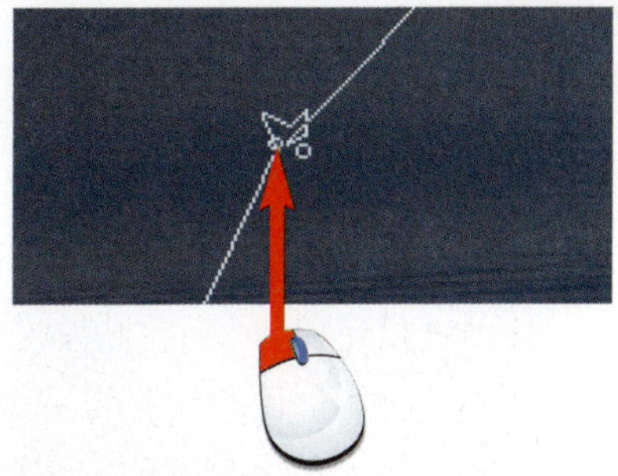

6

4 „Umfahren" Sie mit Mausklicks Schritt für Schritt die Tiere.

5 Beim Startpunkt der Form wird ein kleiner Kreis neben dem Mauszeigersymbol angezeigt. Klicken Sie hier, um die Form zu schließen.

6 So haben wir diese Form erhalten. Der Auswahlbereich wurde hier wieder umgekehrt.

Ende

Falls Sie eine falsche Position angeklickt haben, macht das nichts: Mit der ←-Taste werden die Punkte wieder gelöscht.

**TIPP**

Sie können auf diese Art nur gerade Verbindungen herstellen. Soll eine Rundung entstehen, müssen Sie sehr kurze Linienstücke verwenden.

**HINWEIS**

**Start**

1

2

1 Wenn Sie die Entf-Taste drücken, löschen Sie den Inhalt des Auswahlbereichs. Dafür ist dort nun die eingestellte Hintergrundfarbe zu sehen.

2 Ein Blick in das *Ebenen*-Palettenfenster belegt, dass das Dokument nur aus dem Hintergrund besteht.

Das Arbeiten mit eigenständigen Ebenen ist flexibler, als wenn Sie nur einfach den Inhalt des ausgewählten Bereichs löschen.

**WISSEN**

3

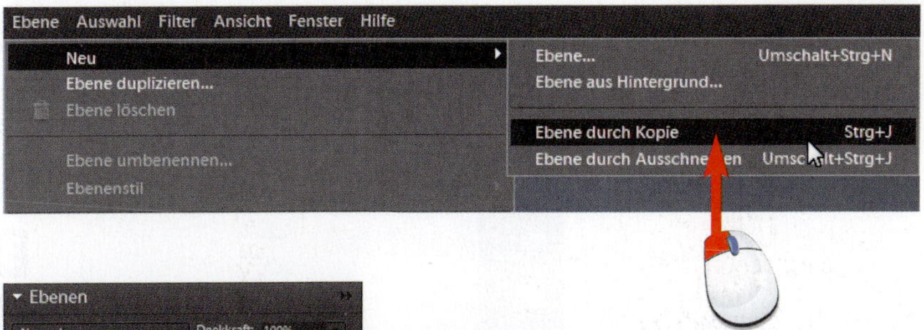


4

5

**3** Wenn die Auswahl nicht umgekehrt wurde, rufen Sie die Funktion *Ebene/Neu/Ebene durch Kopie* auf.

**4** Damit entsteht eine neue Ebene, wie ein Blick in das *Ebenen*-Palettenfenster belegt.

**5** Füllen Sie nach dem Markieren den Hintergrund mit einer beliebigen Farbe.

Ende

Mit der Funktion *Ebene/Auf Hintergrundebene reduzieren* werden alle Ebenen des Dokuments zu einer Hintergrundebene „verschmolzen".

**TIPP**

Zum Füllen einer Ebene brauchen Sie die Funktion *Bearbeiten/Ebene füllen*. Stellen Sie hier die gewünschte Farbfüllung ein.

**HINWEIS**

**Start**

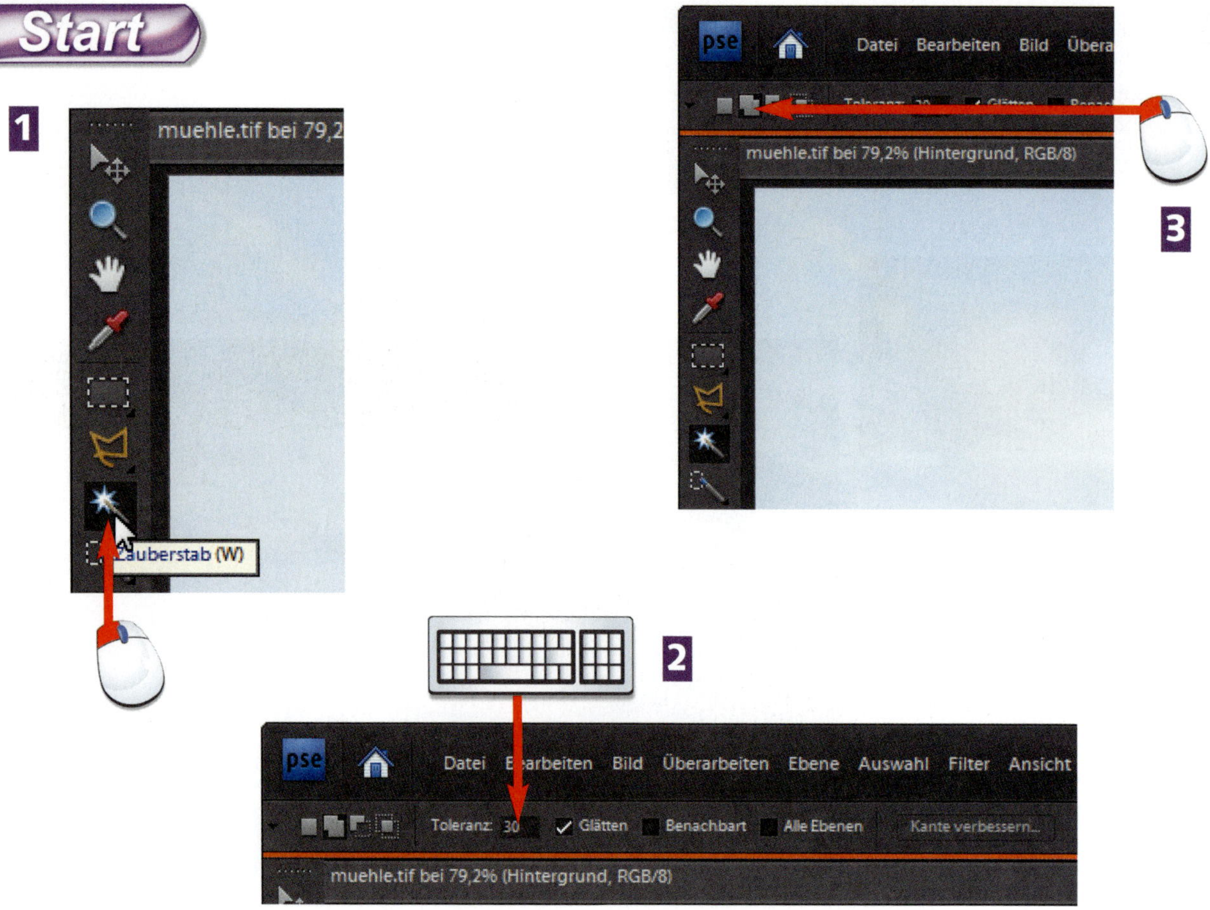


**1** Rufen Sie den *Zauberstab* aus der Werkzeugleiste auf.

**2** Tippen Sie den Toleranzwert ein – *30* ist ein Wert, der in vielen Fällen passt. Deaktivieren Sie außerdem die *Benachbart*-Option

**3** Stellen Sie die Option *Der Auswahl hinzufügen* ein.

Der *Zauberstab* ist ein sehr flexibles Werkzeug, das immer dann eingesetzt werden kann, wenn Sie farblich ähnliche Bereiche auswählen wollen.

**WISSEN**

4

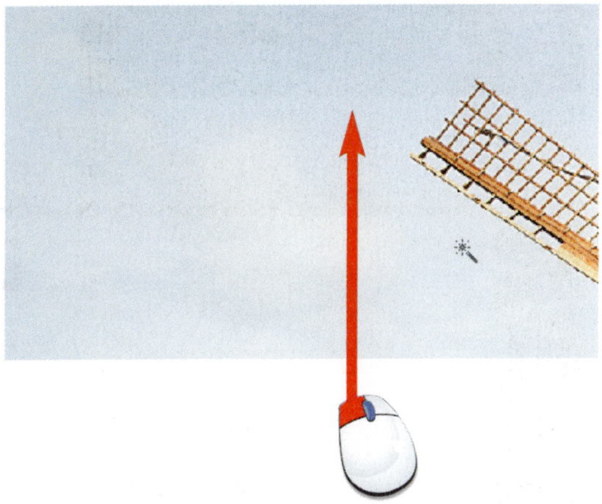

5

6

**4** Klicken Sie in den Bereich des Himmels, um die Auswahl zu erstellen.

**5** Anschließend müssen Sie weitere Male klicken, ...

**6** ... um auch die anderen Himmelbereiche mit in die Auswahl aufzunehmen.

**FACHWORT**

Mit dem **Toleranzwert** legen Sie fest, wie ähnlich ein Farbton dem angeklickten sein muss, damit er in die Auswahl aufgenommen wird.

**TIPP**

Ist die Option *Der Auswahl hinzufügen* aktiviert, wird die Auswahl mit jedem weiteren Mausklick erweitert. Die bereits ausgewählten Bereiche bleiben erhalten.

7

**7** In der 100-%-Darstellung sind einige Fehler sichtbar.

**8** Achten Sie darauf, dass Sie auch alle nötigen Bereiche erfassen. Stellen Sie gegebenenfalls eine noch größere Darstellungsgröße ein – zum Beispiel *200%*. Zu viel erfasste Bereiche können Sie mit der Option *Von Auswahl abziehen* entfernen.

Das Arbeiten mit dem *Zauberstab* erfordert ein wenig Geduld. Dafür können Sie aber auch sehr unförmige Bereiche erfassen, die mit dem *Polygon-Lasso-Werkzeug* nicht ausgewählt werden könnten.

**WISSEN**

9

10

**9** Kehren Sie zum Abschluss die Auswahl wieder um, sodass dieses Ergebnis entsteht.

**10** Kopieren Sie die Auswahl nun gegebenenfalls wieder auf eine getrennte Ebene. Wird der Hintergrund ausgeblendet, entsteht das abgebildete Ergebnis.

Ende

Falls zu wenige oder zu viele Bereiche ausgewählt wurden, nehmen Sie den letzten Arbeitsschritt mit der Funktion *Bearbeiten/Rückgängig* zurück und probieren Sie einen anderen Toleranzwert aus.

**TIPP**

Um zu symbolisieren, welche Flächen im Bild transparent sind, verwendet Photoshop Elements ein Karomuster.

**HINWEIS**

9

# Tolle Effekte

## Start

1
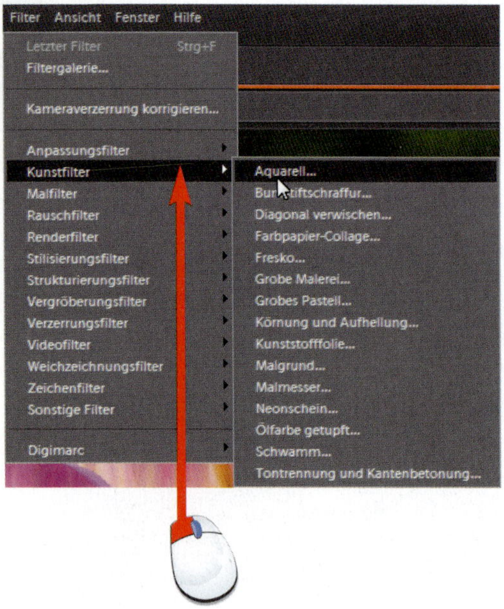

2

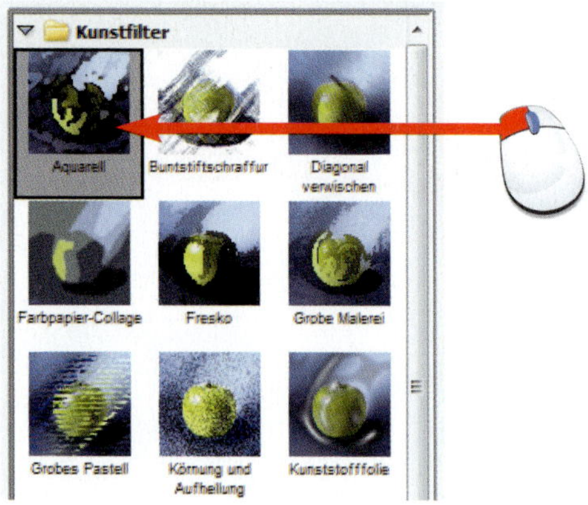

3

1 Im *Filter*-Menü sind alle Effekte untergebracht. Wählen Sie einen Filter in den thematisch sortierten Untermenüs aus.

2 Nach dem Aufruf des Filters öffnet sich die *Filtergalerie*. Öffnen Sie hier die unterschiedlichen Kategorien mit einem Klick auf das Pfeilsymbol.

3 Um einen Effekt zuzuweisen, klicken Sie einfach das betreffende Miniaturbild an. Der Effektfilter wird dann mit Standardwerten angewendet.

Photoshop Elements bietet eine riesige Menge verschiedener Effektfilter an – wie beispielsweise Mal-, Kunst- oder Verzerrungsfilter. Damit können Sie Fotos veredeln oder verfremden. Das Experimentieren mit verschiedenen Effekten lohnt sich.

## WISSEN

4

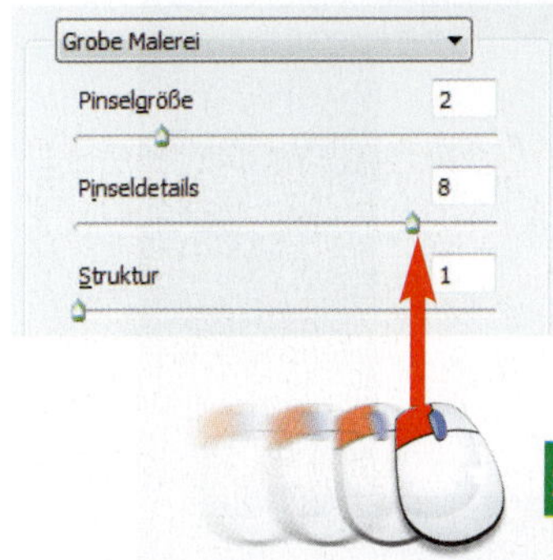


5

6

**4** Ziehen Sie mit gedrückter linker Maustaste im Vorschaubereich, um den gewünschten Bildausschnitt anzuzeigen.

**5** Ändern Sie im rechten Bereich die Einstellungsoptionen, die je nach verwendetem Filter bereitgestellt werden.

**6** Rufen Sie alternativ dazu die Filter auch im Palettenfenster *Effekte* auf.

Mit einem Doppelklick auf einen Effekt im Palettenfenster *Effekte* öffnen sich die Optionen des betreffenden Effekts.

**TIPP**

In der *Filtergalerie* finden Sie zwar sehr viele Effekte – aber nicht alle. Die anderen Effekte erreichen Sie nur über das Menü.

**HINWEIS**

7

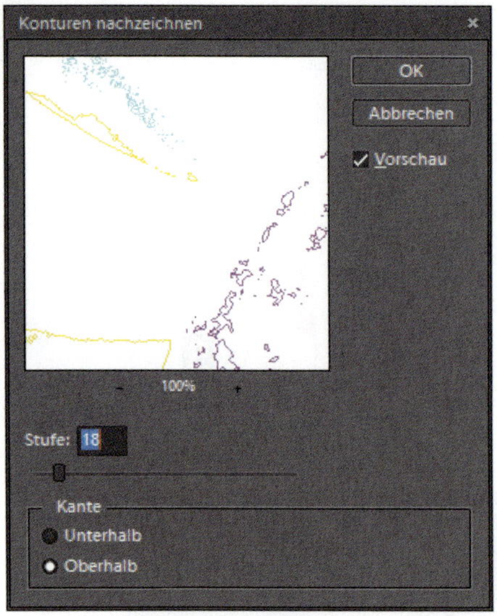


8

9

**7** Die Filter, die nicht über die Filtergalerie zu erreichen sind, bieten die Optionen in gesonderten Dialogfeldern an, ...

**8** ... die mal mehr, mal weniger komplexe Optionen bereitstellen.

**9** Einige Filter – wie etwa der Effekt *Konturen finden* – bieten gar keine Optionen an.

Nicht jeder Effekt wirkt bei jedem Motiv. Einige der Effekte wirken eher bei plakativen Motiven – andere eher bei detailreichen Abbildungen. Mit der Zeit gewinnen Sie aber bestimmt ein Gefühl dafür, welcher Filter für welches Motiv geeignet ist. Hier macht die Übung den Meister.

**WISSEN**

10

11

**10** Die Filter wirken bei verschiedenen Bildgrößen völlig unterschiedlich. Beide Ergebnisse entstanden mit dem Filter *Konturen finden* – ...

**11** ... diese Vorlage ist allerdings nur halb so groß wie die vorherige. Um den Unterschied deutlich zur Geltung zu bringen, wurde das Bild hier genauso groß dargestellt.

Ende

**TIPP**

Nicht jeder Effekt eignet sich für jedes Foto. Hier sind meist einige Versuche notwendig. Probieren Sie die Effekte einmal bei unterschiedlichen Bildern aus.

**HINWEIS**

Es ist spannend, unterschiedliche Einstellungen eines Filters auszuprobieren.

**Start**

1
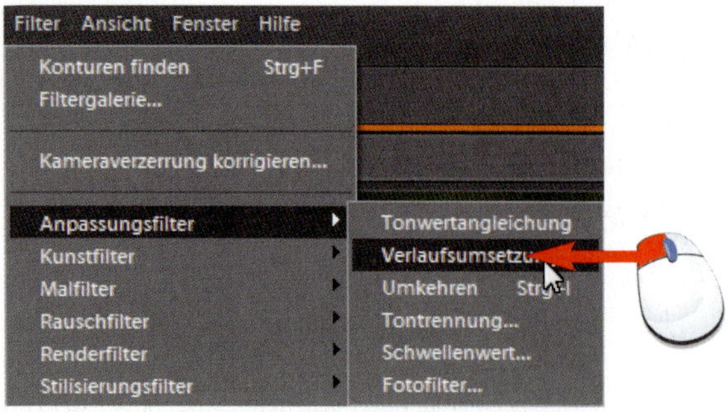


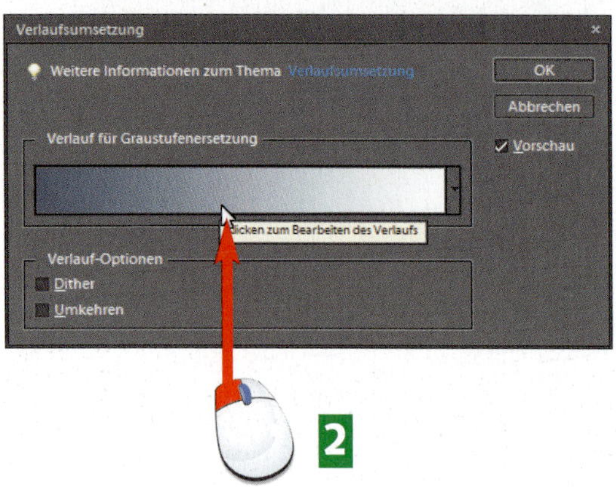


2

3
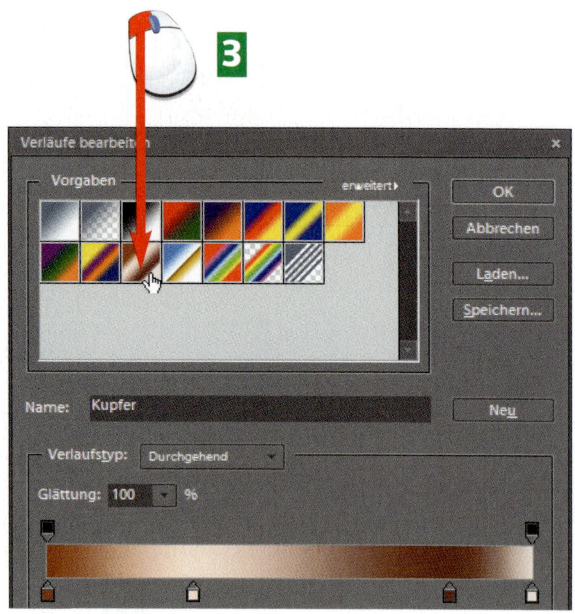


1 Rufen Sie die Funktion *Filter/Anpassungsfilter/Verlaufsumsetzung* auf.

2 Klicken Sie auf das Verlaufs-Vorschaubild, ...

3 ... um in einem gesonderten Dialogfeld einen Verlauf auszuwählen.

In der Kategorie *Anpassungsfilter* gibt es sechs verschiedene Effektfilter. Sie ändern die Farben des Bilds und können für interessante Effektbilder genutzt werden.

**WISSEN**

4

5

4 Mit dem Regenbogenverlauf entsteht dieses farbenprächtige Popart-Ergebnis.

5 Die Funktion *Filter/Anpassungsfilter/Tontrennung* reduziert die Anzahl der Farben drastisch.

Ende

**TIPP**

Wollen Sie die Farbtöne des Verlaufs ändern, klicken Sie die Farbmarkierungspunkte an, dann öffnet sich ein gesondertes Farbwähler-Dialogfeld.

**FACHWORT**

Bei einem **Verlauf** werden verschiedene Farbtöne ineinander überblendet.

**HINWEIS**

Bei der *Verlaufsumsetzung* werden alle Farbtöne des Bilds gegen die Farben des Verlaufs ausgetauscht. So entstehen farbverfälschte Bilder.

## Start

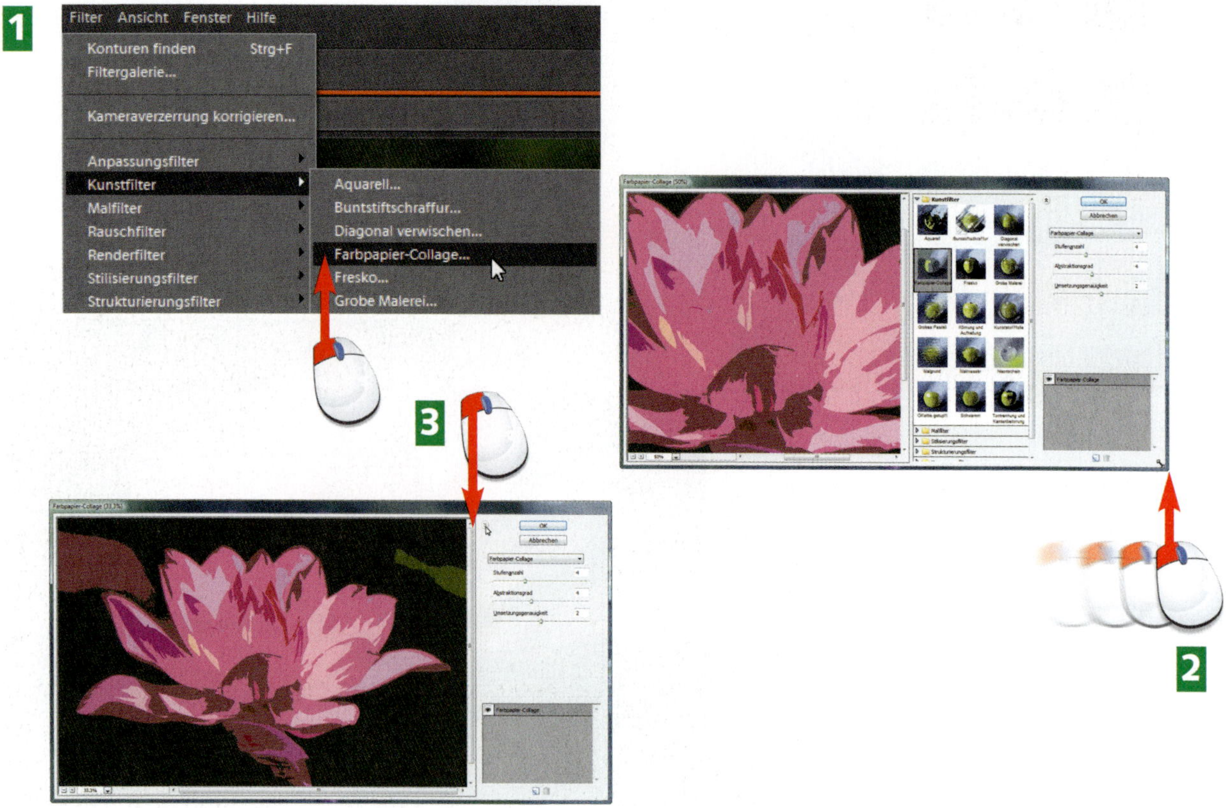


1. Rufen Sie die Funktion *Filter/Kunstfilter/Farbpapier-Collage* auf.
2. Skalieren Sie die *Filtergalerie*, indem Sie an der unteren rechten Ecke ziehen, um beispielsweise den Bereich für das Vorschaubild zu vergrößern.
3. Blenden Sie mit der Doppelpfeil-Schaltfläche die Rubriken ein oder aus. Ist der Bereich ausgeblendet, sehen Sie mehr vom Vorschaubild.

Wenn Sie Fotos in „Gemälde“ verwandeln, lohnt sich ein Blick in das *Kunstfilter*-Menü. Dort sind 15 verschiedene Filter zu finden, die unglaubliche Ergebnisse erzeugen.

**WISSEN**

4

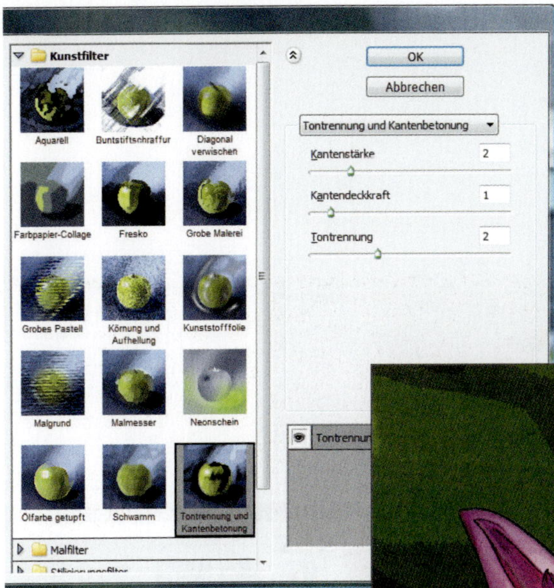

5

4 Probieren Sie doch einmal den Effekt *Tontrennung und Kantenbetonung* mit den abgebildeten Einstellungen aus.

5 Damit entsteht ein Ergebnis, das wirklich fast wie „gemalt" aussieht.

Ende

**TIPP**

Der Effekt *Farbpapier-Collage* erzeugt sehr plakative Bilder. Daher dürfen im Ausgangsfoto nicht zu viele feine Details zu sehen sein.

**HINWEIS**

Nicht bei allen Kunstfiltern entstehen schöne Ergebnisse. Einige Filter wirken nur mit viel Fantasie so, als wären sie gemalt, wie etwa der *Aquarell*-Filter.

**Start**

1

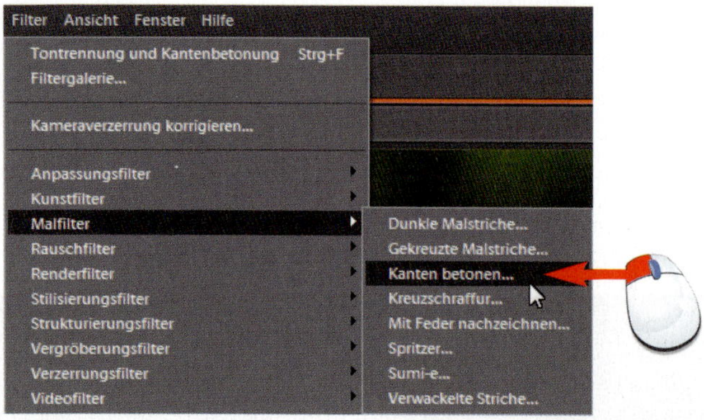


2

1 Rufen Sie die Funktion *Filter/Malfilter/Kanten betonen* auf.

2 Die Einstellungen, die wir verwenden, sehen Sie in der *Filtergalerie*.

In der *Malfilter*-Rubrik gibt es acht Effekte, die ebenfalls verwendet werden können, um virtuelle Kunstwerke zu erstellen. So erscheinen die Ergebnisse beispielsweise, als wären sie mit einem Buntstift gemalt oder mit einer Feder gezeichnet.

**WISSEN**

3

5

4

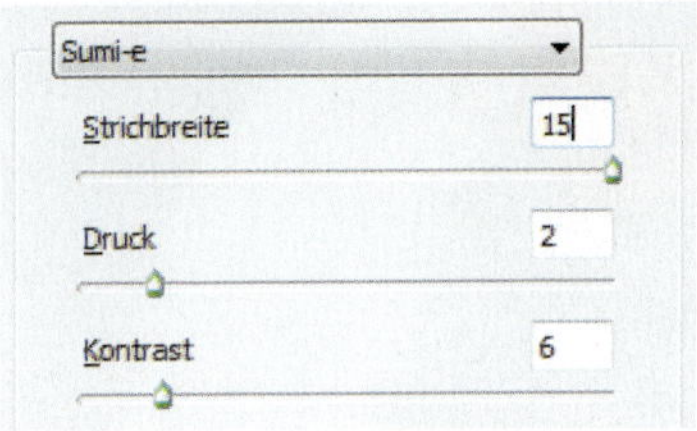


3 Mit den betonten Kanten entsteht ein reizvolles Ergebnis.

4 Diese Einstellungen des *Sumi-e*-Effekts ...

5 ... wirken interessant. Hier entsteht ebenfalls eine gemalte Wirkung durch das Verändern der Konturen.

Ende

Damit diese Filter wirken, müssen Kontraste im Bild vorhanden sein. Gut geeignet sind Bildpartien, an denen viele dunkle auf helle Stellen treffen.

Experimentieren Sie doch einmal mit den Maximalwerten. Manchmal entstehen dadurch verblüffende Ergebnisse.

**TIPP**

**HINWEIS**

Start

1

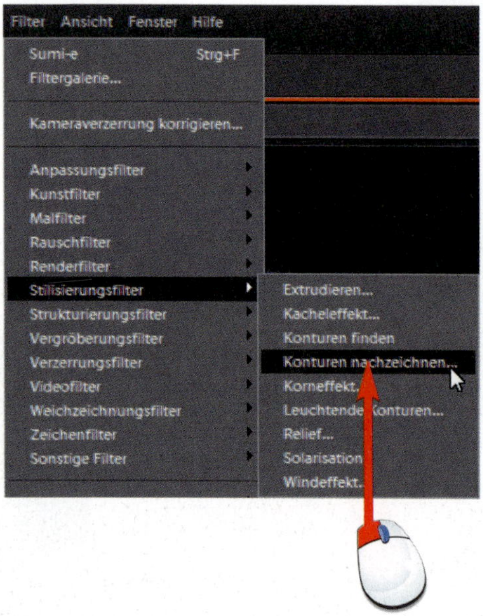


2

1 Die Rubrik *Stilisierungsfilter* enthält neun Effekte, mit denen Sie die Bilder sehr stark verändern können. Wählen Sie den gewünschten Filter aus.

2 Bei diesem Ausgangsbild ...

Um mit den Konturen-Filtern arbeiten zu können, benötigen Sie Vorlagen, die Details enthalten – flächige Motive sind hier weniger geeignet. Mit der Kombination mehrerer Filter erzielen Sie ansprechende Ergebnisse.

**WISSEN**

3

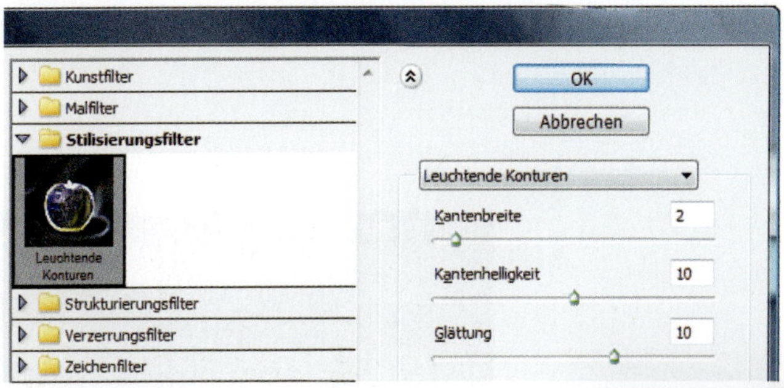


4

5

**3** ... wurde der Effekt *Filter/Stilisierungsfilter/Leuchtende Konturen* verwendet.

**4** Damit entsteht dieses Ergebnis.

**5** Wenden Sie nun die Funktion *Filter/Anpassungsfilter/Umkehren* an, um ein „negatives“ Ergebnis zu erhalten.

Ende

**TIPP**

Bei den Schärfe-Filtern erzielen Sie mit dem Filter *Unscharf maskieren* die besten Ergebnisse.

**HINWEIS**

Die Funktion *Filter/Anpassungsfilter/Umkehren* erreichen Sie übrigens auch über die Tastenkombination Strg + I. Dies klappt schneller als der Aufruf der Menüfunktion.

**Start**

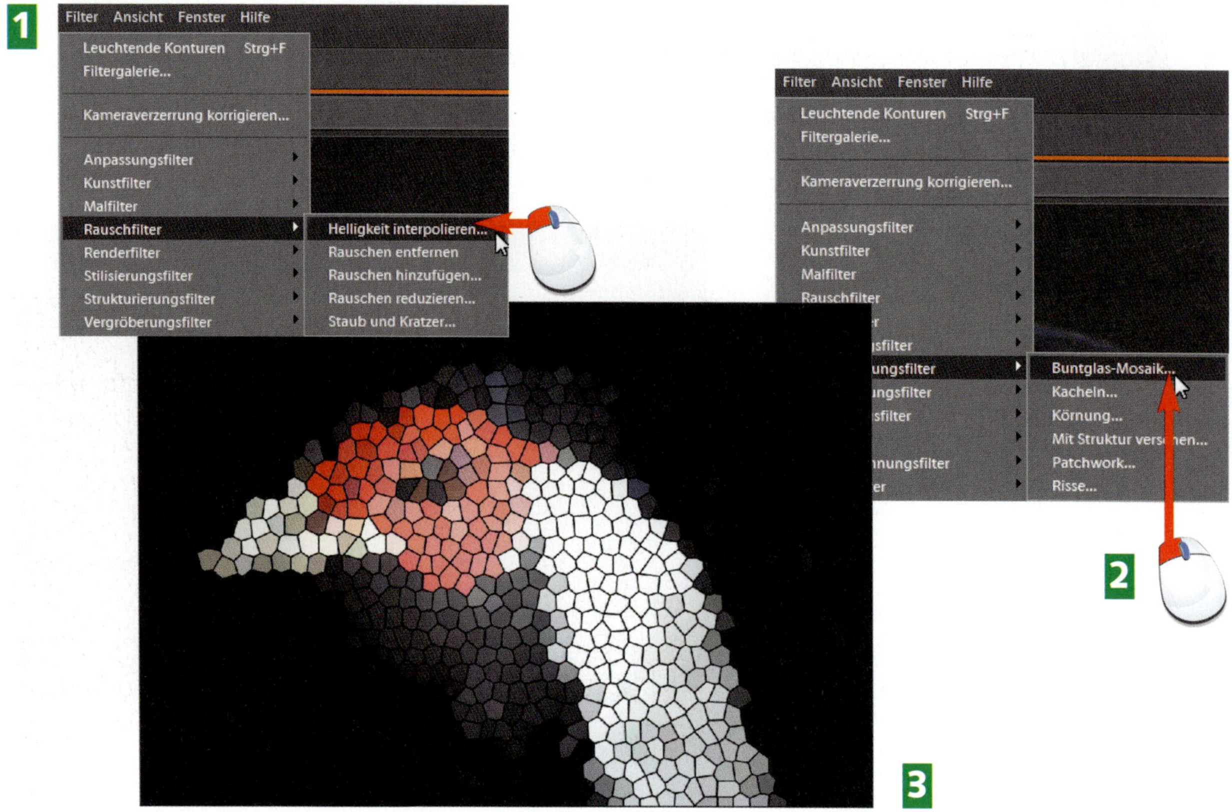


1 In der Rubrik *Rauschfilter* gibt es fünf Optionen, um Störungen hinzuzufügen oder zu entfernen.

2 Rufen Sie die Funktion *Strukturierungsfilter/Buntglas-Mosaik* auf.

3 Damit erzielen Sie dieses Ergebnis. Geben Sie dabei eine *Zellgröße* von *15* ein.

Viele Strukturierungsfilter zerteilen das Bild auf unterschiedliche Art und Weise in lauter kleine Teilchen. Damit erzielen Sie recht interessante Wirkungen. Sie müssen aber ausprobieren, welche Größe für die „Stückchen" passend ist. Bei zu großen Stücken könnte das Motiv völlig verfremdet werden.

**WISSEN**

4

5

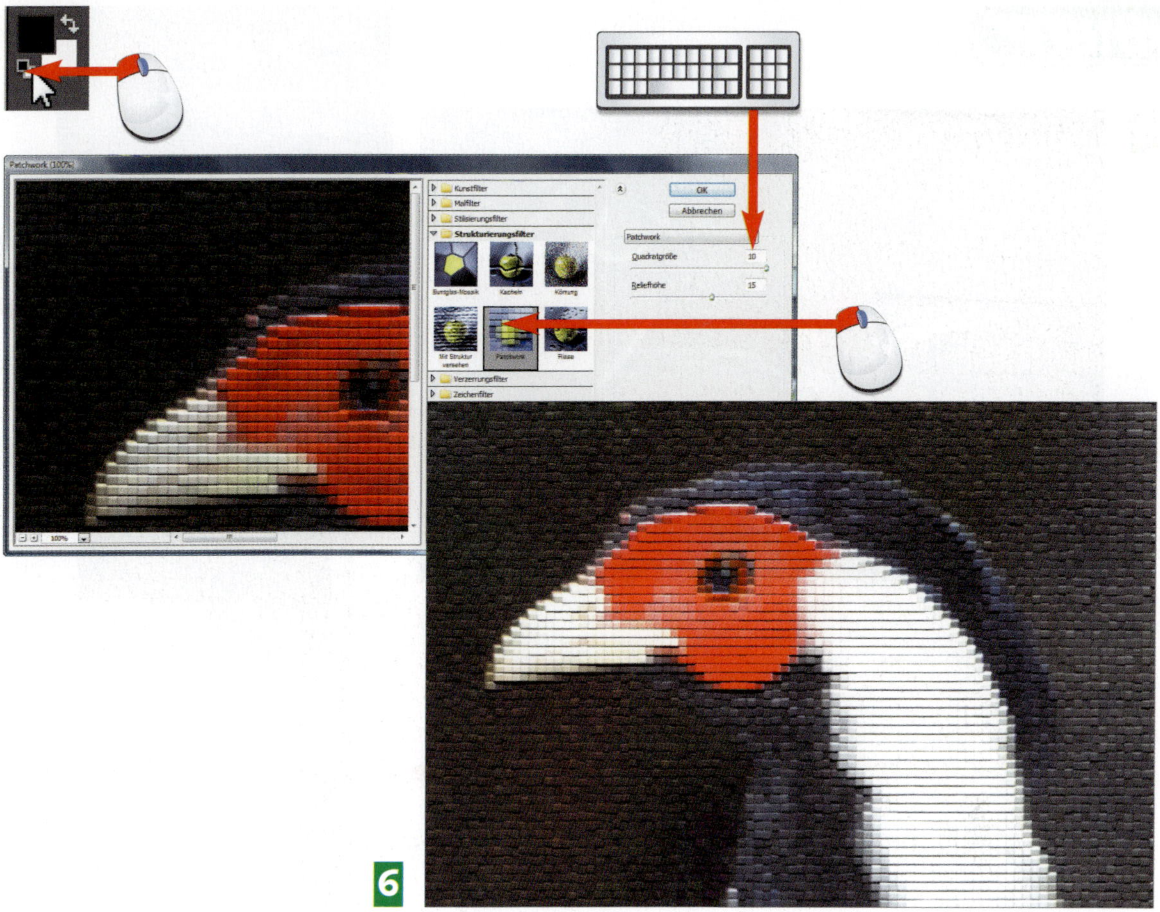


6

**4** Da auch diese Filter die Vordergrundfarbe nutzen, sollten Sie die Standardfarbe einstellen. Klicken Sie dazu auf das Schwarz-Weiß-Symbol.

**5** Rufen Sie die Funktion *Strukturierungsfilter/Patchwork* auf und nehmen Sie die abgebildeten Einstellungen vor, ...

**6** ... um dieses Ergebnis zu erhalten.

Ende

**FACHWORT**

**Störungen** kennen Sie vielleicht noch von der analogen Fotografie. Wurde ein hochempfindlicher Film verwendet, war das Filmkorn zu sehen.

**HINWEIS**

Welche Größe für die „Stückchen" passend ist, hängt von der Bildgröße ab. Je größer das Foto ist, umso größer muss auch der Wert für die Stücke sein.

Start

1

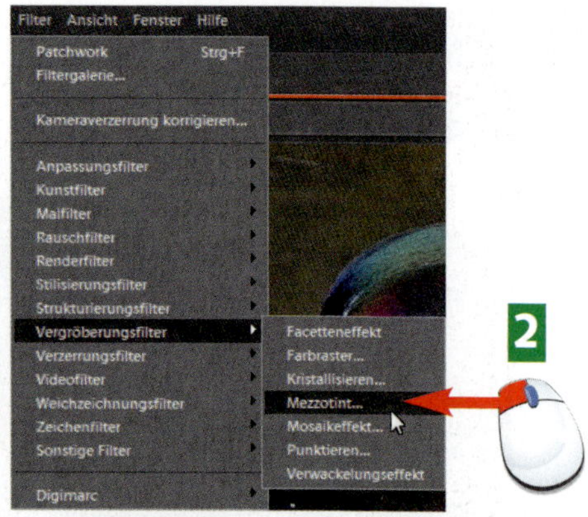


2

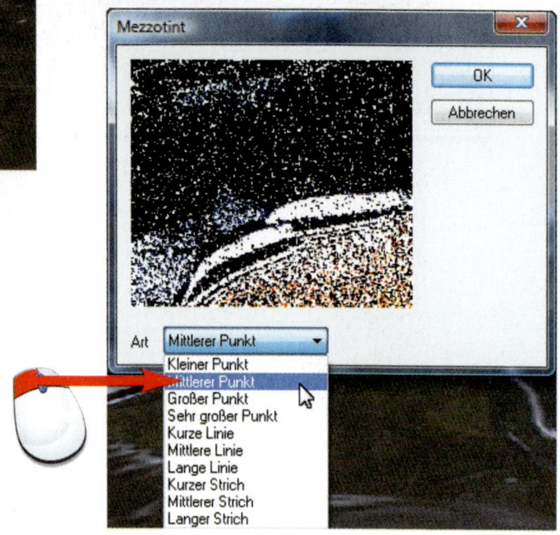


3

1 Wählen Sie für diese Vorlage ...

2 ... den Effekt *Filter/Vergröberungsfilter/Mezzotint* aus.

3 Stellen Sie eine der Varianten aus dem Listenfeld ein.

Auch die Vergröberungseffekte zerteilen die Vorlagen in kleinere Stücke – allerdings auf eine ganz andere Art. Hier scheint an vielen Stellen die Hintergrundfarbe durch.

**WISSEN**

4

5

6

4 Das Ergebnis ist wirkungsvoll. Es sieht so aus, als wäre es mit einer spitzen Feder gezeichnet.

5 Auch mit dem *Punktieren*-Effekt ...

6 ... entsteht ein witziges Ergebnis.

Ende

**TIPP**

Die passende *Zellengröße* hängt stark von der Größe des Bilds ab. Je höher die Bildauflösung ist, umso höher muss der Wert für die *Zellengröße* sein, damit das Ergebnis gut wirkt.

**HINWEIS**

Hier handelt es sich um reine „Effekte" zur Bildverfremdung. Die Ergebnisse können zum Beispiel als grafisches „Schmankerl" bei einer Einladungskarte verwendet werden.

Start

1

2

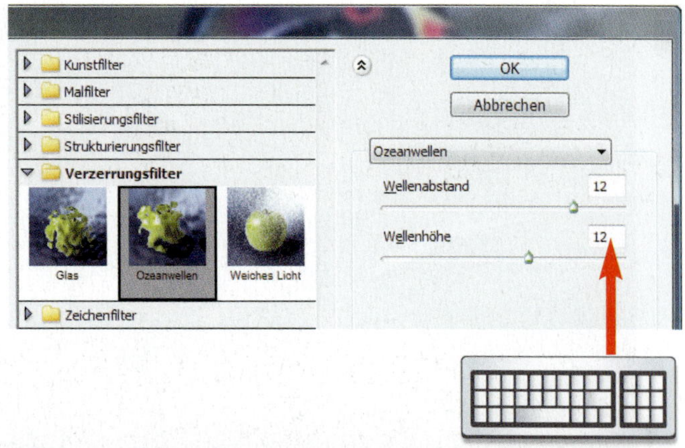


3

1 Rufen Sie die Funktion *Filter/Verzerrungsfilter/Ozeanwellen* auf.

2 Stellen Sie diese Werte ein, ...

3 ... dann kommt dieses Ergebnis zustande.

Im Menü *Filter/Verzerrungsfilter* finden Sie 13 Filter, um Fotos zu verbiegen, zu verzerren oder anderweitig zu verformen. Hier lohnen sich verschiedene Experimente.

WISSEN

4

5

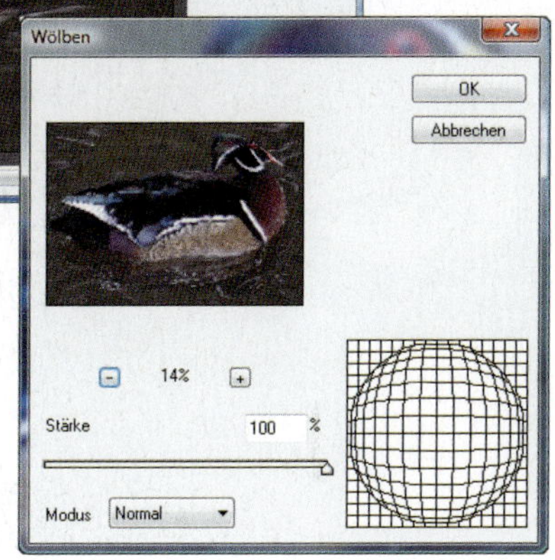


**4** Mit der Funktion *Filter/Verzerrungsfilter/Verflüssigen* verformen Sie das Bild in einem gesonderten Arbeitsbereich mithilfe spezieller Werkzeuge.

**5** Die Funktion *Filter/Verzerrungsfilter/Wölben* „verbiegt" das Bild beispielsweise, als wäre es über eine Kugel „gespannt".

Ende

Der *Verflüssigen*-Filter dient weniger zur Bildoptimierung, er könnte eher als „Jux"-Filter verstanden werden.

**HINWEIS**

Den *Verflüssigen*-Effekt können Sie auch gut einsetzen, um Gesichter zu verzerren.

**TIPP**

Start

1

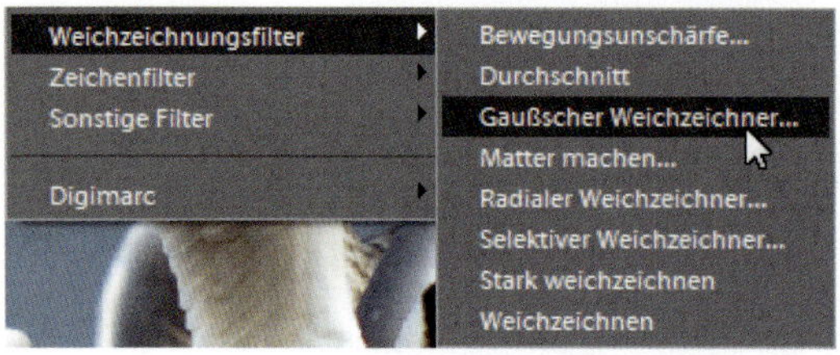


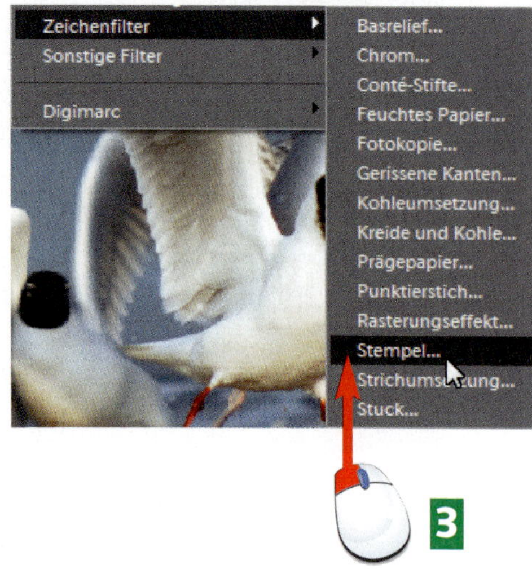


3

2

1 Die Filter in der Rubrik *Weichzeichnungsfilter* sind interessant, wenn Sie Bilder unscharf erscheinen lassen wollen – zum Beispiel bei attraktiven Hintergründen.

2 Dieses Ausgangsbild wollen wir verändern.

3 Insgesamt 14 verschiedene Zeichenfilter haben Sie zur Auswahl. Probieren Sie doch einmal den Effekt *Filter/Zeichenfilter/Stempel* aus.

Wollen Sie eher plakative Ergebnisse erstellen, sind die Filter der Rubrik *Zeichenfilter* für Sie interessant. Da auch diese Filter die aktuelle Vorder- und Hintergrundfarbe verwenden, sollten Sie vorher prüfen, welche Farbe Sie einsetzen wollen.

WISSEN

4

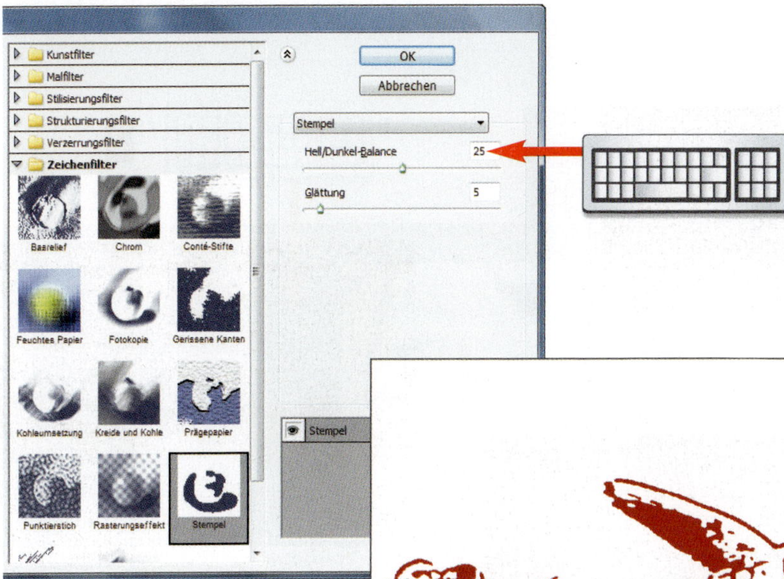

5

**4** Verwenden Sie die abgebildeten Einstellungen, ...

**5** ... um dieses Ergebnis zu erhalten.

Ende

## TIPP

Durch andere Vorder-/Hintergrundfarbkombinationen lassen sich auch Ergebnisse ohne Weiß erzeugen. So könnten Sie auch ein „Rot/Blau“-Bild erstellen.

## HINWEIS

Je niedriger Sie den Wert der *Hell/Dunkel-Balance* einstellen, umso mehr dominieren die weißen Bereiche im Bild.

Start

1 2 3

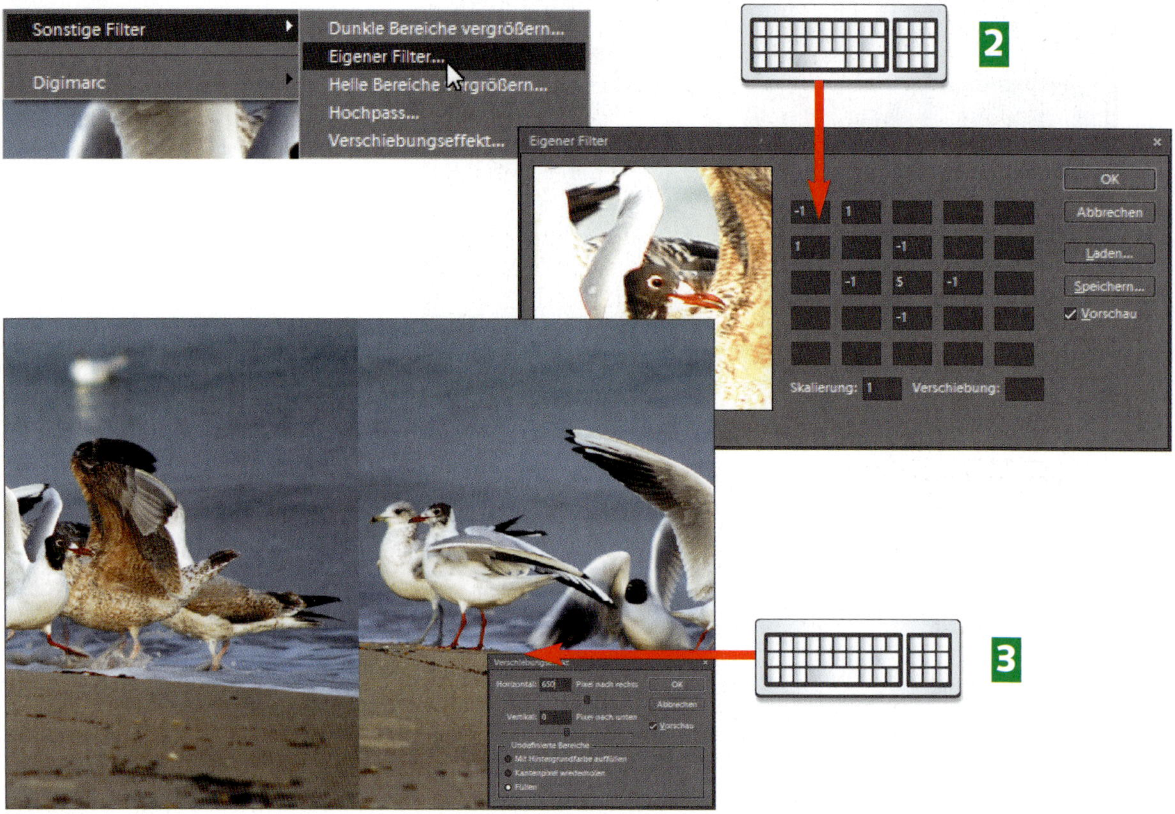


1 Im Menü *Filter/Sonstige Filter* gibt es die Option *Eigener Filter*.

2 Geben Sie in die Eingabefelder beliebige Zahlen ein, um eine Wirkung zu erzielen.

3 Wählen Sie den *Verschiebungseffekt*-Filter, um Bildteile horizontal oder vertikal zu verschieben.

Gelegentlich können Sie verblüffende Ergebnisse erzielen, wenn Sie Filter so einsetzen, wie es eigentlich nicht vorgesehen ist. Ein solches Beispiel lässt sich unter anderem mit dem *Verschiebungseffekt*-Filter erstellen.

**WISSEN**

4

5

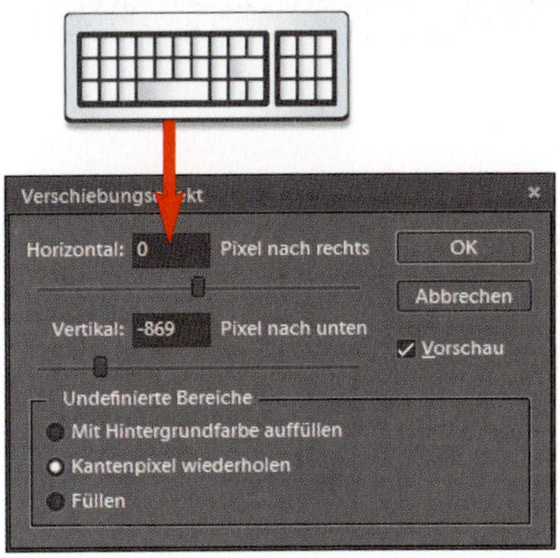


6

4 Stellen Sie die Option *Kantenpixel wiederholen* ein, es entsteht eine abwechslungsreiche Wirkung.

5 Stellen Sie diese Werte ein, dann wird es ganz spannend, ...

6 ... da jetzt vom eigentlichen Bild gar nichts mehr übrig ist. Sie sehen nur noch eine Struktur.

Ende

**TIPP**

Probieren Sie doch einmal eigene Einstellungen und Filterkombinationen aus, um andere außergewöhnliche Varianten zu erhalten.
Viel Spaß!

**HINWEIS**

Derartige Strukturen eignen sich zum Beispiel als Hintergrundbilder für Texte.

# 10

# Mit Texten arbeiten

**Start**

1
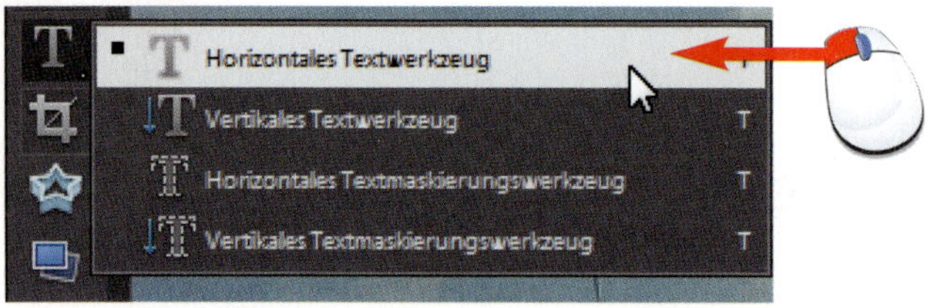


3
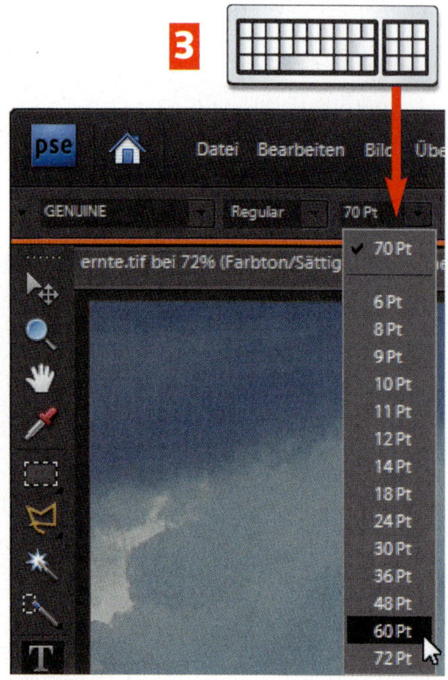


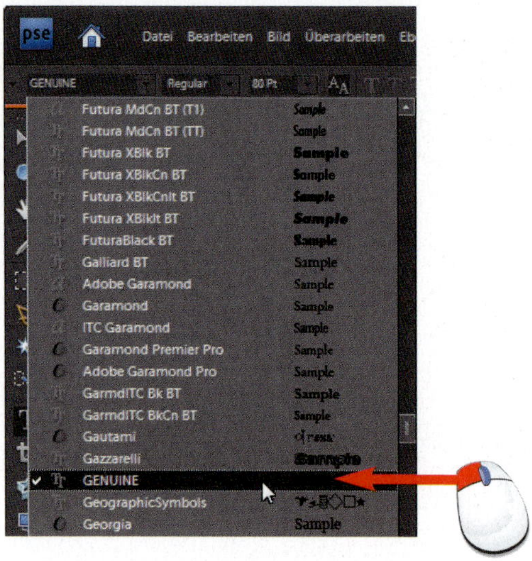

2

1 Klicken Sie in der Werkzeugleiste auf die Schaltfläche mit dem T-Symbol. Rufen Sie aus dem Flyout-Menü die Option *Horizontales Textwerkzeug* auf.

2 Öffnen Sie in der Optionsleiste das erste Listenfeld und suchen Sie einen Schrifttyp aus.

3 Wenn Sie in der Vorgabenliste der Schriftgrößen die gewünschte Größe nicht finden, tippen Sie den entsprechenden Wert in das Eingabefeld ein.

Texte lassen sich zur Beschriftung oder zum Verzieren von Bildern verwenden. Photoshop Elements bietet eine Menge verschiedener Optionen für die Textgestaltung an.

**WISSEN**

4

5

6

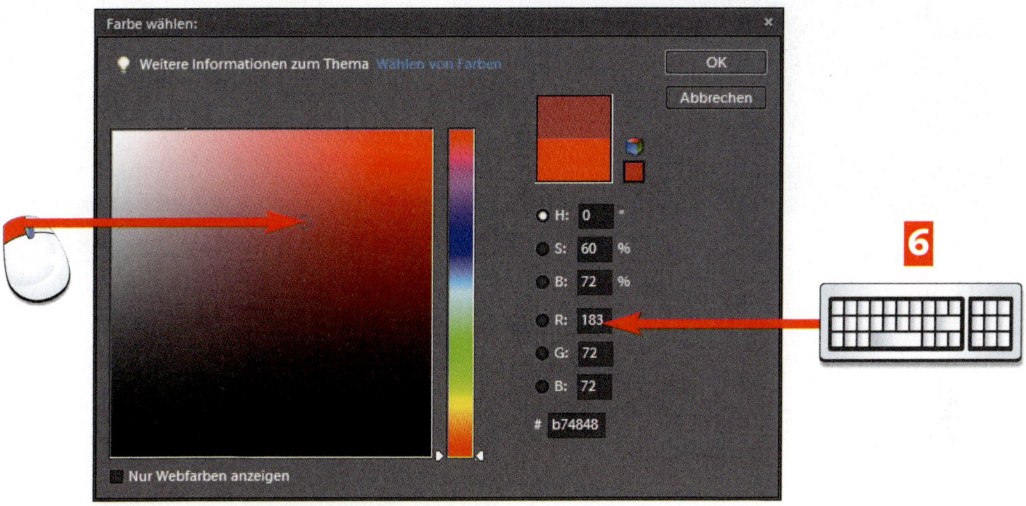


**4** Klicken Sie auf den Pfeil neben dem Farbfeld. Damit öffnen Sie eine Farbpalette mit Standardfarben zur Auswahl.

**5** Klicken Sie auf das Farbfeld selbst, ...

**6** ... öffnet sich der Farbwähler. Geben Sie hier den Farbwert entweder in die Eingabefelder ein oder klicken Sie in das Farbspektrum.

Ende

**TIPP**

In der Schriftenliste sehen Sie rechts neben dem Schriftnamen ein Beispiel, wie die Schrift aussieht.

**TIPP**

Sie können Farben auch aus dem Bild aufnehmen. Klicken Sie dazu einfach auf die betreffende Position im Bild.

**HINWEIS**

In dem schmalen Balken rechts neben dem Farbspektrum wird der Farbton ausgewählt.

**Start**

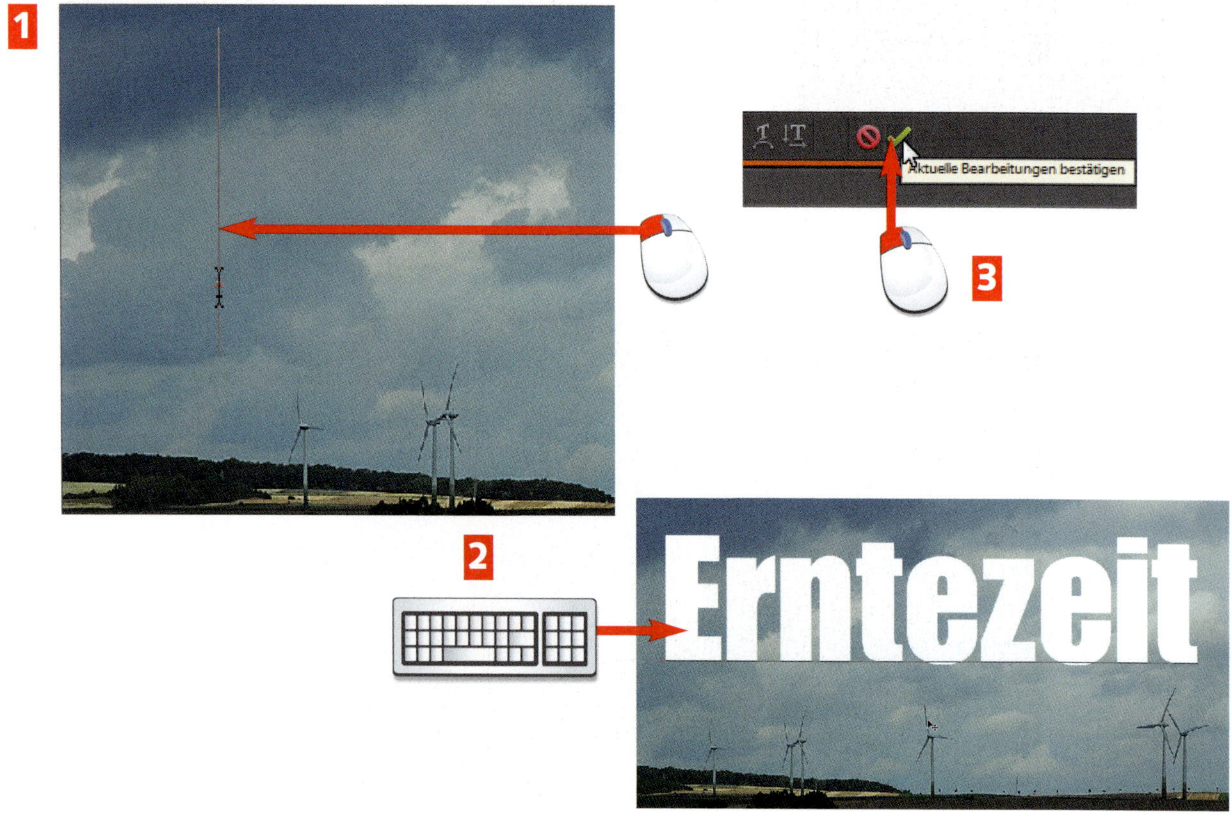


1. Klicken Sie auf die Position, an der der Text beginnen soll.
2. Tippen Sie den gewünschten Text ein.
3. Bestätigen Sie die Texteingabe mit der Haken-Schaltfläche in der Optionsleiste.

Prinzipiell ist es egal, ob Sie die Texteinstellungen vor oder nach dem Eintippen des Textes anpassen. Da Sie aber die Wirkung besser beurteilen können, wenn die Formatierungen zuerst vorgenommen werden, ist dies der bessere Weg.

**WISSEN**

4

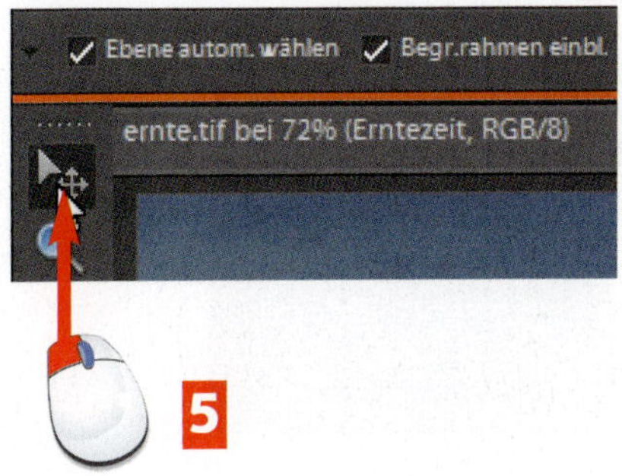

5

6

**4** Photoshop Elements erstellt automatisch eine neue Ebene, wie ein Blick in das *Ebenen*-Palettenfenster zeigt.

**5** Rufen Sie das *Verschieben-Werkzeug* auf, um die Textebene zu skalieren.

**6** Verziehen Sie einen der Eckmarkierungspunkte, bis die gewünschte Größe erreicht ist.

**Ende**

Textebenen werden genauso wie alle anderen Ebenen transformiert. Klicken Sie innerhalb des Rahmens, um die Ebene zu verschieben.

**TIPP**

Auch nach dem Transformieren kann der Text weiterhin editiert werden. Rufen Sie dazu erneut das *Textwerkzeug* auf.

**HINWEIS**

**Start**

1
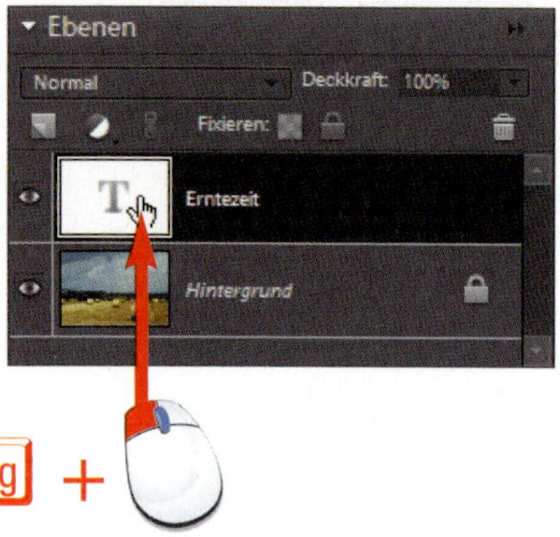


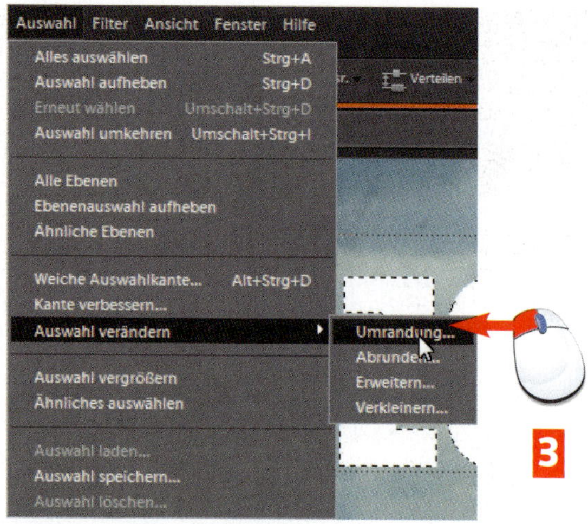

3

2

1 Klicken Sie die Textebene mit gedrückter Strg-Taste an.

2 Damit wird die Textebene als Auswahlbereich geladen.

3 Rufen Sie die Funktion *Auswahl/Auswahl verändern/Umrandung* auf.

Es gibt unterschiedliche Arten, einen Schriftzug mit einer Kontur zu versehen. Einen Ebenenstil anzuwenden ist eine der möglichen Lösungen. Wir stellen Ihnen in diesem Workshop aber eine andere Variante vor.

**WISSEN**

4

5

6

**4** Mit diesem Wert bestimmen Sie die Stärke der Kontur. Geben Sie zum Beispiel den Wert *4* ein.

**5** Verwenden Sie danach die Funktion *Ebene/Neue Füllebene/Volltonfarbe*, um den Auswahlbereich zu füllen.

**6** Nach der Auswahl einer Farbe im Farbwähler – der sich automatisch öffnet – entsteht dieses Ergebnis.

**Ende**

Die Füllebene kann nicht nur einfarbig gefüllt werden. In dem Menü *Neue Füllebene* finden Sie außerdem die Optionen für einen Verlauf und ein Muster.

**TIPP**

Der Text bleibt zwar editierbar – die Kontur aber nicht, da es sich hier nicht um eine Textebene handelt. Gegebenenfalls müssen Sie die Konturebene neu erstellen.

**HINWEIS**

**Start**

1

1 Erstellen Sie den Schriftzug mit den bereits beschriebenen Arbeitsschritten. Die verwendeten Einstellungen zeigt die Optionsleiste.

2 Bestätigen Sie die Texteingabe und klicken Sie auf das jetzt verfügbare *Stil*-Listenfeld.

Schriften lassen sich nach dem Formatieren noch vielseitiger gestalten. Weisen Sie entweder Ebenenstile zu oder verformen Sie die Texte.

**WISSEN**

3

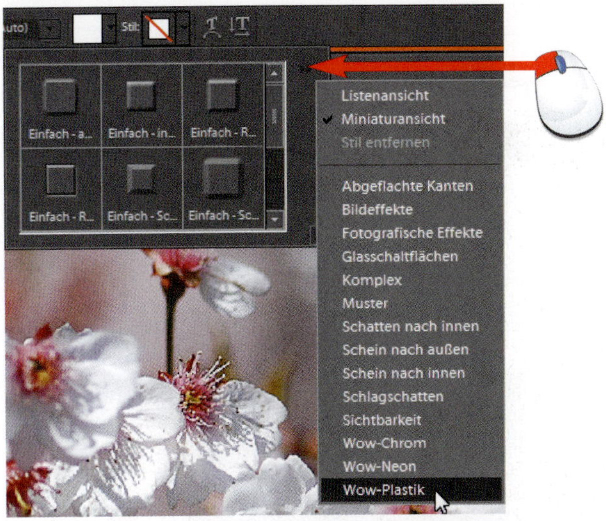


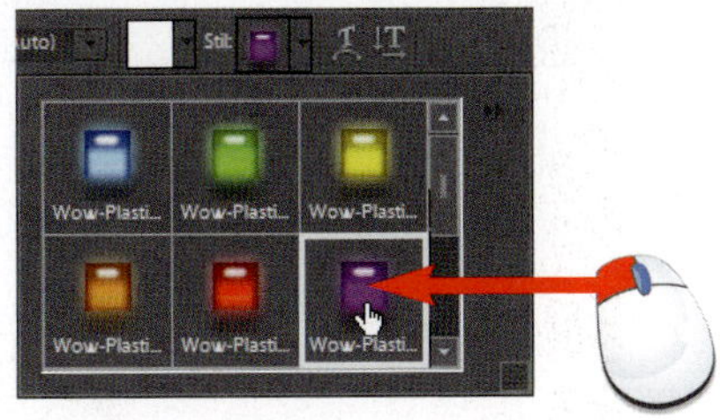


4

5

3 Klicken Sie auf die Pfeil-Schaltfläche. In dem Menü finden Sie diverse weitere Stile-Bibliotheken. Wählen Sie die Bibliothek *Wow-Plastik*.

4 Alternativ dazu können Sie auch das Palettenfenster *Ebenenstile* verwenden. Klicken Sie auf den Eintrag *Wow-Plastik lila*, um ihn der Textebene zuzuweisen.

5 Damit entsteht dieses schöne Ergebnis.

Die Wirkung der Ebenenstile hängt auch von der Auflösung des Fotos ab. Probieren Sie Effekte auch einmal mit niedrigerer Bildauflösung aus.

**TIPP**

Auch nach dem Zuweisen eines Ebenenstils bleibt der Text editierbar.

**HINWEIS**

6

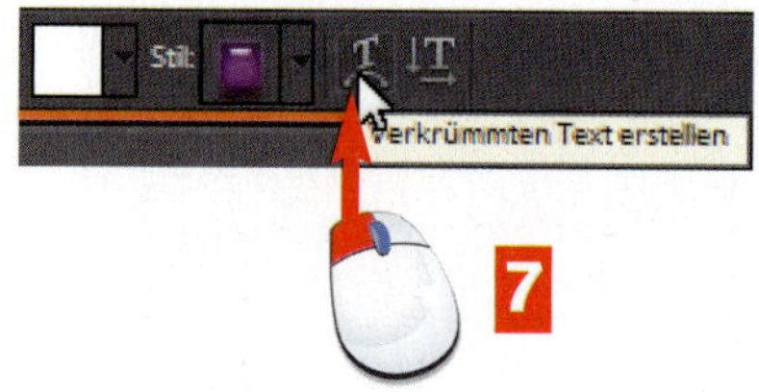


7

8

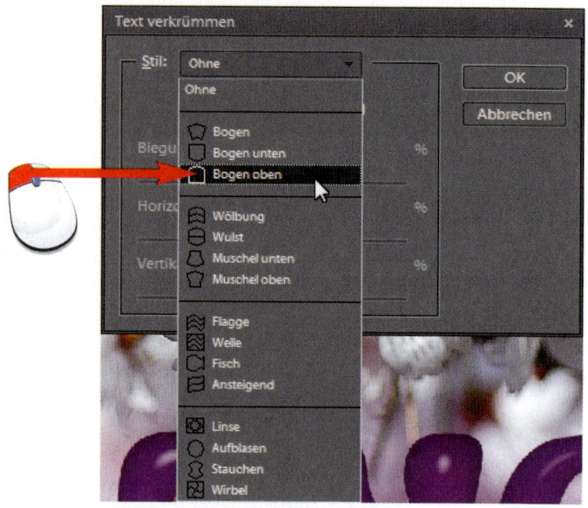


**6** Beachten Sie, dass die Textebene aktiviert ist. Sie erkennen dies an der Hervorhebung im *Ebenen*-Palettenfenster.

**7** Rufen Sie die Verkrümmungsoption in der Optionsleiste auf. Das Textwerkzeug muss dabei weiterhin aufgerufen bleiben.

**8** Wählen Sie im Listenfeld aus 15 verschiedenen Verkrümmungsformen.

Mit verformten Texten erzielen Sie in vielen Fällen ein ansprechendes Ergebnis. Der Text wird zum grafischen Element. So lässt sich beispielsweise ein dynamischer Eindruck erzeugen.

**WISSEN**

**9**

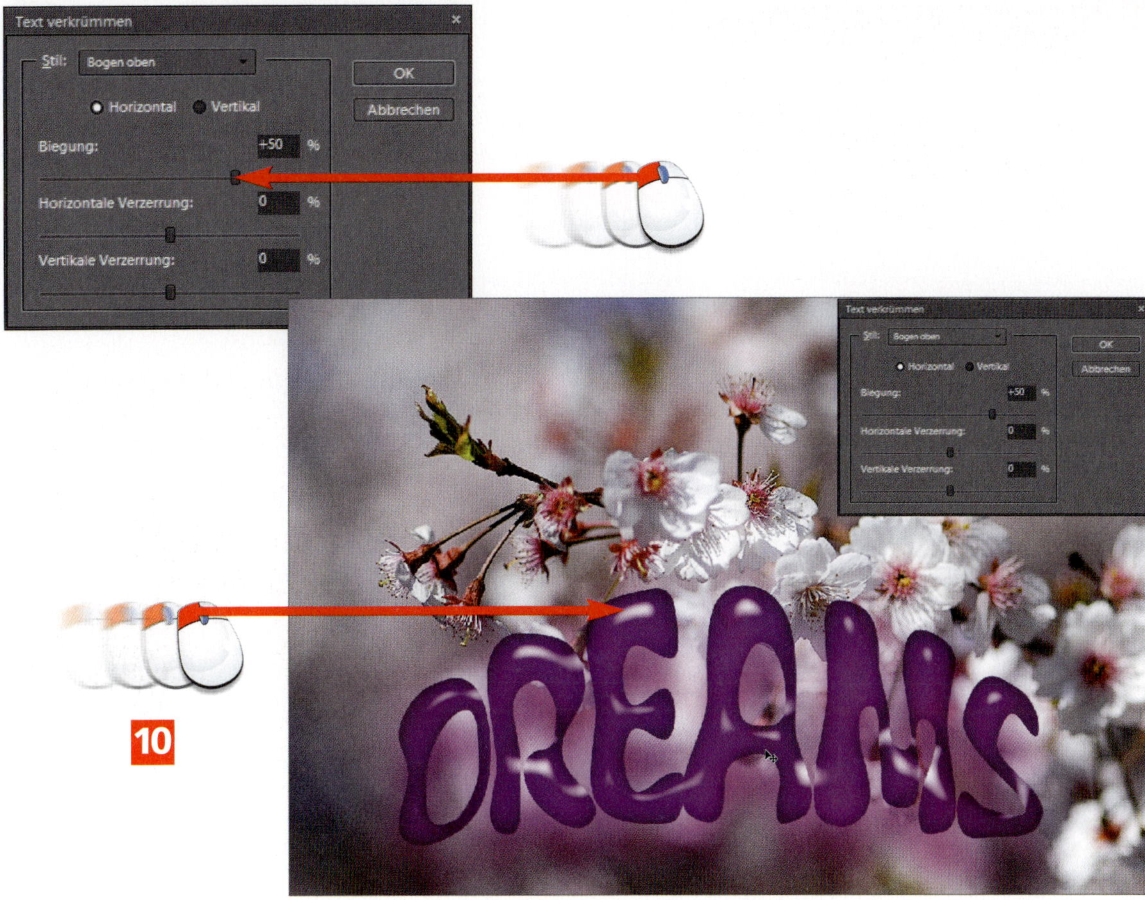


**10**

**9** Verändern Sie mit den Schiebereglern die Wirkung der Verkrümmung.

**10** Verändern Sie die Position des Schriftzugs wunschgemäß. Dies ist auch möglich, wenn das Dialogfeld noch geöffnet ist.

**Ende**

**TIPP**

Die Einstellungen lassen sich alternativ auch durch Eintippen eines neuen Werts in das Eingabefeld erledigen.

**HINWEIS**

Die Verformung kann entweder in der Horizontalen oder der Vertikalen erfolgen.

11

# Effekte mit Ebenenstilen

Start

1

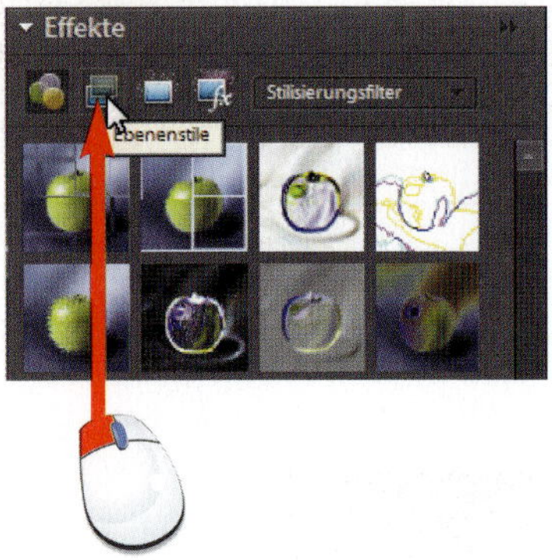


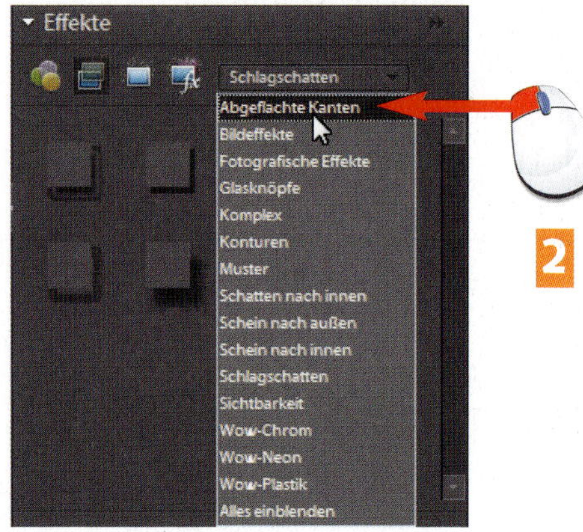


2

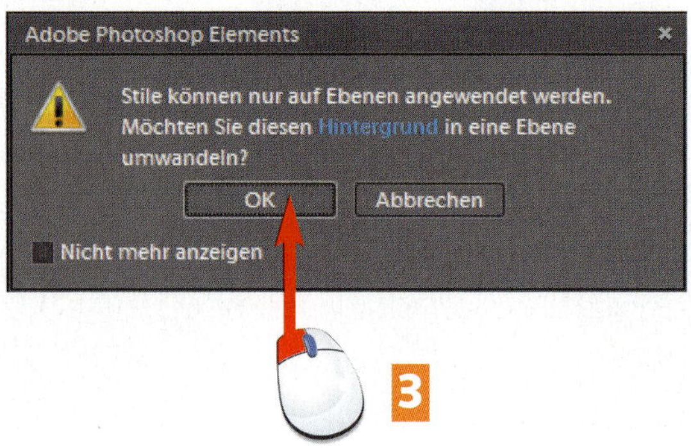


3

1 Wählen Sie im Palettenfenster *Effekte* mit der zweiten Schaltfläche die *Ebenenstile*-Option aus.

2 Im rechten Listenfeld gibt es viele verschiedene Kategorien. Klicken Sie hier auf den Eintrag *Abgeflachte Kanten*.

3 Falls Sie den Hintergrund noch nicht in eine Ebene umgewandelt haben, bestätigen Sie den entsprechenden Hinweis, der nach dem Zuweisen eines Stils erscheint.

Mit den Ebenenstilen von Photoshop Elements haben Sie viele Gestaltungsmöglichkeiten. Neben Schatten finden Sie hier auch Strukturen oder fotografische Effekte.

WISSEN

4

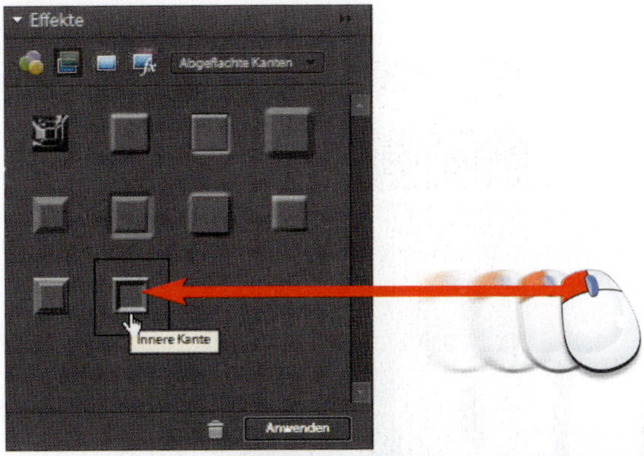


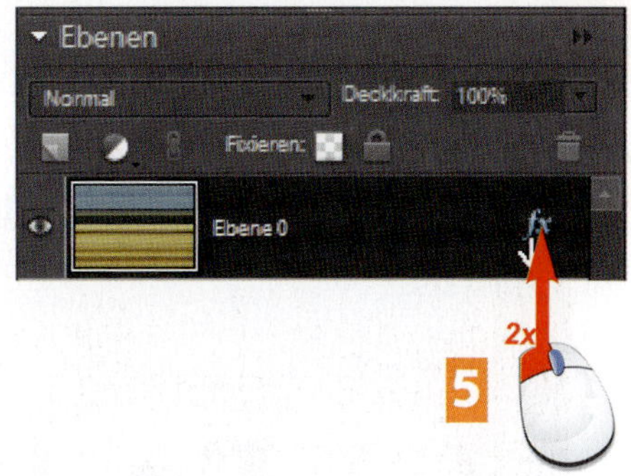


5

6

4 Ziehen Sie beispielsweise den Effekt *Innere Kante* in das Dokument. Er wird dann automatisch der Ebene zugewiesen.

5 Klicken Sie doppelt auf das Ebenenstilsymbol, ...

6 ... es öffnet sich ein Dialogfeld. Legen Sie hier die Stärke der Effektwirkung fest.

Ende

Hintergründe können Sie einfach mit einem Doppelklick auf den Eintrag im *Ebenen*-Palettenfenster in eine Ebene umwandeln.

Welche Optionen im Effekt-Dialogfeld aktivierbar sind, hängt vom ausgewählten Ebenenstil ab.

**TIPP**

**HINWEIS**

**Start**

1

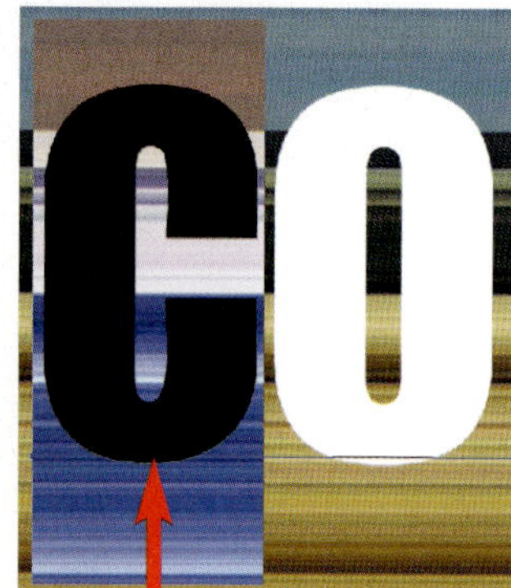


3

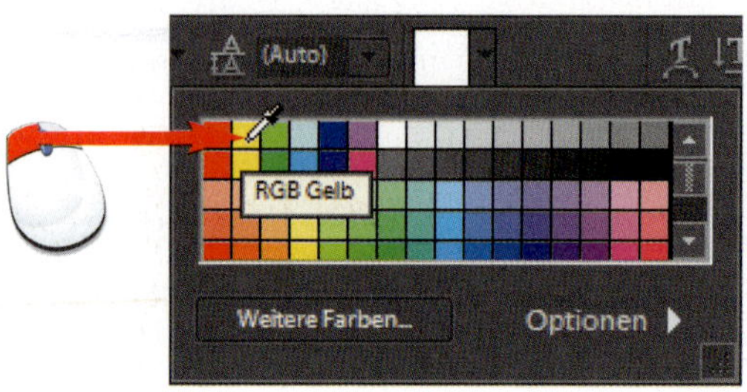

2

1 Erstellen Sie mit den Arbeitsschritten von Seite 200 einen Schriftzug. Die verwendeten Einstellungen sehen Sie in der Optionsleiste.

2 Ziehen Sie mit aktivem *Textwerkzeug* über den ersten Buchstaben, um diesen zu markieren. Die negative Darstellung zeigt die Markierung an.

3 Wählen Sie aus der Farbpalette in der Optionsleiste die gewünschte Farbe für den markierten Buchstaben aus.

Schriftzüge lassen sich auf sehr unterschiedliche Art und Weise gestalten. Zusätzlich zu den Ebenenstilen haben Sie auch die Möglichkeit, einzelne Buchstaben einzufärben.

**WISSEN**

4

5

**4** Markieren Sie den nächsten Buchstaben und wählen Sie auch hier eine neue Farbe. Setzen Sie dies fort, ...

**5** ... bis alle Buchstaben eine eigene Farbe erhalten haben.

Ende

## TIPP

Um Buchstaben einzeln oder in Gruppen umzufärben, müssen diese stets zuerst markiert werden. Die Farbauswahl bezieht sich immer auf die aktuelle Auswahl.

## HINWEIS

Auch alle anderen Formatierungen können auf die Markierung angewendet werden. So können die einzelnen Buchstaben zum Beispiel unterschiedliche Größen haben.

**Start**

1

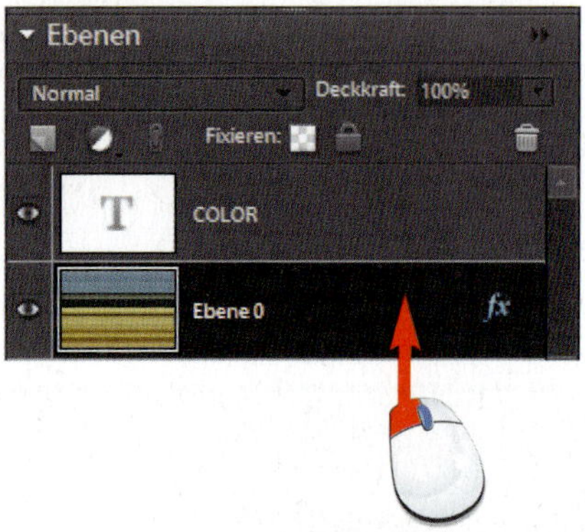


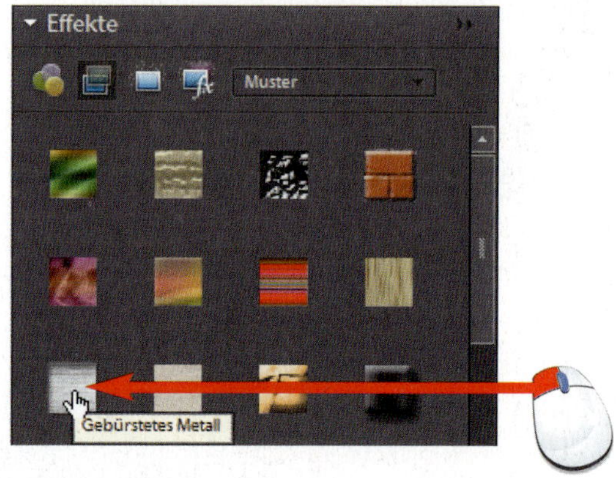


2

3

1 Klicken Sie auf die untere Ebene, um sie zu markieren.

2 Aktivieren Sie in der *Muster*-Rubrik der *Ebenenstile* die Option *Gebürstetes Metall*.

3 Danach entsteht das abgebildete Ergebnis.

Haben Sie erst einmal eine Vorlage – zum Beispiel mit Hintergrund und Schriftzügen – erstellt, ist eine Änderung schnell erledigt. Die vielen Ebenenstile laden zum Experimentieren ein.

**WISSEN**

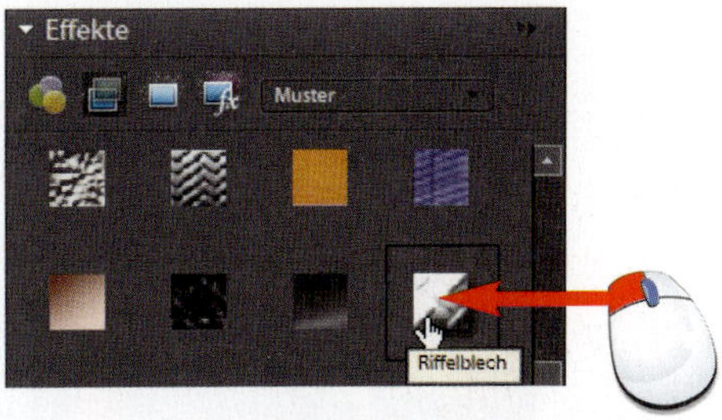


4

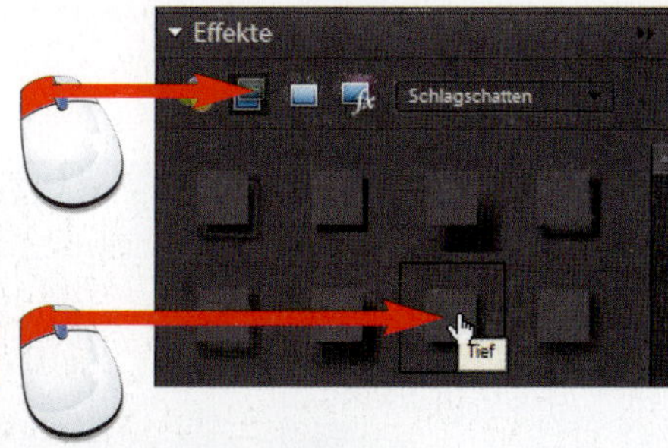


5

6

4 Markieren Sie die Textebene und wählen Sie hierfür das Muster *Riffelblech* aus.

5 Weisen Sie zusätzlich aus der *Schlagschatten*-Rubrik den Ebenenstil *Tief* zu.

6 Anschließend sehen Sie dieses interessante Ergebnis.

Ende

Es lohnt sich, verschiedene der vorgegebenen Ebenenstile auszuprobieren, um die geeignete Variante herauszufinden.

**TIPP**

Sie können mehrere Ebenenstile nacheinander anwenden. Wählen Sie dabei allerdings dieselbe Kategorie, wird der bisherige Stil „überschrieben“.

**TIPP**

Start

1

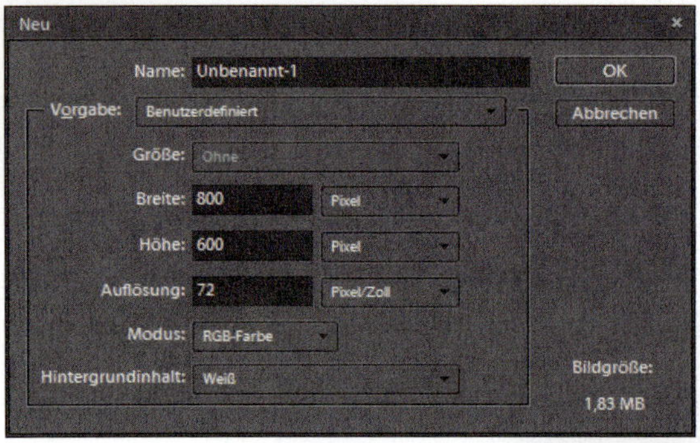


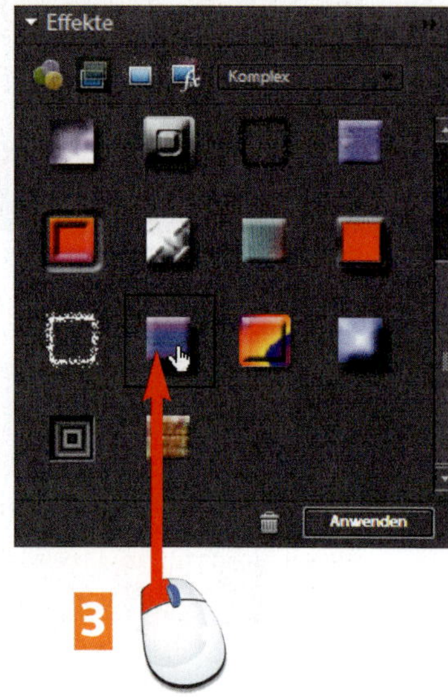


3

2

1 Erstellen Sie mit der Funktion *Datei/Neu* ein neues Dokument. Die verwendeten Maße zeigt die Abbildung.

2 In der *Muster*-Rubrik der Ebenenstile gibt es viele unterschiedliche Materialien. Probieren Sie die Muster nach Lust und Laune aus.

3 In der *Komplex*-Rubrik kommen neben den Strukturen noch weitere Effekte, wie Schatten oder Konturen, dazu. Wählen Sie die Option *Sonnenuntergang*, ...

Bestehende Fotos zu verändern, ist eine Möglichkeit, einen Hintergrund zu erhalten. Mit den Funktionen der Ebenenstile ist es aber auch sehr leicht, aus neuen, leeren Dokumenten schicke Hintergrundvarianten zu generieren.

**WISSEN**

4

5

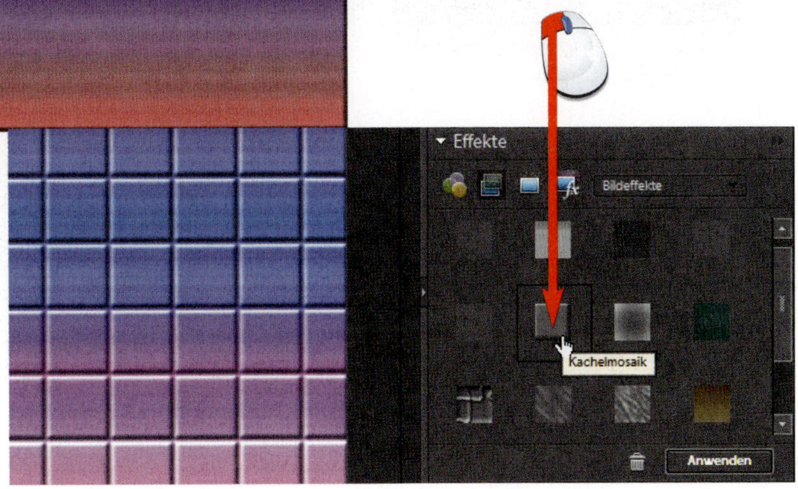


4 ... um dieses Ergebnis zu erhalten. Die Ebene wirkt durch die Schattierungen am Rand ein wenig „erhaben".

5 Weisen Sie außerdem aus der Kategorie *Bildeffekte* die Option *Kachelmosaik* zu.

Ende

**TIPP**

Sollen die Ebenenstile wieder von der Ebene entfernt werden, klicken Sie mit der rechten Maustaste auf das Symbol im *Ebenen*-Palettenfenster. In dem Menü finden Sie die Funktion *Ebenenstil löschen*.

**HINWEIS**

Sind mehrere Stile zugewiesen, können Sie nicht alle Einstellungen verändern. Die Tiefe des Puzzlemusters ist zum Beispiel nicht zu ändern.

**Start**

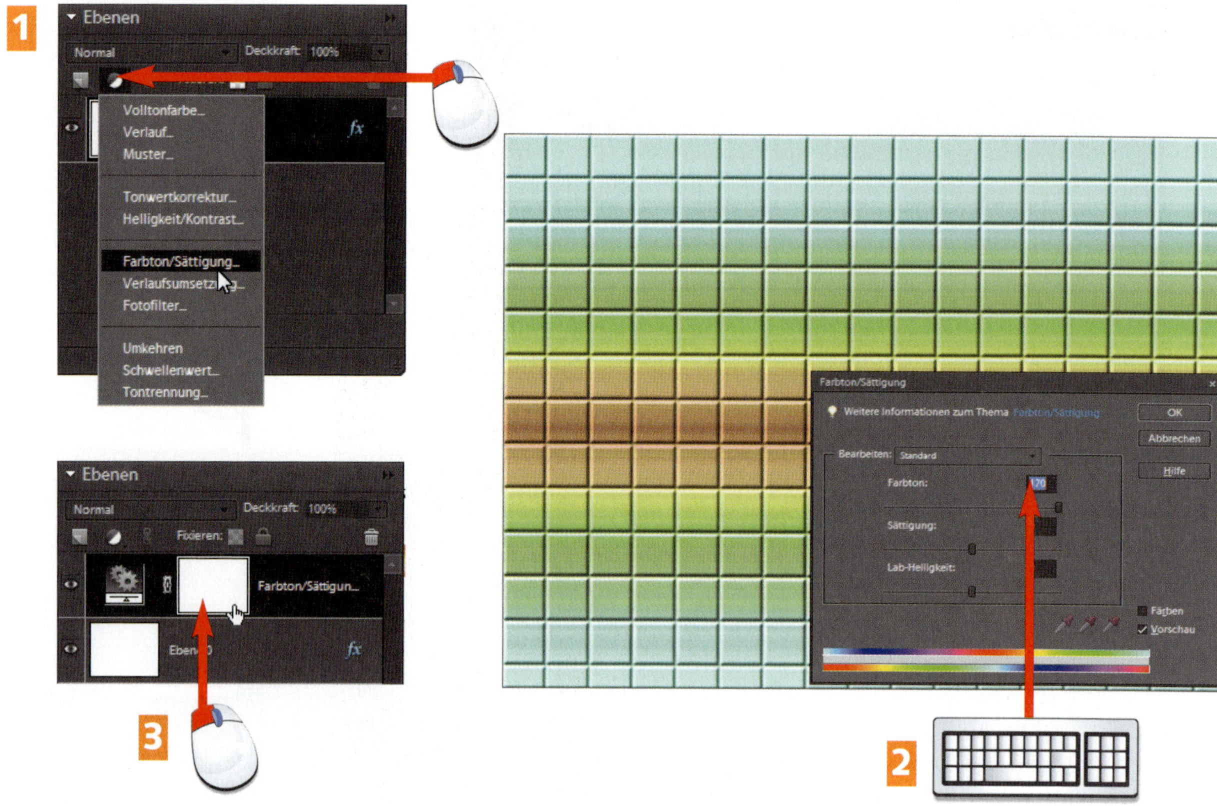


1 Klicken Sie in der Kopfzeile des *Ebenen*-Palettenfensters auf das abgebildete Symbol. Im Menü finden Sie nun die angebotenen Einstellungsebenen.

2 Mit der Einstellungsebene *Farbton/Sättigung* ändern Sie die farbliche Wirkung. Verändern Sie dazu den Wert für den *Farbton*.

3 Nach dem Bestätigen sehen Sie im *Ebenen*-Palettenfenster zwei neue Miniaturbilder. Klicken Sie das rechte weiße Miniaturbild an.

Ebenenstile lassen sich nachträglich jederzeit anpassen. So bleiben Sie bei der Arbeit flexibel. Neben den Ebenenstilen sind auch die Einstellungsebenen sehr praktisch, mit denen Sie das Ergebnis verändern.

**WISSEN**

4

5

6

4 Rufen Sie aus der Werkzeugleiste das *Verlaufswerkzeug* auf.

5 Die von uns verwendeten Einstellungen sehen Sie in der Optionsleiste. Ziehen Sie mit gedrückter linker Maustaste eine schräge Linie auf.

6 So entsteht eine wirkungsvolle „Teilwirkung" der Einstellungsebene.

Ende

**TIPP**

Neben einem geradlinigen Verlauf finden Sie in der Optionsleiste weitere Varianten. So kann der Verlauf zum Beispiel auch kreisförmig sein.

**HINWEIS**

Die Verläufe sorgen dafür, dass die angewandte Einstellungsebene nur partiell wirkt. An den schwarzen Stellen des Verlaufs wirkt die Einstellungsebene nicht – an den weißen Partien wirkt sie.

Start

1

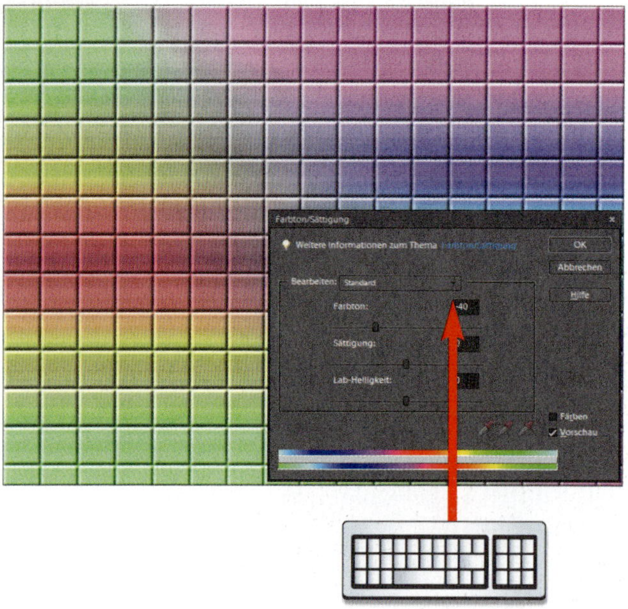


2

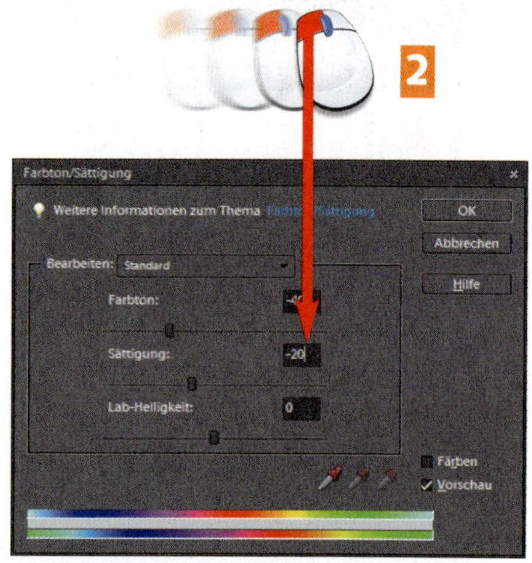


3

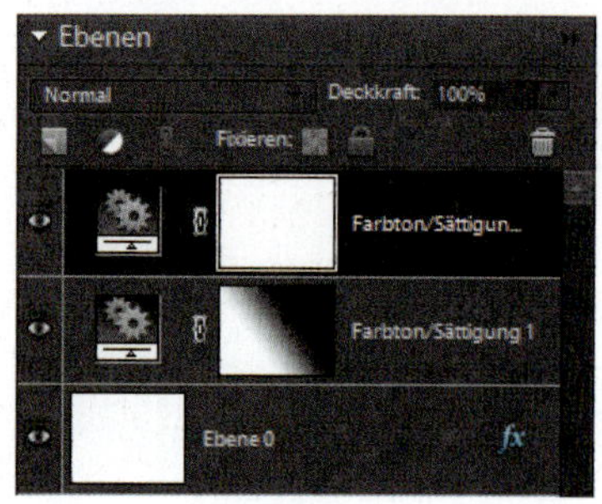


1 Erstellen Sie über dem Hintergrund eine weitere Einstellungsebene. Verwenden Sie für den *Farbton* den Wert *-40*.

2 Die bereits bestehende Einstellungsebene erhält neue Werte. Stellen Sie neben dem neuen Farbton auch eine reduzierte Farbsättigung ein.

3 Anschließend gibt es zwei Einstellungsebenen über dem Hintergrund.

Ist ein Hintergrund erst einmal gestaltet, lässt er sich schnell durch andere Muster oder veränderte Einstellungen der Einstellungsebenen in eine „ganz neue" Vorlage umwandeln. So haben wir bei dem Beispiel auf dieser Doppelseite den Ebenenstil *Rosa Impression* verwendet.

**WISSEN**

4
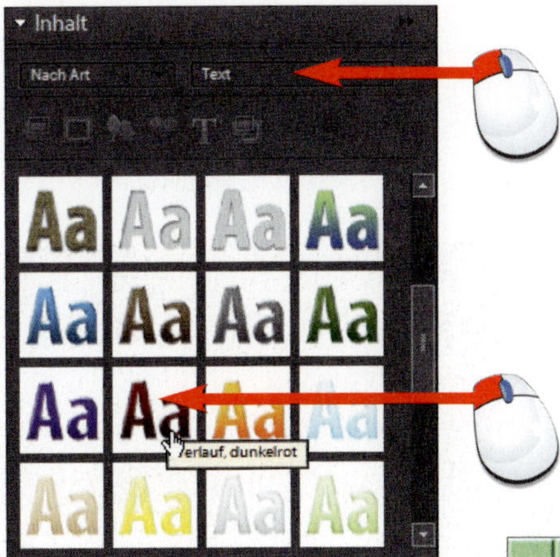


5

6

**4** Wenden Sie aus der *Text*-Rubrik des *Inhalt*-Palettenfensters den Effekt *Verlauf, dunkelrot* an, ...

**5** ... um dieses Ergebnis zu erhalten.

**6** Probieren Sie auch einmal andere Stile aus – wie hier beispielsweise den Effekt *Verlauf, schwarz*.

Ende

Das *Inhalt*-Palettenfenster können Sie über das *Fenster*-Menü öffnen. Schieben Sie die Registerkarte in den Palettenbereich, da neue Fenster standardmäßig frei schwebend geöffnet werden.

**TIPP**

Im *Inhalt*-Palettenfenster finden Sie die verschiedensten Vorlagen zu unterschiedlichen Themen und Anlässen. So finden Sie dort zum Beispiel auch Rahmen oder Grafiken.

**HINWEIS**

12

# Arbeitserleichterungen und Voreinstellungen

Start

1

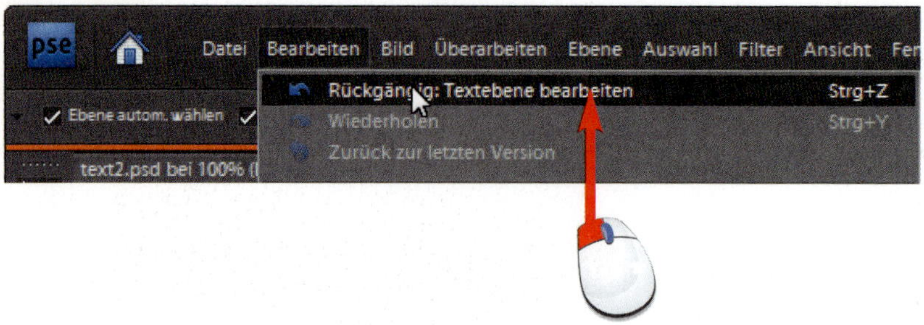


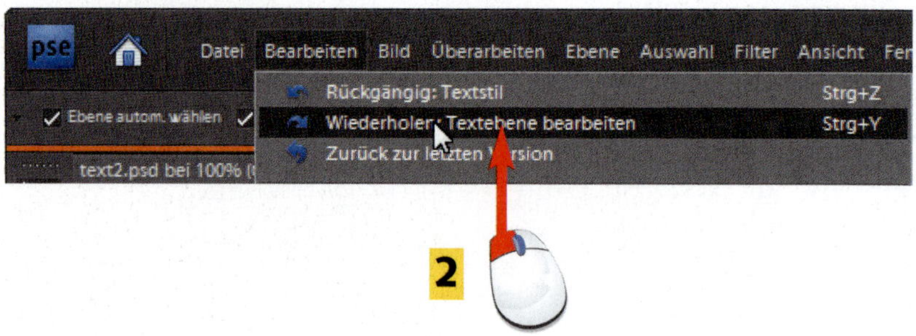


2

1 Nehmen Sie mit der Menüfunktion *Bearbeiten/Rückgängig* den letzten Arbeitsschritt zurück.

2 Klicken Sie auf diesen Menüeintrag, um einen zurückgenommenen Arbeitsschritt wiederherzustellen. Es lohnt, sich die Tastenkombinationen einzuprägen: um Arbeitsschritte zurückzunehmen Strg + Z oder wiederherzustellen Strg + Y.

Niemand arbeitet fehlerfrei. Das macht aber auch nichts. Natürlich stellt Photoshop Elements Möglichkeiten zur Verfügung, um Fehler zu korrigieren.

**WISSEN**

3

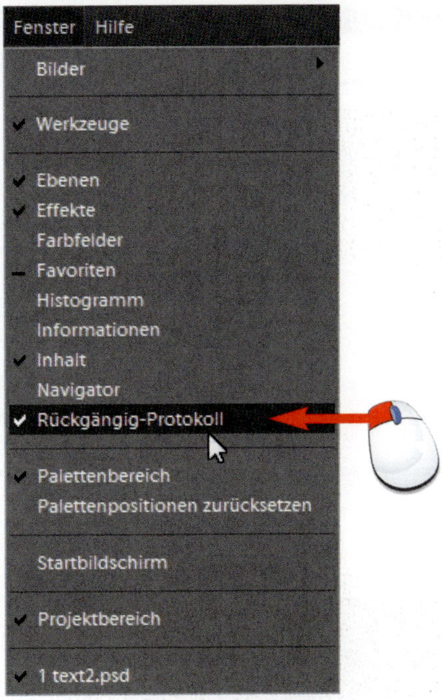


4

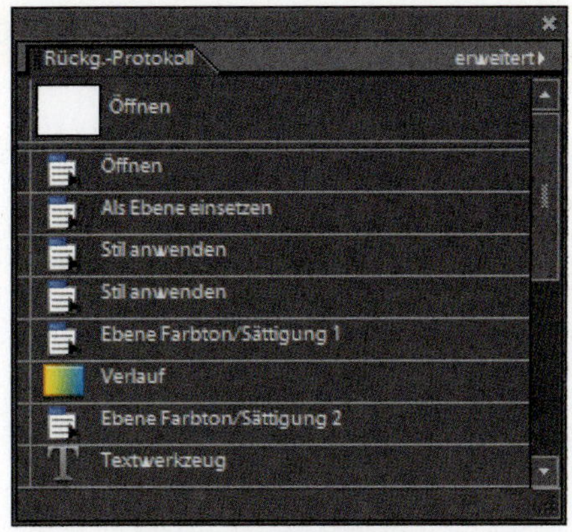


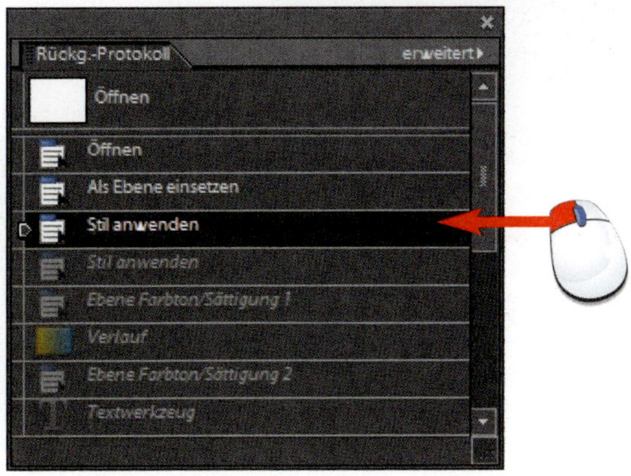


5

**3** Im *Fenster*-Menü finden Sie ein besonderes Palettenfenster. Rufen Sie die Funktion *Rückgängig-Protokoll* auf.

**4** In dem Palettenfenster listet Photoshop Elements alle Arbeitsschritte auf, die Sie seit dem Öffnen des Dokuments vorgenommen haben.

**5** Klicken Sie auf den Eintrag, zu dessen Arbeitsstadium Sie zurückkehren wollen.

**Ende**

Wollen Sie alle Arbeitsschritte zurücknehmen, die Sie seit der letzten Speicherung des Dokuments vorgenommen haben, verwenden Sie die Menüfunktion *Bearbeiten/Zurück zur letzten Version*.

**TIPP**

Rufen Sie mehrfach die *Rückgängig*-Funktion auf, wenn Sie mehrere Arbeitsschritte zurücknehmen wollen.

**HINWEIS**

**Start**

1

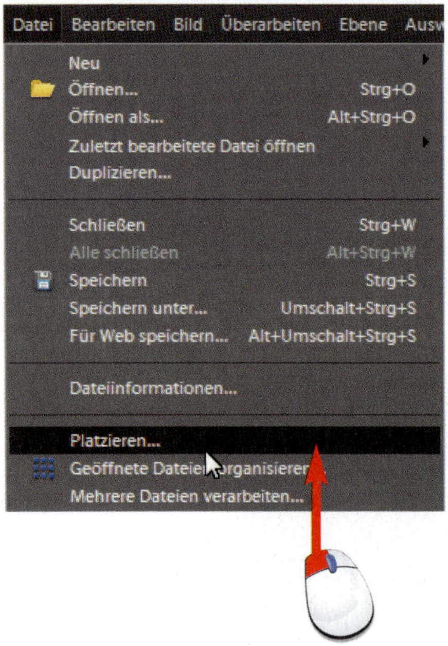


2

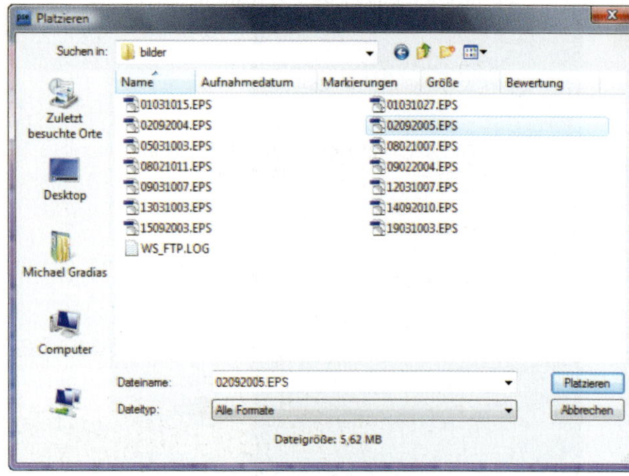


3

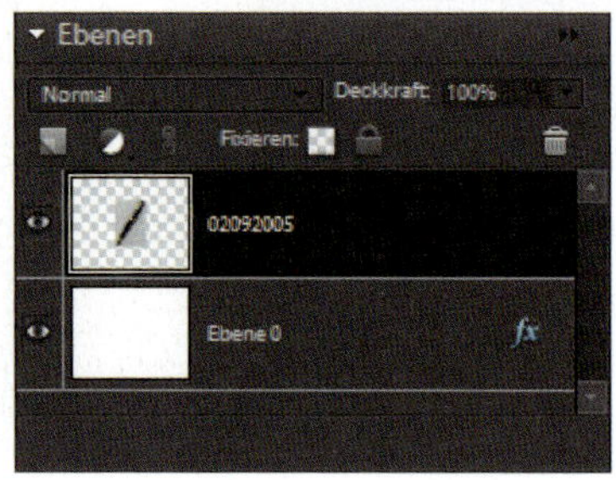


1 Rufen Sie die Funktion *Datei/Platzieren* auf.

2 Suchen Sie in dem Dialogfeld die gewünschte Datei. Auf ein Vorschaubild müssen Sie hier allerdings verzichten.

3 Die importierte Grafik wird als neue Ebene im *Ebenen*-Palettenfenster angezeigt.

Neben den gängigen Pixel-Dateiformaten unterstützt Photoshop Elements auch den Import von EPS-Dateien. So haben Sie die Möglichkeit, Grafiken, die Sie mit einem Grafikprogramm wie zum Beispiel CorelDRAW erstellt haben, in Ihre Fotos zu integrieren.

**WISSEN**

4

5

**4** Wenn Sie RAW-Dateien öffnen, ...

**5** ... wird zunächst das *Camera RAW*-Fenster geöffnet, in dem die Einstellungen angepasst werden.

Ende

Das RAW-Dateiformat kann nur gelesen werden. Zum Speichern des Ergebnisses muss ein anderes Dateiformat verwendet werden.

**TIPP**

**RAW**-Dateien werden verwendet, um die Kamera-Rohdaten zu erhalten. Die Einstellungen werden dann nachträglich im Bildbearbeitungsprogramm vorgenommen.

**FACHWORT**

Viele digitale Kameras speichern die Fotos nicht nur im komprimierten JPEG-Dateiformat, sondern optional auch zusätzlich als RAW-Dateien.

**HINWEIS**

**Start**

1

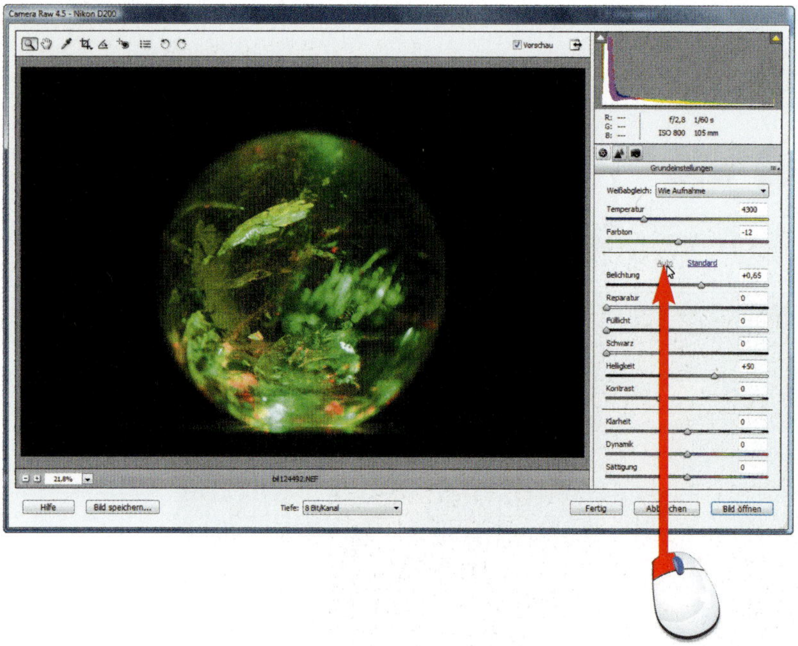

2

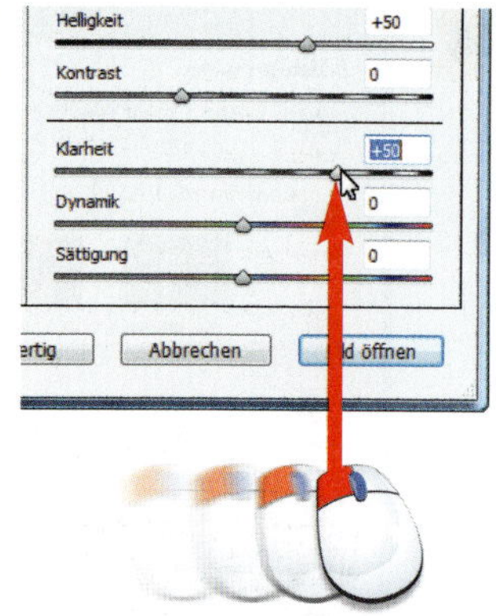


3

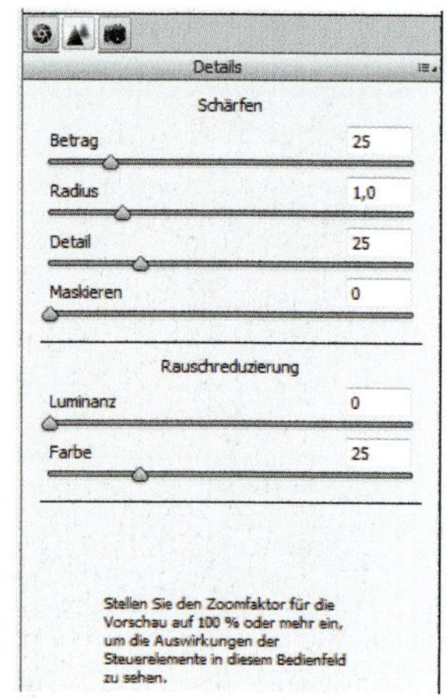


**1** Wenn Sie ein RAW-Bild öffnen, werden die vielfältigen Optimierungseinstellungen in einem gesonderten Arbeitsfenster bereitgestellt. Klicken Sie auf die *Auto*-Option, wenn die geeigneten Einstellungen automatisch vorgenommen werden sollen.

**2** Passen Sie die Werte durch Ziehen der jeweiligen Schieberegler an.

**3** Auf der zweiten Registerkarte finden Sie Optionen zum Schärfen des Bildes.

Viele Fotografen benutzen bei ihrer digitalen Kamera gerne das RAW-Format, das die unbehandelten „Rohdaten" der Kamera enthält. So können Sie die gewünschten Bildoptimierungen nachträglich in Photoshop Elements vornehmen. Dies ist in vielen Fällen flexibler als die Bearbeitung der Daten mit den kamerainternen Funktionen.

**WISSEN**

4

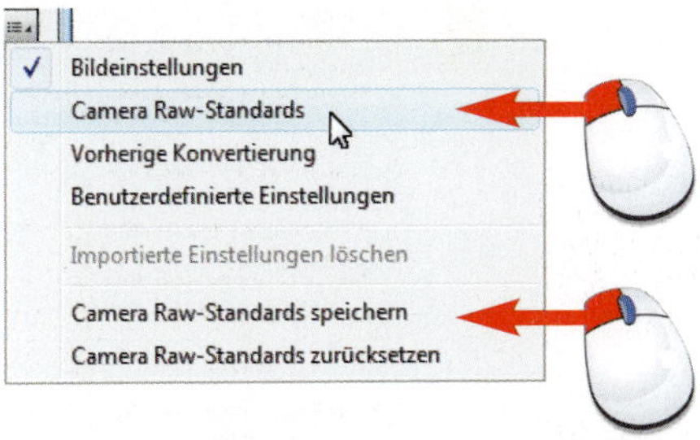


5

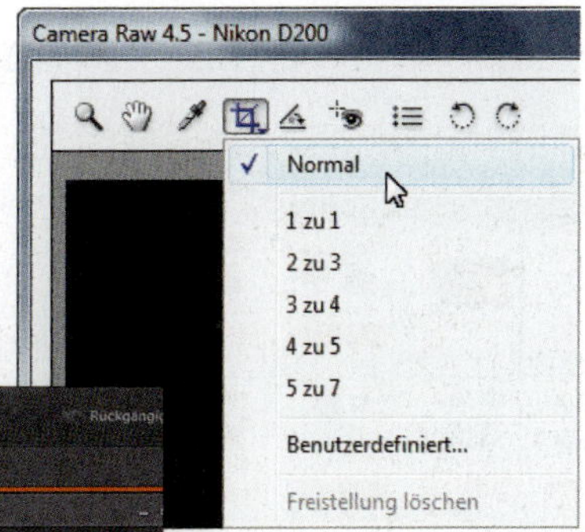

6

**4** Im Optionen-Menü oben rechts finden Sie Optionen zum Laden und Speichern der Einstellungen sowie zum Einstellen von Standardwerten.

**5** Über dem Vorschaubild sind unter anderem Funktionen zum Drehen oder Geraderücken des Fotos sowie zum Anpassen der Darstellungsgröße untergebracht.

**6** Nach dem Laden des Bildes kann es wie gewohnt mit den bekannten Funktionen von Photoshop Elements verändert werden.

Ende

**TIPP**

Wenn Sie Ihre RAW-Fotos beispielsweise in einem Textbearbeitungsprogramm weiterverarbeiten möchten, ist es zwingend nötig, die Bilder in ein anderes Dateiformat zu konvertieren – wie etwa JPEG.

**HINWEIS**

Wenn Sie überlegen, Ihre Fotos im RAW-Format aufzunehmen, müssen Sie aber bedenken, dass die Dateigrößen drastisch größer sind, als wenn Sie JPEG-Bilder verwenden würden.

Start

1

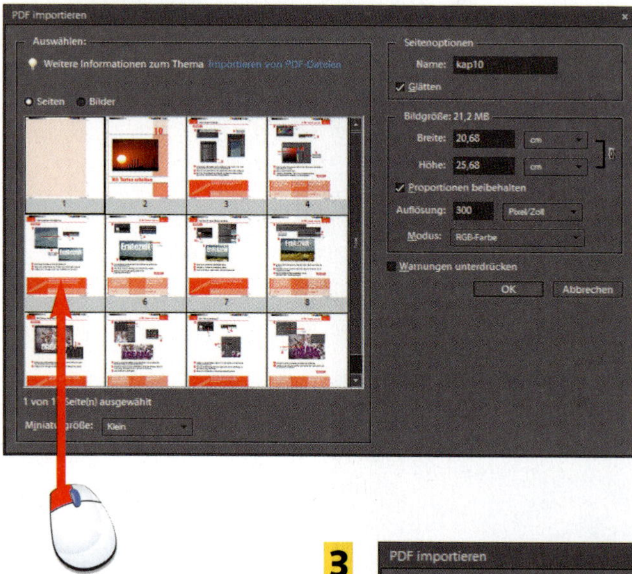


2

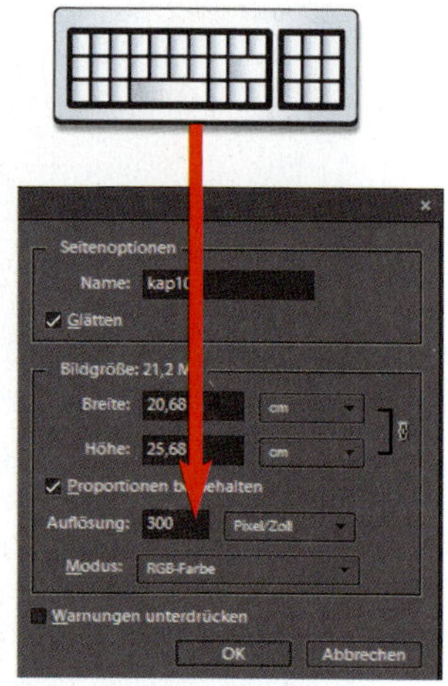

3

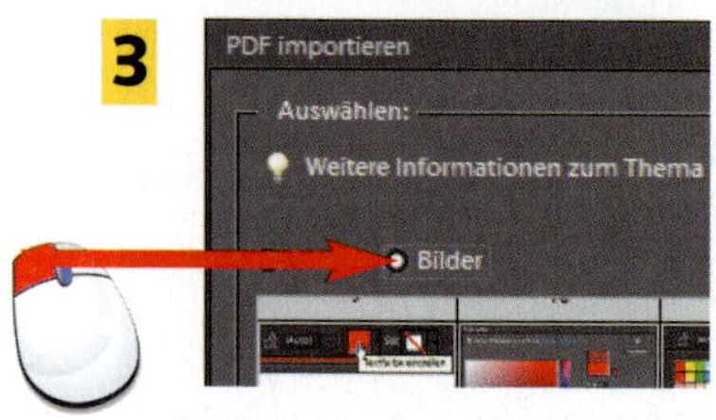


**1** Wenn Sie ein PDF-Dokument mit der Funktion *Datei/Öffnen* öffnen, werden die verfügbaren Seiten in einen gesonderten Dialogfeld aufgeführt. Wählen Sie eine Seite aus.

**2** Geben Sie auf der rechten Seite des Dialogfelds die gewünschte Auflösung an.

**3** Markieren Sie im *Auswählen*-Listenfeld die *Bilder*-Option, ...

PDF-Dateien begegnen Ihnen häufig im Web. Daher sind auch die Funktionen interessant, die Photoshop Elements anbietet, um PDF-Dateien oder Teile davon zu importieren. Vielleicht wollen Sie ja auch nachträglich Bilder aus selbst erstellten PDF-Dokumenten wieder extrahieren.

**WISSEN**

4

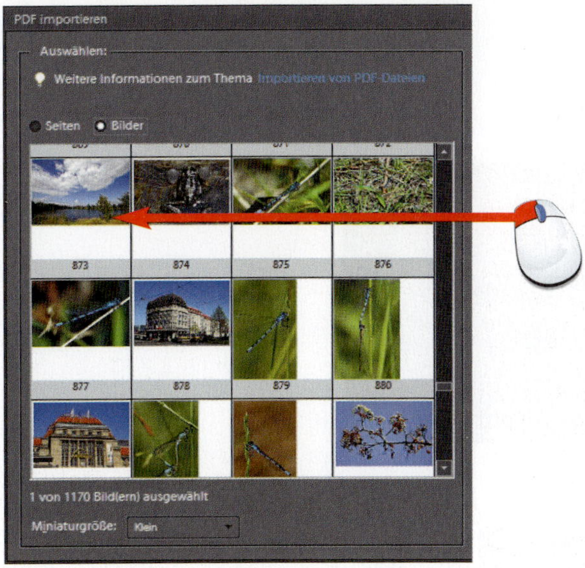


5

6

**4** ... werden alle Bilder, die sich in einem PDF-Dokument befinden, im Dialogfeld angezeigt.

**5** Sie können eine oder mehrere Dateien markieren, die nach dem Anklicken der *OK*-Schaltfläche ...

**6** ... in den Projektbereich des Editors übertragen werden.

Ende

**TIPP**

Das PDF-Dokument wird beim Import „gerastert". Dabei werden die Daten in ein Pixelbild umgerechnet.

**FACHWORT**

**Portable Document Format (PDF)** ist inzwischen zum Standarddateiformat geworden. Hierbei bleiben Gestaltungen erhalten und können auf allen Rechnertypen angezeigt werden.

**HINWEIS**

Wenn Sie die Strg-Taste beim Anklicken von Bildern gedrückt halten, können Sie mehrere Bilder gleichzeitig markieren.

**Start**

**1** Rufen Sie die Funktion *Bearbeiten/Voreinstellungen/Allgemein* auf.

**2** Die Voreinstellungen sind thematisch gegliedert. Wählen Sie die verschiedenen Rubriken über das Listenfeld aus.

**3** Wenn Sie wissen wollen, was sich hinter einer Option verbirgt, halten Sie den Mauszeiger über die Option. In einem Hilfeschild wird die Option erläutert.

Es ist durchaus empfehlenswert, einmal einen Blick in die Voreinstellungen zu werfen. So können Sie sich Ihre Arbeit mit Photoshop Elements ein wenig erleichtern.

**WISSEN**

4

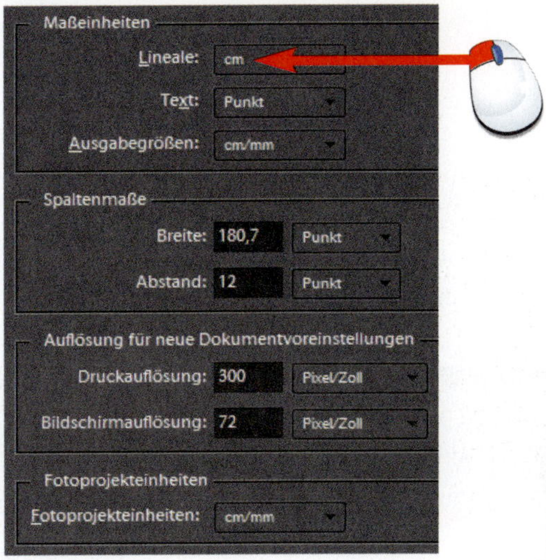


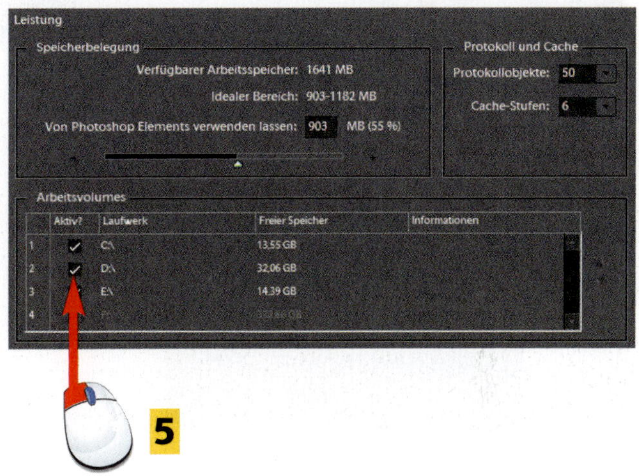


5

**4** Legen Sie in der Rubrik *Maßeinheiten* fest, in welchen Maßeinheiten zum Beispiel die Lineale beschriftet werden.

**5** Geben Sie in der Rubrik *Leistung* im Bereich *Arbeitsvolumes* eine Festplatte mit möglichst viel freier Kapazität an.

Ende

**TIPP**

Die Option *Protokollobjekte* in der Rubrik *Leistung* legt fest, wie viele Arbeitsschritte sich Photoshop „merkt". Damit legen Sie fest, wie viele Arbeitsschritte Sie maximal zurücknehmen können.

**HINWEIS**

Für die Bildbearbeitung werden stets Daten ausgelagert. Daher ist es wichtig, dass Sie ausreichend virtuellen Speicher bereitstellen.

**Start**

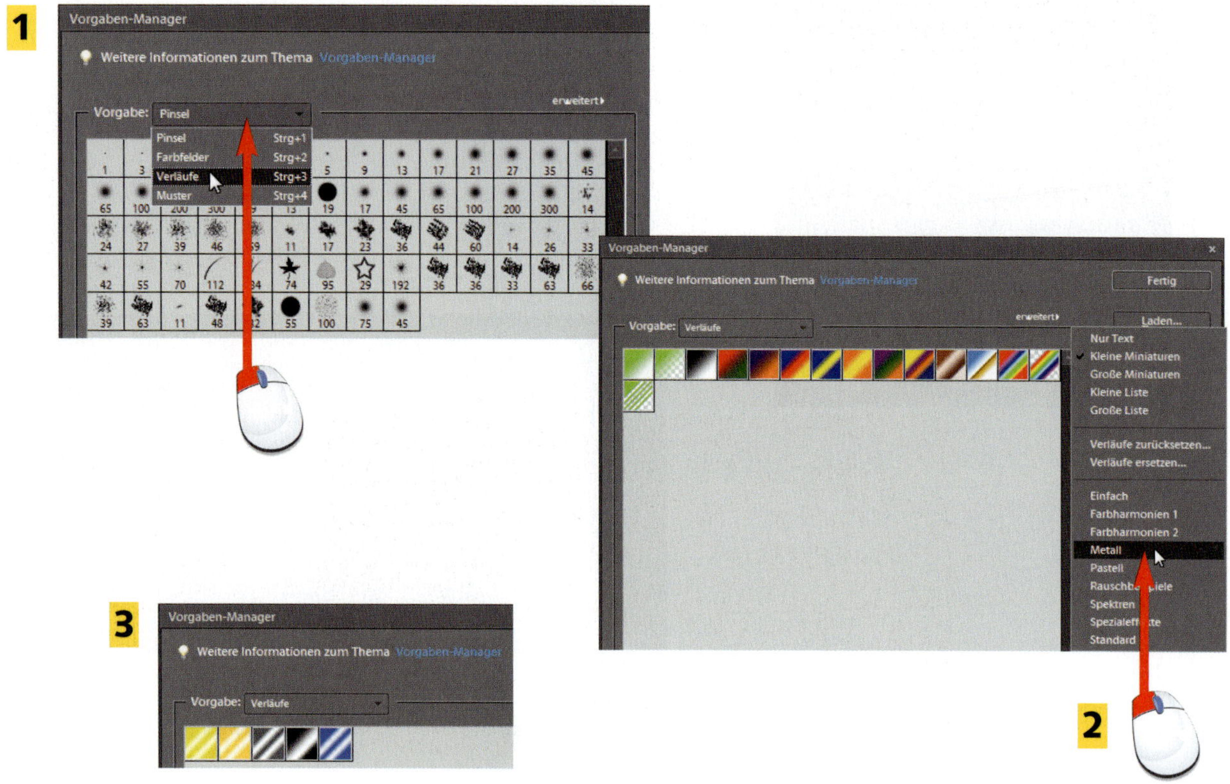


**1** Rufen Sie die Funktion *Bearbeiten/Vorgaben-Manager* auf. Wählen Sie im oberen Listenfeld das Thema aus, das Sie ändern wollen.

**2** Wählen Sie über die *Erweitert*-Schaltfläche eine der verschiedenen Bibliotheken aus.

**3** Dies ist zum Beispiel der Inhalt der *Metall*-Verlaufsbibliothek.

Photoshop Elements liefert eine große Anzahl an verschiedenen Vorlagen mit, wie etwa Muster, Strukturen oder Verläufe. Diese können Sie verwenden, um ohne großen Aufwand ansehnliche grafische Ergebnisse zu erhalten.

**WISSEN**

4

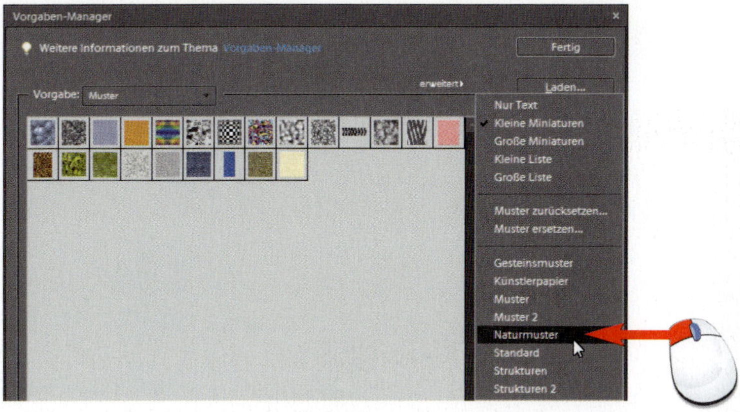


5

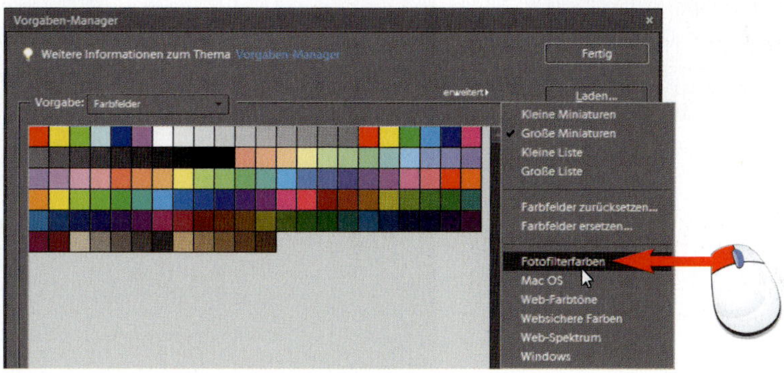


6

**4** Für jedes Thema sind im *Erweitert*-Menü zusätzliche Vorlagen untergebracht – wählen Sie hier die Muster aus.

**5** Dies sind die vorhandenen *Naturmuster*.

**6** Wählen Sie bei den Farben zwischen unterschiedlichen Farbpaletten.

Ende

**TIPP**

Mit der entsprechenden *Zurücksetzen*-Option im erweiterten Menü werden die ursprünglichen Vorlagen wieder eingestellt.

**HINWEIS**

Durchstöbern Sie einmal die verschiedenen Bibliotheken – es lohnt sich!

Start

1

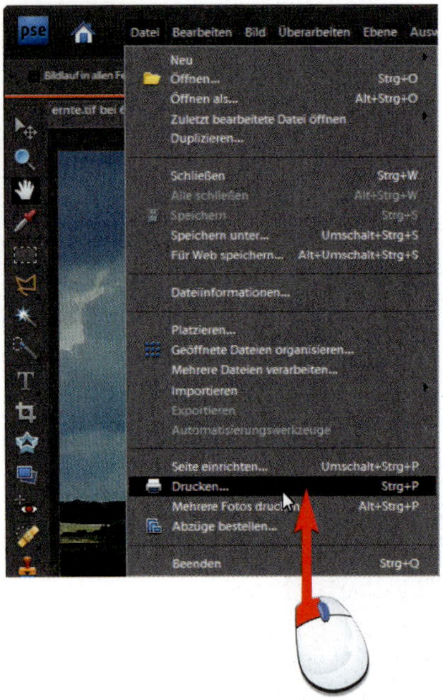


2

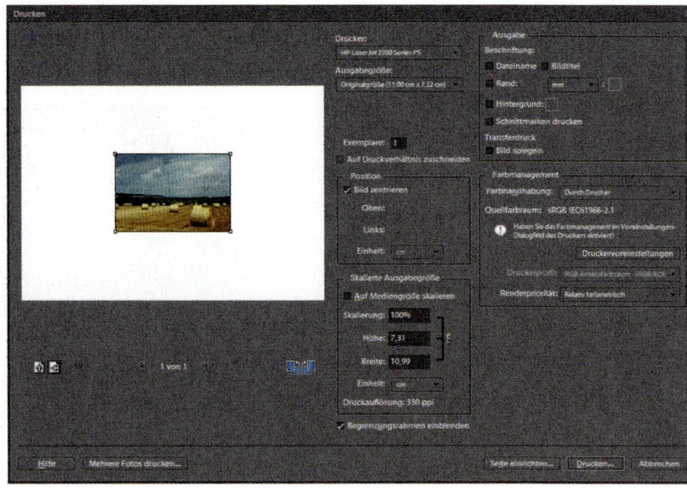


**1** Rufen Sie die Funktion *Datei/Drucken* auf, ...

**2** ... dann wird dieses Dialogfeld mit den Druckoptionen geöffnet. Im linken Bereich wird die Vorschau der aktuellen Druckseite angezeigt.

Nachdem die Fotos optimiert und bearbeitet sind, wollen Sie sie vielleicht ausdrucken. Auch für diese Aufgabenstellung stellt Photoshop Elements vielseitige Funktionen bereit.

**WISSEN**

**3**

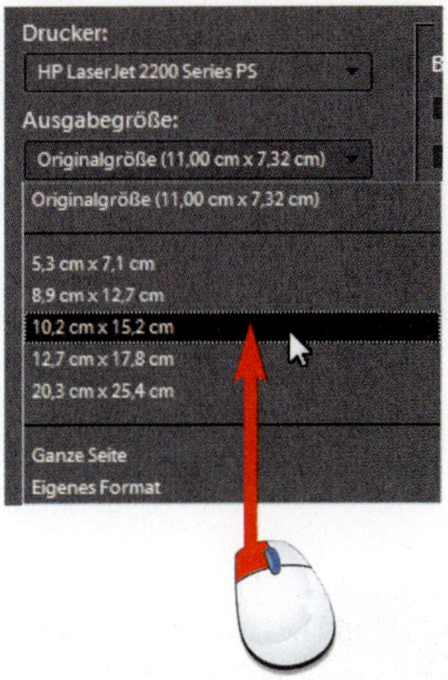


**4**

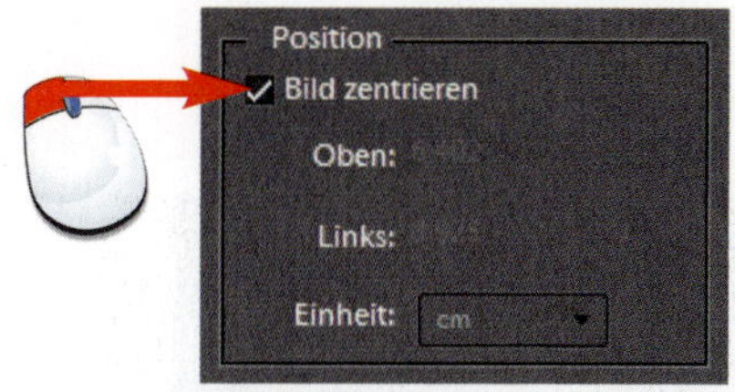


**5**

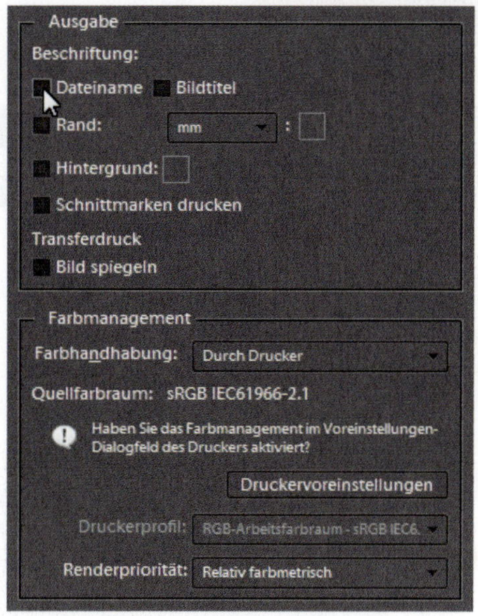


**3** Im Listenfeld *Ausgabegröße* wird die Größe des Papiers eingestellt, auf dem Sie das Ergebnis ausdrucken wollen.

**4** Aktivieren Sie die Option *Bild zentrieren*, damit das Ergebnis in der Mitte des Papiers ausgedruckt wird.

**5** Im rechten Bereich finden Sie diverse zusätzliche Optionen.

Ende

Wenn beim Ausdrucken die Auflösung zu gering ist, wird ein entsprechender Warnhinweis eingeblendet.

**TIPP**

Je geringer die Auflösung ist, umso eher sind die einzelnen Pixel zu erkennen, aus denen jedes Foto besteht. Die Auflösung sollte daher so gewählt werden, dass die Pixel nicht zu sehen sind.

**HINWEIS**

Start

1

2

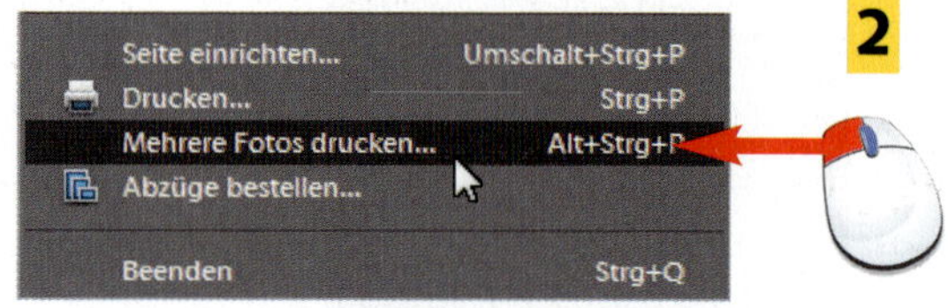


3

**1** Verwenden Sie die Schaltfläche *Mehrere Fotos drucken* im Drucken-Dialogfeld, wenn Sie mehr als ein Foto ausdrucken wollen.

**2** Sie erreichen diese Funktion auch über das *Datei*-Menü.

**3** Mit der *Hinzufügen*-Schaltfläche werden weitere Fotos in die Liste übernommen.

Oft ist es nützlich, eine Übersicht der Fotos zu drucken. Photoshop Elements stellt zum Beispiel Funktionen bereit, um Kontaktabzüge zu drucken.

**WISSEN**

**4**

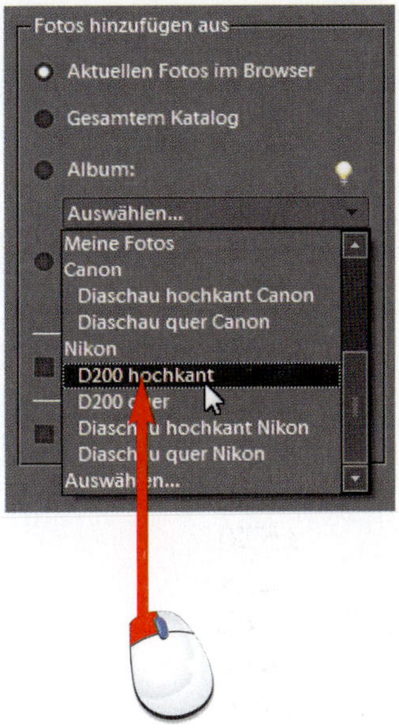


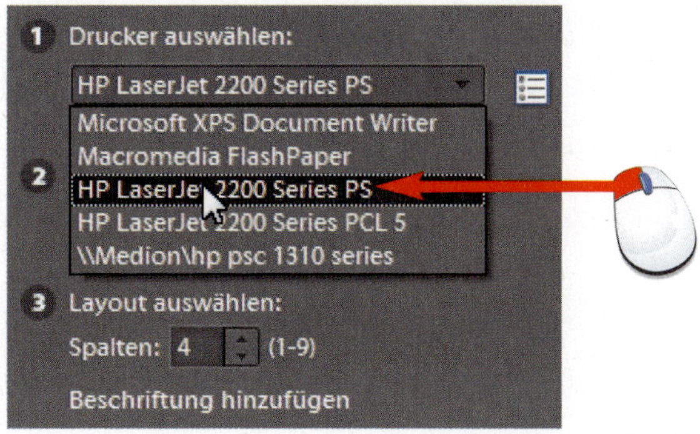


**5**

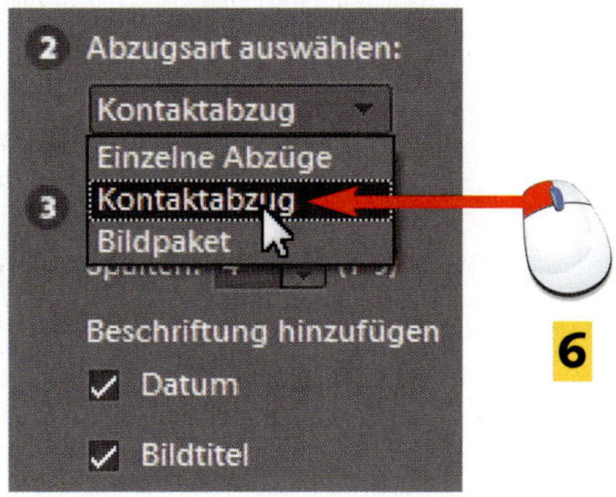


**6**

**4** Geben Sie an, von wo die Fotos ausgewählt werden sollen – dies könnte zum Beispiel ein Album sein.

**5** Stellen Sie im oberen Listenfeld den Drucker ein, auf dem das Ergebnis ausgegeben werden soll.

**6** In der Abzugsart-Liste wird eingestellt, wie die Fotos ausgedruckt werden sollen – beispielsweise als Kontaktabzug.

Ende

Mit der Tastenkombination Strg + A können Sie alle Bilder in der Liste markieren.

**TIPP**

Bei Bedarf kann der Dateiname des Fotos ebenso wie der Bildtitel und das Erstellungsdatum mit ausgedruckt werden.

**HINWEIS**

| | | |
|---|---|---|
| **Tonwert** |  | Jedes Pixel eines Fotos besitzt einen Wert, der aus den Farbtönen Rot, Grün und Blau zusammengesetzt ist. Dieser Wert wird Tonwert genannt. Besitzen die Farbwerte alle denselben Wert, entstehen graue Töne. |
| **Transparenz** |  | Durchsichtige Teile eines Bilds werden transparent genannt. Diese Transparenz lässt sich beispielsweise einsetzen, um Bilder mit einem verformten Rand aufzulockern. Da Transparenz am Bildschirm nicht dargestellt werden kann, wird zur Verdeutlichung ein Karomuster verwendet. |
| **TrueColor-Modus** |  | In diesem Farbmodus wird die maximal mögliche Farbanzahl von 16,7 Millionen unterschiedlichen Farbtönen bereitgestellt. Durch die nuancierte Farbwiedergabe ist dieser Farbmodus für Fotos sehr gut geeignet. |

**Auflösung**

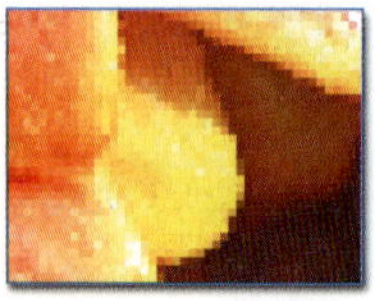

Je mehr Pixel auf einer festgelegten Strecke (→ DPI) untergebracht sind, umso höher ist die Auflösung. Bei hohen Auflösungen sind viele Details erkennbar. Dafür wächst die Dateigröße.

**Auswahl**

Sollen nur Teile eines Fotos verändert werden, muss der gewünschte Bereich markiert – ausgewählt – werden. Zum Auswählen von Bildteilen werden verschiedene Werkzeuge angeboten.

**Backup**

Um digitale Daten vor Verlust zu bewahren, sollten in regelmäßigen Abständen Sicherheitskopien der Daten angefertigt werden. Auf diese Backups kann im Notfall zurückgegriffen werden.

**Bildbearbeitung**

Sollen Digitalfotos im Rechner verändert werden, wird dazu ein Bildbearbeitungsprogramm benötigt. Dort werden beispielsweise Funktionen zur Optimierung oder Verfremdung des Fotos bereitgestellt.

**Bildoptimierung**

Fotos die bei der Aufnahme nicht ganz so gut gelungen sind, lassen sich nachträglich im Rechner verbessern. Die → Bildbearbeitungsprogramme stellen Funktionen bereit, um zum Beispiel Helligkeit und → Kontrast des Fotos zu verbessern. Völlig misslungene Bilder werden damit allerdings auch nicht zu Topfotografien.

**Blendenflecke**

Bei Gegenlichtaufnahmen treten bei der Fotografie sogenannte Blendenflecke auf. Diese Reflexe entstehen durch den Aufbau der Linsen und sind je nach verwendetem Objektiv unterschiedlich. Mithilfe von Effekten eines → Bildbearbeitungsprogramms lassen sie sich nachträglich als Gestaltungsmittel in Fotos einfügen.

**Brillanz**

Unter brillanten Fotos versteht man eine kontrastreiche und detaillierte Bildqualität. Bei kontrastarmen Fotos spricht man dagegen von „flauen" Bildern. Die Brillanz eines Fotos kann mithilfe eines → Bildbearbeitungsprogramms nachträglich verbessert werden.

**Browser**

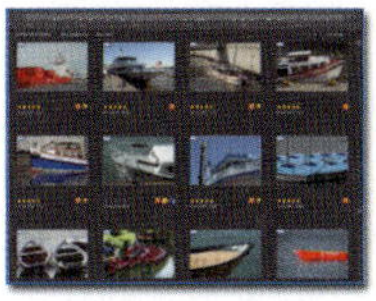

Je mehr Dateien sich auf dem Rechner befinden, umso schwieriger wird das Auffinden einer bestimmten Datei. Dabei sind Browser hilfreich, die den Inhalt von Ordnern mit kleinen → Vorschaubildern anzeigen. Das Album von Photoshop Elements ist zum Beispiel ein solcher Browser.

**CCD-Chip**

(siehe Digitalkameras)

**CMYK**

Farbmodell, das beim Druck verwendet wird. Die Druckfarben setzen sich aus **C**yan (ein Hellblau), **M**agenta (ein Rosa) und **Y**ellow (Gelb) zusammen. Dazu kommt Schwarz, das mit einem **K** für Kontrast gekennzeichnet ist.

**Collage**

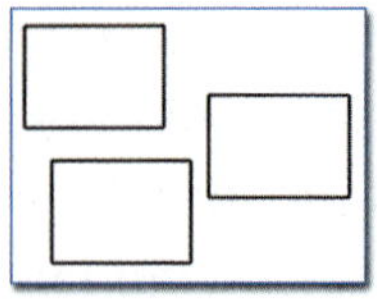

Werden mehrere Fotos in einem Dokument zusammengefasst, spricht man von einer Collage. Diese Collagen werden verwendet, um Bilder attraktiver zu präsentieren. Digitale Fotoalben sind ein solches Beispiel.

**Dateiendung, Dateiformat**

Jede Datei wird mit einer Dateiendung versehen, um das Dateiformat zu erkennen. → JPEG, → GIF und → TIFF sind derartige Beispiele. Die Dateiendungen lassen sich auch mit einem Programm verbinden. Wird dann diese Datei aufgerufen, startet Windows das damit verbundene Programm automatisch.

**Dateigröße**

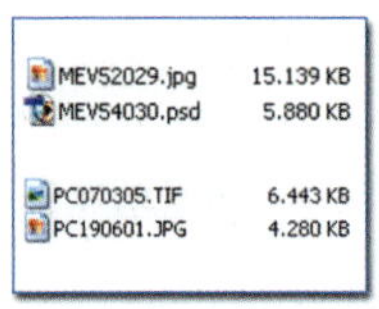


Je höher die → Auflösung eines Fotos ist, umso mehr Pixel enthält es. Jedes Pixel benötigt Speicherplatz. So entstehen bei der digitalen Fotografie schnell sehr große Dateien.

**Datenträger**

Auf Datenträgern werden Ihre digitalen Daten gesichert. Dies können fest im Rechner installierte Datenträger – → Festplatten – oder transportable Datenträger sein. In diese Kategorie gehören auch die Speicherkarten von digitalen Kameras.

**Dialogfelder**

Einige Funktionen werden in gesonderten Fenstern bereitgestellt, den sogenannten Dialogfeldern. Je nach aufgerufener Funktion können in den Dialogfeldern wenige oder auch sehr viele Funktionen untergebracht sein.

## Digitalkameras

Digitale Kameras arbeiten nicht mit einem Film, wie es früher üblich war, sondern mit einem CCD-Chip, der die eintreffenden Lichtstrahlen in elektrische Ströme umwandelt und das Ergebnis auf einer Speicherkarte sichert. Die Bilder werden dann auf den Rechner übertragen und dort bearbeitet.

## DPI

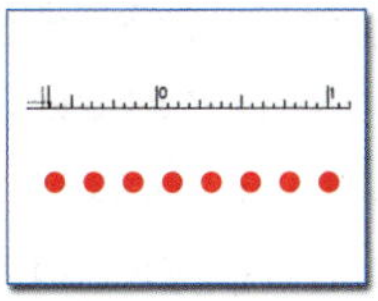

**D**ots (Punkte) **p**ro **I**nch (2,54 Zentimeter) ist das Maß für die Auflösung von Bildern. Je höher dieser Wert ist, umso mehr Details enthält das Bild. Ist der Wert zu niedrig, werden die einzelnen → Pixel des Bilds sichtbar. Dies sollte nicht passieren.

## Drag & Drop

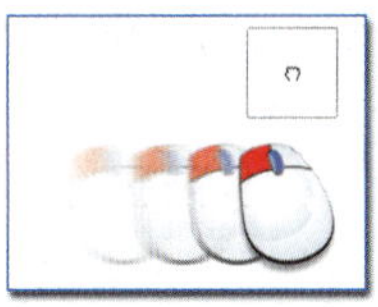

Drag & Drop kommt aus dem Englischen und bedeutet „Ziehen und Ablegen". Damit haben Sie die Möglichkeit, Vorgänge mit der Maus durchzuführen. So können Sie beispielsweise eine Datei per Drag & Drop verschieben.

## Ebenen

Standardmäßig bestehen Fotos nur aus dem Hintergrund. In → Bildbearbeitungsprogrammen haben Sie zusätzlich die Option, Ebenen hinzuzufügen, um beispielsweise Texte oder andere Fotos darauf zu platzieren. Die Ebenen kann man sich wie übereinanderliegende Folien vorstellen.

## Effektfilter

Wo früher Pinsel, Pastellkreiden oder Aquarellfarben zum Einsatz kamen, werden heute Effektfilter in → Bildbearbeitungsprogrammen verwendet. Als Ausgangsmaterial dienen „ganz normale" Fotos.

**EPS**

(**E**ncapsulated **P**ost**S**cript) Ein Dateiformat, das für Vektorgrafiken verwendet wird, die Sie zum Beispiel mit Grafikprogrammen à la CorelDRAW erstellen. Es wird auch für grafische Darstellungen wie etwa Schriftzüge verwendet.

**Exif-Daten**

(**Ex**changeable **I**mage **F**ile) Kameras speichern bei der Aufnahme automatisch diverse Daten mit dem Foto. Die Exif-Daten enthalten unter anderem Informationen über das Aufnahmedatum und die verwendeten Aufnahmeeinstellungen.

**Export**

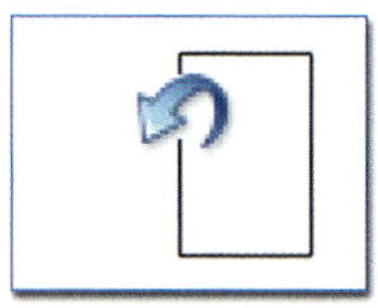

Sollen Fotos zum Beispiel in ein anderes Dateiformat umgewandelt werden, muss das Bild in das gewünschte Format exportiert werden. Dabei bleibt die Ausgangsdatei unverändert.

**Farbstich**

Zeigen Fotos in den Grautönen Farben, spricht man von einem Farbstich. Zur Analyse eines Farbstichs muss allerdings eine neutral graue Fläche im Foto vorhanden sein. Bei der Korrektur eines Farbstichs werden alle Farben so verändert, dass der Farbstich in den grauen Partien verschwindet.

**Festplatte**

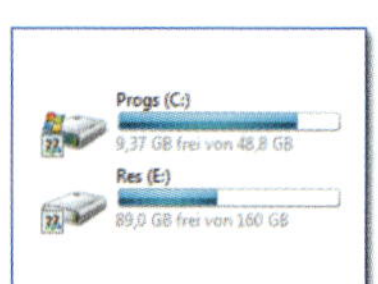


Auf der Festplatte werden die digitalen Daten gespeichert. Je nach Größe der Festplatte können Sie sehr viele Fotos dauerhaft sichern. Es gibt sowohl interne (im Rechner montierte) als auch externe (außerhalb des Rechners befindliche) Festplatten.

**Freistellen**

Sollen an den Rändern des Fotos Bereiche „abgeschnitten“ werden, spricht man vom Freistellen des Bilds. Beim Freistellungswerkzeug besteht außerdem die Möglichkeit, das Bild zu drehen.

**Gammawert**

Der Gammawert verändert die mittleren → Tonwerte eines Fotos. Je höher der Gammawert ist, umso heller wird das Bild. Als Standardwert gilt der Wert 1,0. Einstellungen unterhalb dieses Wertes dunkeln das Foto ab. Veränderungen sollten für eine natürliche Wirkung nur in kleinen Schritten vorgenommen werden.

**GIF**

Ein Dateiformat, das oft für Bilder im Internet verwendet wird. Da die Anzahl der Farben bei diesem Grafikformat auf 256 beschränkt ist, eignet es sich für gestaltete Grafiken, wie etwa Schriftzüge. Da dieses Dateiformat mehrere Bilder enthalten kann, wird es auch für kleine Animationen verwendet.

**Graustufen**

Schwarz-weiße Bilder werden auch Graustufenbilder genannt. Hier werden nur die Farben Schwarz und Weiß sowie deren Abstufungen verwendet. 256 verschiedene Nuancen stehen zur Verfügung.

**Histogramm**

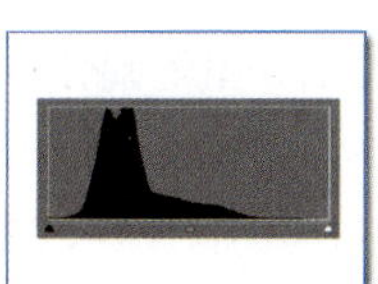

Ein Histogramm ist die grafische Darstellung der im Foto vorhandenen → Tonwerte. Je häufiger ein Tonwert vorkommt, umso höher ist im Histogramm der „Tonwertberg“.

**(Histogramm)**

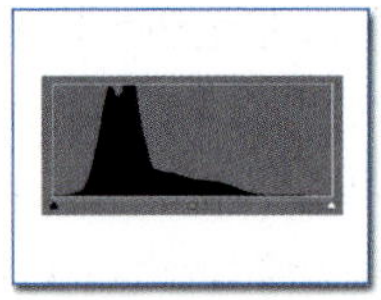

Jedes Pixel im Bild besitzt eine bestimmte Helligkeit, die als Tonwert bezeichnet wird. Die Tonwerte werden aus den Farbtönen Rot, Grün und Blau zusammengesetzt.

**Import**

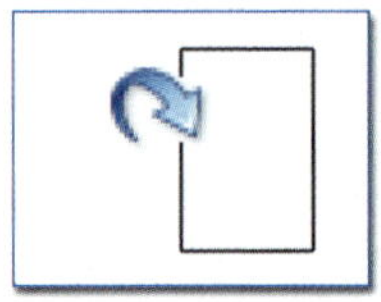

Wollen Sie in ein bestehendes Dokument andere Dokumente aufnehmen, spricht man vom Importieren. Das aufgenommene Dokument kann dabei ruhig ein anderes → Dateiformat besitzen.

**JPG, JPEG**

Grafikformat, das oft für Bilder im Internet verwendet wird. Auch bei Digitalkameras ist dies das gängige Dateiformat. Da es den → TrueColor-Modus unterstützt, ist es für Fotos besser geeignet, als für plakative Grafiken.

**Kolorieren**

Werden schwarz-weiße Fotos eingefärbt, spricht man vom Kolorieren. Sie können das gesamte Foto oder nur Teile davon einfärben. Sepiafarbene Fotos sind ein gutes Beispiel für diese Technik.

**Komprimierung**

Mit der Komprimierung werden die Dateigrößen der Fotos deutlich verkleinert. JPEG komprimiert Fotos beispielsweise auf einen Bruchteil ihrer Ausgangsgröße. Je stärker der Komprimierungsgrad ist, umso deutlicher fällt die schlechtere Bildqualität auf, daher muss ein vernünftiger Kompromiss zwischen Dateigröße und Bildqualität gefunden werden.

**Kontrast**

Der Unterschied vom hellsten Farbton zum dunkelsten Farbton eines Fotos wird Kontrast genannt. Je ähnlicher Farbtöne sind, umso weniger Kontrast weist das Foto auf. Der maximale Kontrast entsteht zwischen den Farben Weiß und Schwarz.

**Konturen**

Dort, wo in einem Foto helle Bereiche auf dunkle Bereiche stoßen, analysieren → Bildbearbeitungsprogramme Konturen. Diese Konturen können für Effektfilter verwendet werden.

**Landscape**

Dokumente, die im Querformat ausgerichtet werden, tragen die Bezeichnung Landscape.

**Lichter**

Die hellen Töne eines Bilds bezeichnet man im Fachjargon als Lichter. Bei einem Landschaftsfoto sind dies beispielsweise Bereiche im bewölkten Himmel.

**Masken, Maskierung**

→ Auswahlbereiche werden auch Masken genannt, da damit Bildteile vor Veränderungen geschützt werden können.

**Menüfunktionen**

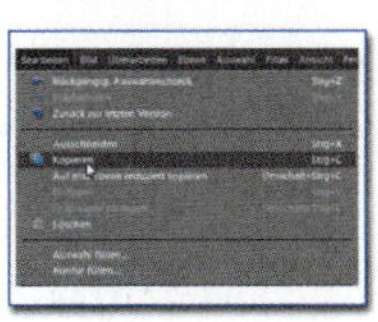

In den meisten Windows-Programmen finden Sie am oberen Rand des Arbeitsbereichs Texteinträge. Nach dem Anklicken werden verschiedene Befehle angezeigt.

**Metadaten**

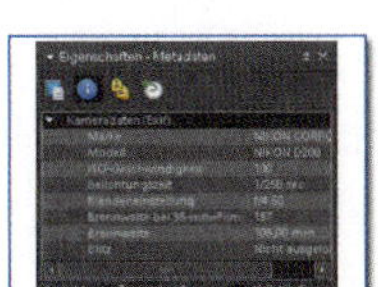

(siehe Exif)

### Negativ

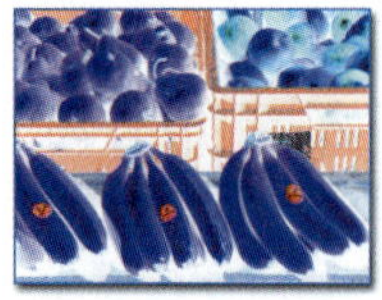

Werden bei Fotos alle Farben „umgedreht“, spricht man von einem Negativ. Invertieren ist ein anderer Ausdruck für dieses Verfahren. Dabei wird aus Schwarz Weiß und umgekehrt. Negative Darstellungen lassen sich als Gestaltungselemente nutzen.

### Partition

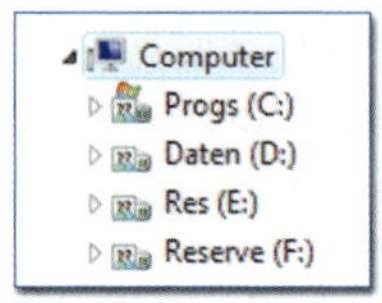


Zur besseren Ordnung kann die → Festplatte in verschiedene „Teile“ aufgeteilt werden, die man Partitionen nennt. Für diese Aufgabe gibt es diverse Programme. Das Partitionieren sollte, wenn möglich, direkt nach dem Kauf eines Rechners erfolgen, da dabei Daten verloren gehen könnten.

### PDF

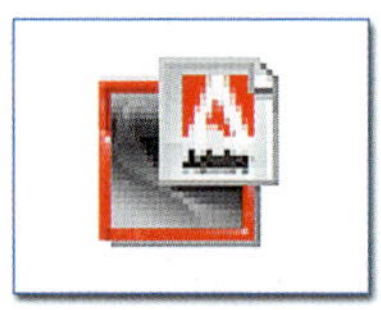

(**P**ortable **D**ocument **F**ormat) Ein Dateiformat, das für fertig gestaltete Dokumente zum Beispiel im Internet verwendet wird. Dabei bleibt das Aussehen unabhängig von dem verwendeten Betriebssystem und der verwendeten Software erhalten.

### Pfad

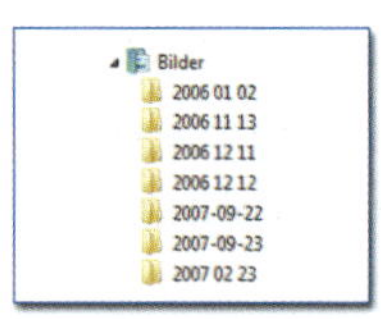


Auf der Festplatte werden zur Strukturierung Ordner angelegt. In diesen Ordnern können wieder Unterordner enthalten sein. Wo sich eine Datei auf dem Rechner befindet, wird als Pfad bezeichnet
(Beispiel: C:\Eigene Bilder\Foto1.jpg).

### Pixel

Digitale Fotos bestehen aus lauter kleinen quadratischen Punkten: den Pixeln. Der Begriff kommt von der englischen Bezeichnung Picture Element. Je mehr Pixel in einem Foto enthalten sind, umso mehr Details werden sichtbar.

**Porträt**

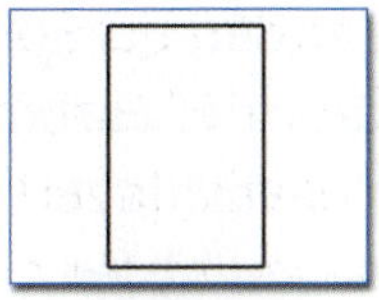

Dokumente, die im Hochformat ausgerichtet werden, tragen die Bezeichnung Porträt.

**Präsentation**

Sind alle digitalen Fotos fertig gestaltet und optimiert, wollen Sie diese bestimmt Ihren Freunden vorführen. Für diese Präsentation haben Sie viele Optionen. Das Spektrum reicht von der digitalen Fotoshow bis zur Präsentation in einer Web-Fotogalerie oder auf einer → VCD.

**Rendering**

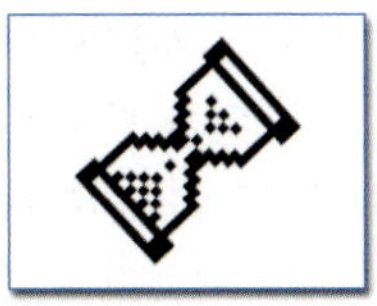

Das endgültige Berechnen veränderter Daten eines Fotos wird Rendern genannt. Da das Umrechnen vieler Pixel aufwendig ist, kann das Rendern bei einigen Filtern etwas Zeit in Anspruch nehmen.

**Retusche**

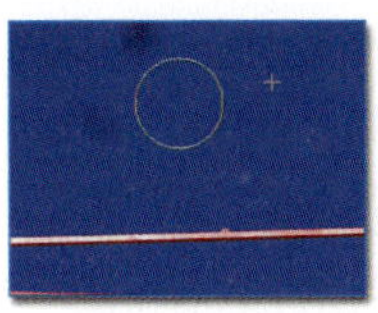

Werden Fotos ausgebessert oder überarbeitet, spricht man vom Retuschieren. Auch das „Verfälschen" von Bildinhalten gehört zu diesem Themenbereich. So ist es heutzutage ohne Weiteres möglich, Personen aus Fotos zu entfernen und/oder sie vor einem neuen Hintergrund wieder einzufügen.

**RGB-Modus**

Der **R**ot/**G**rün/**B**lau-Farbmodus wird bei digitalen Fotos verwendet. Jedes Pixel setzt sich aus diesen drei Farbwerten zusammen.

## Sättigung

Die Sättigung beschreibt die Intensität eines Farbtons. Ist ein Farbton nur schwach gesättigt, ähnelt er einem eingefärbten Grauton. Je stärker die Sättigung ist, umso leuchtender wirkt die Farbe.

## Scanner

Gerät zum Digitalisieren von Aufsichtsvorlagen, wie beispielsweise Papierabzügen von Fotos. Beim Scannen wird die analoge Vorlage abgetastet. Durch dieses Digitalisieren können auch analoge Fotos nachträglich im Rechner bearbeitet werden.

## Scharfzeichnen

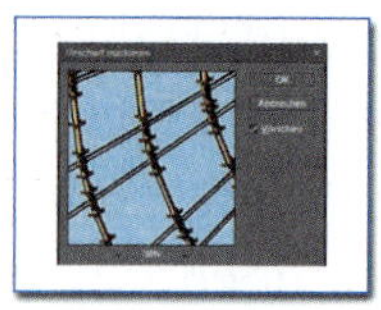

Bilder, die unscharf sind, können nachträglich mithilfe eines → Bildbearbeitungsprogramms geschärft werden. Hier sind allerdings Grenzen gesetzt. Ein völlig unscharfes Foto kann nicht in ein perfekt scharfes umgewandelt werden.

## Spitzlichter

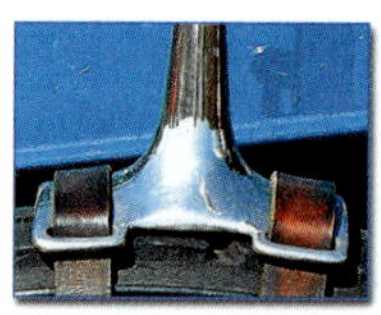

Die sogenannten Spitzlichter treten durch Reflexionen in Fotos auf – etwa bei Sonneneinstrahlung auf metallischen Oberflächen. Sie fallen bei digitalen Fotos gelegentlich recht unangenehm auf.

## Startmenü

Unten links auf dem Windows-Arbeitsbereich ist das Startmenü zu finden. Nach dem Anklicken werden in einem Menü die installierten Programme angezeigt. Nach dem Aufruf eines Programms startet dieses.

**Stil**

Sollen bestimmte Effekte an mehreren Bildern angewendet werden, bietet es sich an, die Einstellungen in einem sogenannten Stil zu speichern. Das Übertragen auf andere Fotos ist dann sehr einfach.

**Strichzeichnung**

Zeichentechnik, die lediglich aus hellen und dunklen Bereichen besteht, wie zum Beispiel eine Federzeichnung. Diese traditionelle Zeichentechnik lässt sich mithilfe der Effekte in → Bildbearbeitungsprogrammen leicht simulieren.

**Tags**

Um Fotos eindeutig zu identifizieren, besteht die Möglichkeit, zusätzliche Informationen zu speichern, wie etwa Suchbegriffe oder Beschreibungen. Diese Tags nutzt Photoshop Elements auch zum Sortieren.

**Tastenkombination**

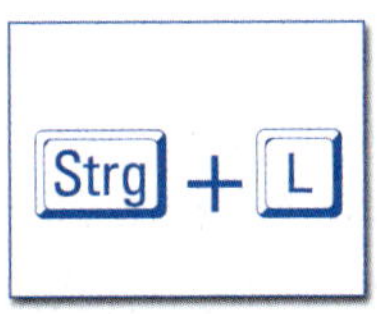


Einige Funktionen lassen sich zusätzlich auch über die Tastatur aufrufen. Meist ist dazu das gleichzeitige Drücken mehrerer Tasten notwendig. Mit diesem Verfahren erreichen Sie die gewünschte Funktion schneller. Daher lohnt sich das Einprägen der gängigsten Tastenkombinationen.

**Thumbnail**

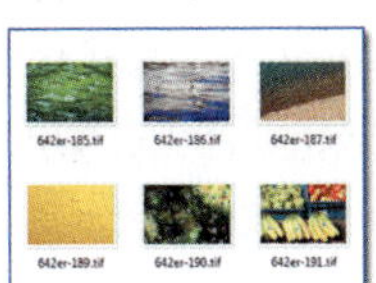

(Daumennagel) Im Browser werden Miniaturbilder der Datei angezeigt, die auch als Thumbnails bezeichnet werden. So fällt die Auswahl einer Datei leichter.

### Tiefen

Die Schattenbereiche eines Fotos sind die dunklen Bildteile. Sie werden im Fachjargon auch als Tiefen des Bilds bezeichnet.

### TIFF

*.tif

Ein gängiges Dateiformat zum Speichern unkomprimierter Fotos. Dabei bleibt die volle Bildqualität erhalten – es entstehen aber größere Dateien. Dieses Dateiformat kommt häufig bei Druckerzeugnissen zum Einsatz.

### Tonwert

Jedes Pixel eines Fotos besitzt einen Wert, der aus den Farbtönen Rot, Grün und Blau zusammengesetzt ist. Dieser Wert wird Tonwert genannt. Besitzen die Farbwerte alle denselben Wert, entstehen graue Töne.

### Transparenz

Durchsichtige Teile eines Bilds werden transparent genannt. Diese Transparenz lässt sich beispielsweise einsetzen, um Bilder mit einem verformten Rand aufzulockern. Da Transparenz am Bildschirm nicht dargestellt werden kann, wird zur Verdeutlichung ein Karomuster verwendet.

### TrueColor-Modus

In diesem Farbmodus wird die maximal mögliche Farbanzahl von 16,7 Millionen unterschiedlichen Farbtönen bereitgestellt. Durch die nuancierte Farbwiedergabe ist dieser Farbmodus für Fotos sehr gut geeignet.

### TWAIN

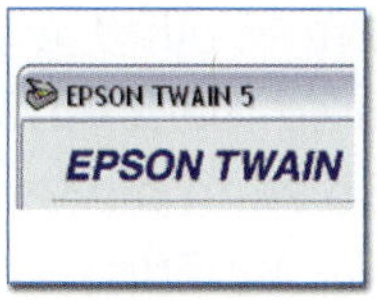


Bei jedem → Scanner wird ein Programm mitgeliefert, das den Scanner ansteuert. Dieses sogenannte TWAIN-Modul wird direkt aus dem verwendeten → Bildbearbeitungsprogramm aufgerufen.

### Unschärfe

Normalerweise sind unscharfe Bilder unerwünscht. Das sogenannte Weichzeichnen kann aber auch als interessanter Bildeffekt für die Hintergrundgestaltung verwendet werden.

### VCD

(**V**ideo-**CD**) Fotos können in einer Diaschau zusammengefasst und auf eine CD gebrannt werden. Dazu bietet sich beispielsweise das Format Video-CD an.

### Vektorgrafik

Grafik, deren Dateiformat eine objektorientierte beziehungsweise vektororientierte Basis hat. Im Gegensatz zum Pixelbild werden die Objekte mathematisch definiert – wie beispielsweise die Anfangs- und Endpunkte von Linien. Dadurch ergeben sich sehr kleine Dateigrößen.

### Verlauf

Werden zwei Farben ineinander überblendet, spricht man von einem Farbverlauf. Farbverläufe werden für Gestaltungen verwendet – beispielsweise für einen farbenprächtigen Hintergrund.

**Vorschau**

Wenn ein Bild verändert werden soll, wird meist ein Vorschaubild angeboten. So kann die voraussichtliche Wirkung der Veränderung beurteilt werden, ohne dass das Foto endgültig verändert wird. Erst nach dem Zuweisen wird die Veränderung auf das Bild übertragen.

**Weichzeichnen**

(siehe Unschärfe)

**Zauberstab**

Eins der am meisten verwendeten Auswahlwerkzeuge ist der Zauberstab. Damit nehmen Sie Farben mit demselben Tonwert in die Auswahl auf. Mit dem Toleranzwert wird festgelegt, wie ähnlich die Tonwerte dem angeklickten Tonwert sein müssen, um in die Auswahl aufgenommen zu werden.

**Zoom**

Um Details in einem Foto besser zu erkennen, kann die Ansichtsgröße verändert werden. Sie können in das Bild hineinzoomen. Die tatsächliche Größe des Fotos verändert sich dabei nicht.